T0163923

HISTOIRE DE LA PHILOSOPHIE

HISTOIRE DE LA PHILOSOPHIE
Idées, temporalités et contextes

Textes réunis et introduits par
Patrick CERUTTI

PARIS
LIBRAIRIE PHILOSOPHIQUE J. VRIN
6 place de la Sorbonne, V^e

2018

© *Librairie Philosophique J. VRIN*, 2018
Imprimé en France
ISSN 1968-1178
ISBN 978-2-7116-2798-1
www.vrin.fr

LA PHILOSOPHIE EN CONTEXTES

Les changements qui ont affecté le domaine de l'historiographie de la philosophie dans les quarante dernières années ont conduit à relativiser l'importance de l'histoire des idées au profit d'une nouvelle histoire des discours. À mesure qu'ils revenaient sur leurs objets et leurs méthodes, les historiens se sont montrés de plus en plus attentifs au soubassement préphilosophique, et même rhétorique, de l'exercice de la pensée. L'attention portée aux différents contextes, la référence au vécu, l'analyse des actes de discours les ont conduits à aborder l'étude des philosophies du passé non pas simplement comme la découverte d'autres conventions sociales, mais comme l'exploration de conceptions différentes de la rationalité.

Les textes que nous présentons ici racontent comment s'est opérée cette transformation, qui nous a fait passer d'une histoire de la philosophie résolument spéculative à une histoire apparemment plus antiquaire.

Plus exactement, ces textes rappellent comment s'est brisé le cercle de la philosophie et de l'histoire de la philosophie ou comment l'historiographie de la philosophie a rompu avec le principe hégélien selon lequel « seules importent les configurations qui expriment le principe de l'esprit dans un élément spirituel, apparenté à la philosophie »[1]. Bien que ce soit Hegel qui ait donné sa forme moderne à l'histoire de la philosophie, nous avons si violemment rejeté son héritage que nous ne croyons plus que la philosophie ait à se confronter uniquement aux formes supérieures de la culture, à l'art, à la religion, à la politique, ou aux configurations de l'esprit auxquelles elle se relie par une connexion, non pas simplement extérieure, mais « interne, essentielle, profonde et nécessaire »[2]. Surtout, nous ne croyons plus que la philosophie puisse seule rendre compte d'elle-même et de ses produits. Nous n'osons plus affirmer, comme Hegel et son disciple Gentile, l'identité de la philosophie et de l'histoire de la philosophie, de peur que l'histoire ne finisse par se résoudre entièrement en pensée.

Mais, l'idéalisme hégélien n'est pas le seul contre lequel les historiens contemporains ont réagi. L'histoire des idées telle que la concevait Lovejoy sert encore de repoussoir à bon nombre de heurs, particulièrement dans le monde anglo-saxon. Cette discipline, pourtant portée sur les fonts baptismaux par l'un des plus grands esprits du XXᵉ siècle, n'a jamais réussi à convaincre.

Lovejoy assignait à l'historien la tâche d'étudier de manière cohérente l'histoire d'une idée ou d'une thèse à travers ses principales phases ou ramifications et à travers ses interactions avec les autres idées, voire avec les idées opposées. Il s'agissait, au prix d'un apparent retour à

---

1. G.W.F. Hegel, « Manuscrit de 1820 », *Leçons sur l'histoire de la philosophie*, trad. G. Marmasse, Paris, Vrin, 2004, t. I, p. 63.

2. G.W.F. Hegel, « Cours de 1825-1826 », *Leçons sur l'histoire de la philosophie, op. cit.*, p. 117.

Condillac ou à Fülleborn, de caractériser chaque philosophie par une idée, pour suivre, au fil de ses combinaisons, le devenir de cet élément simple. Comme le dit le texte que nous traduisons ici, la tâche de l'historien était d'écrire la « biographie d'une idée ». Bien sûr, la reconstruction historique devait porter sur des prédications plutôt que sur de simples termes (puisque seules les prédications peuvent être le support du sens), mais le but était de ramener la philosophie dans son ensemble à l'expression d'un certain nombre d'idées formelles.

L'importance qu'a eue la démarche de Lovejoy dans le monde anglo-saxon (notamment grâce au *Journal of History of Ideas* qu'il a fondé) suggère, si besoin est, que cette conception moléculaire de l'histoire de la philosophie, qui découvrait les mêmes présuppositions ou les mêmes idées opératoires à l'œuvre à travers le temps et à travers les différentes provinces du savoir, ne se réduisait pas à la caricature qu'on pourrait en donner. Loin de représenter l'idée comme quelque chose de figé et d'immobile, elle prêtait la plus grande attention aux transitions et aux glissements, et même aux ambiguïtés qui affectent son devenir. *The Great Chain of Being* s'ouvrait ainsi sur le déplacement de sens que Platon fait subir au mot *bon* à travers ses œuvres : une « inversion logique hardie » nous fait passer du concept de perfection suffisante à celui de fécondité transcendante de soi[1].

Le projet d'écrire l'histoire naturelle de l'esprit au fil d'une série de monographies ou de biographies d'idées ne s'est jamais imposé et a fini par céder sous les coups de l'approche contextualiste. Une certaine incertitude en a

1. A.O. Lovejoy, *The Great Chain of Being. A Study of the History of an Idea* (1936), Cambridge, Harvard University Press, 1950, p. 49.

résulté quant à la définition même de la discipline et l'on en est venu à se demander ce que l'histoire de la philosophie étudiait réellement. Quand un héritier de Lovejoy, Mark Bevir, affirme que, « lorsque les individus énoncent quelque chose, ils expriment des idées ou des croyances, et ce sont ces idées ou ces croyances qui constituent les objets étudiés par les historiens des idées », Quentin Skinner, le plus célèbre promoteur de l'approche contextualiste, objecte que l'histoire de la philosophie n'a pas à s'occuper d'idées, mais d'énoncés [1]. Ces derniers, étant nécessairement d'une portée limitée, n'ont de sens que par rapport au contexte qui leur a permis d'éclore.

Si l'on considère en effet que la science moderne se distingue de la science classique par l'introduction de la notion de contexte, on peut dire que l'histoire de la philosophie a accompli le saut dans la modernité au moment où elle a placé cette notion au cœur de son enquête. Tant que les textes que nous lisons n'ont pas été placés dans un contexte théorique préalablement formulé, la philosophie nous met en présence, non pas de questions sans réponses, mais de réponses sans questions (par exemple, on ne sait pas à quoi répondent Locke et Leibniz avec leur notion de « con-science » si l'on ignore que c'est le mortalisme de Hobbes et sa théorie de la personne naturelle qui ont conduit à poser le problème de l'identité personnelle) [2].

---

1. M. Bevir, *The Logic of the History of Ideas*, Cambridge, Cambridge University Press, 1999, p. 142 et Q. Skinner, *La vérité et l'historien*, trad. C. Hamel, Paris, Éditions de l'EHESS, 2012, p. 42.

2. *Cf.* L. Foisneau, « L'identité personnelle et la mortalité », *Hobbes. La vie inquiète*, Paris, Gallimard, 2016, p. 182-206.

CONTEXTUALISER : LA RÉVOLUTION BACONIENNE
EN HISTOIRE DE LA PHILOSOPHIE

Il n'a sans doute pas fallu attendre la fin des années 1960 pour pressentir qu'il n'y a pas en philosophie de concept neutre, qui puisse être employé sans référence au contexte ou au système de pensée qui lui donne sens. Mais, depuis cette époque en tout cas, il apparaît clairement que c'est l'étude des déterminations les plus concrètes qui entourent l'exercice de la pensée qui produit la réflexivité la plus forte et qu'on ne saurait mieux rendre justice à la singularité d'une pensée qu'en faisant apparaître la singularité historique de sa situation.

Sur cette base, des écoles historiques aussi différentes que celle de Cambridge et de Heidelberg se réclament aujourd'hui l'une comme l'autre du principe, non pas hégélien, mais diltheyien qui veut que les situations prethéoriques de la vie soient incommensurables aux types de rationalité produites pour leur répondre et toutes deux se donnent pour tâche de reconstruire des rationalités : en mettant en évidence l'ancrage de la pensée dans la vie pratique, elles cherchent à faire apparaître le rôle constitutif de l'histoire, autrement dit de la contingence, dans la formation des modes de pensée. Elles veulent faire voir à quel point la philosophie est mêlée d'autre chose.

Après la répudiation du paradigme hégélien et le rejet d'un idéalisme qui, comme celui de Lovejoy, faisait abstraction du milieu de pensée où les créateurs ont vécu pour développer une conception radicalement immanente de l'histoire des idées, l'histoire de la philosophie s'est vue imposer une tâche plus circonscrite, mais aussi peut-être plus fondamentale : plutôt que de fondre tous les récits en une seule histoire englobante, elle devait identifier, à travers certains choix intellectuels, comme celui d'unir la doctrine kantienne de l'autonomie de la conscience et la théorie spinoziste de Dieu, quelle orientation de vie fondamentale, quelle *Lebensorientierung* s'exprime (pour reprendre l'expression de Dieter Henrich dans le texte que nous traduisons). Il s'agissait de montrer comment la vie informe les problèmes ou comment la pensée, même la plus spéculative, intègre les expériences vécues et des motivations préconceptuelles, d'ordre relationnel ou social par exemple.

Nous ne savons pas si cette nouvelle approche représente un véritable changement de paradigme. Elle impose en tout cas un renouvellement complet des exemples et des objets d'étude. L'exemple privilégié pour l'histoire de la pensée n'est plus la grande chaîne de l'être, dont on pensait pouvoir suivre les avatars à travers les siècles, mais c'est le mot machiavélien de *virtu* qui devient le prototype des objets sur lesquels elle se penche, en tant précisément que ce terme s'inscrit dans une tradition particulière et apparaît à ce point indissociable d'une situation historique qu'on a dû renoncer à le traduire.

Cette mise en avant du contexte discursif ou des traditions de pensée à l'intérieur desquels se développe une doctrine s'est heurtée à des résistances de tout ordre, souvent assez farouches, sous prétexte principalement que ce type d'approche porterait atteinte à la notion d'œuvre, entendue comme une réalité qui contient en soi son sens. C'est chez Roland Barthes qu'on en trouve l'expression la plus franche : « l'œuvre est pour nous sans contingence, et c'est même peut-être là ce qui la définit le mieux : l'œuvre n'est entourée, désignée, protégée, dirigée par aucune situation ; aucune vie pratique n'est là pour dire le sens qu'il faut lui donner (…). En elle, l'ambiguïté est toute pure : si prolixe soit-elle, elle possède quelque chose de la concision pythique, paroles conformes à un premier code (la Pythie ne divaguait pas) et cependant ouverte à plusieurs sens, car elles étaient prononcées hors de toute situation – sinon la situation même de l'ambiguïté »[1]. Ces affirmations péremptoires (« je ne crois pas aux influences »), qui reviennent à fétichiser les textes et qui avaient il y a vingt ans encore le charme de la postmodernité, paraissent aujourd'hui tout à fait désuètes. MacIntyre n'a pas tort de faire remarquer que le postmodernisme le plus avancé rejoint en fin de compte le conservatisme le plus intransigeant dans son incapacité à comprendre que la vie intellectuelle et même la vie culturelle dans son ensemble sont structurées par des traditions. Proclamer l'autonomie du texte, en rester à ce que les auteurs ont dit, revient à leur faire répondre à des questions qu'ils ne se posaient pas, ou à développer toute une série de *mythologies* (des doctrines, de la cohérence, de la prolepse, de l'influence, selon les expressions de Skinner) qui auraient dû horrifier l'éminent mythologue.

À l'opposé, replacer une philosophie dans un contexte, penser historiquement, c'est au moins autant éclairer le texte par lui-même que par des documents, comme doit le faire toute science historique. Bien sûr, un chapitre inédit du *Capital* ou un texte de jeunesse peu connu comme « Crédit et banque » ne suffisent pas, malgré leur importance et la fécondité de leur analyse, à renouveler à eux seuls

---

1. R. Barthes, *Critique et vérité* (1966), Paris, Seuil, 1999, p. 59, cité par A. MacIntyre, *Quelle justice ? Quelle rationalité ?*, trad. M. Vignaux d'Hollande, Paris, P.U.F., 1993, p. 414.

l'interprétation de l'œuvre de Marx et à la tirer, au choix, vers Adorno ou vers Foucault. Mais, il faut reconnaître, en histoire de la philosophie comme n'importe où ailleurs, l'importance du document, à charge pour nous ensuite de lui faire subir un authentique traitement philosophique. Il apparaît alors possible de faire de la philosophie historiquement. Ainsi, c'est en étudiant « William James d'après sa correspondance » que Jean Wahl a pu écrire la plus profonde étude consacrée au philosophe américain et, en resituant à sa juste place son pragmatisme, faire apparaître, « derrière ce que cette doctrine peut avoir d'irritant, ce qu'il y eut d'effort pour voir le réel, dans son flux, et sa variété »[1]. Quant à la philosophie positive de Schelling, on pouvait se la représenter comme une production unitaire, toute d'un bloc, jusqu'à ce que Xavier Tilliette entreprenne de résoudre sur la base de critères internes, mais aussi en mettant à profit la correspondance et une masse considérable de documents biographiques et de notes de cours, les questions fondamentales d'agencements et de composition qui en déterminent la compréhension. Comment faire apparaître sinon, dans la dernière philosophie de cet auteur, les différentes périodes ou les différents niveaux de stratifications qui en font une philosophie en devenir : la phase du grand empirisme tout d'abord, où la philosophie positive apparaît comme la philosophie *simpliciter*, celle de l'enseignement de Berlin ensuite où la division entre les philosophies positive et négative devient un problème thématique et une dernière phase où le partage est repensé, au prix de réaménagements considérables, en termes de philosophie spéciale et de philosophie par excellence ? L'étude des *Nachschriften*

1. J. Wahl, *Vers le concret*, Paris, Vrin, 2004, p. 20.

établit que cet effort pour introduire un nouveau dogmatisme en philosophie est fait en réalité « de coups de pouce effacés, de retouches discrètes, de repentirs secrets » [1].

Plus simplement, comprend-on quelque chose au *Charmide, ou de la modération* si l'on ne sait pas qu'il met en scène l'un des plus sanguinaires des Trente tyrans et que dire de l'ironie socratique dans le *Ménon ou De la vertu* si l'on ignore que Ménon avait livré l'armée grecque aux Perses? [2] Le plus souvent, le refus de se documenter conduit à écrire par exemple une *Physique de Nietzsche* sans dire le moindre mot de sa *Naturphilosophie*.

Il ne fait en tout cas pas de doute que ceux qui écrivent, tel Pascal concevant ses *Pensées* ou Darwin lisant *Les preuves du christianisme* de Paley en écrivant l'*Origine des espèces*, construisent leurs idées en ayant d'autres textes (ou ce que l'on appelle aujourd'hui des « avant-textes ») sous les yeux et qu'en philosophie, comme en littérature, le recours aux manuscrits et aux brouillons, ainsi que leur « critique génétique », sont l'unique moyen que nous ayons d'enrichir nos connaissances. Comme l'a montré Rudi Imbach par exemple, la découverte de l'importance d'Heymeric de Campo (1395-1460) pour la genèse de l'idée cusanienne de coïncidence des opposés et la mise à profit des centaines de manuscrits que contient la bibliothèque du Cardinal, donnent une nouvelle vie à sa fameuse thèse. On ne peut être un grand auteur sans être ou avoir été un grand lecteur. L'histoire de la philosophie ne peut plus faire l'économie d'une histoire de la lecture, pas plus qu'elle ne peut éviter de suivre, à travers les états successifs des brouillons, les interventions inattendues qui

---

1. X. Tilliette, *L'absolu et la philosophie*, Paris, P.U.F., 1987, p. 184.
2. R. Brague, *Modérément moderne*, Paris, Flammarion, 2014, p. 278.

modifient les états d'une pensée, car, comme le disait Valéry, c'est là « la vraie Genèse »[1].

Cette idée d'une nécessaire contextualisation des énoncés, qui les replacerait par exemple, comme le propose ici MacIntyre, à l'intérieur d'un « contexte moral et culturel », a cependant suscité les plus grandes résistances. Faire de la philosophie historiquement, faire de la philosophie à travers l'histoire de la philosophie allait à l'encontre des manières de penser acquises depuis au moins Descartes. La philosophie moderne est en effet née, comme le rappelle ici Daniel Garber, du rejet cartésien de l'histoire de la philosophie, non seulement pour ce qui est de son contenu, mais aussi pour ce qui est de sa forme. La condamnation se voulait sans appel : étudier les philosophies du passé n'est point penser, mais raconter les pensées des autres ; ce n'est pas connaître des vérités, mais des faits.

Quelle légitimité y a-t-il à expliquer un texte par autre chose que lui-même, demande-t-on encore ? Réduire les textes à leur contexte, n'est-ce pas, comme le disait Leo Strauss, admettre que nous n'avons rien à apprendre d'eux. Si un discours philosophique n'a plus qu'une pertinence contextuelle et ne trouve plus son intelligibilité en lui-même, quelle vérité peut-il avoir à transmettre ? Et si on ne peut en dégager d'enseignement, comment le juger ? L'historicisation de la philosophie signe la perte de sens des problèmes fondamentaux, puisqu'on en nie la permanence. Des auteurs aussi différents que Strauss et Ferdinand Alquié en viennent ainsi à déplorer l'émergence, à l'âge de l'historicisme, d'une histoire de la philosophie qui ne se soucie plus de vérité, mais de compréhension.

---

1. P. Valéry, *Cahiers*, Paris, CNRS éditions, 1957-1961, vol. 15, p. 481.

Rares sont les auteurs qui ont aujourd'hui le courage de proposer, comme Yvon Lafrance, une histoire non philosophique de la philosophie et personne ne doute que le rapport authentique à une philosophie du passé puisse être autre chose que de philosopher avec elle. Qui, aujourd'hui, regarde l'histoire de la philosophie comme un but en soi? Mais, dans une discipline qui a toujours beaucoup de mal à penser historiquement et à admettre que la pensée a une histoire, et même une préhistoire, une hérédité prérationnelle, il faut peut-être rappeler que, pour faire de l'histoire de la philosophie, il faut être philosophe, mais aussi historien.

Pour devenir une science rigoureuse, l'histoire de la philosophe n'a cependant pas eu à se défaire que de l'idéalisme. Elle a dû aussi se détacher de ces formes d'empirisme naïf que sont l'essayisme et la lecture interne, qui représentent pourtant aujourd'hui encore l'essentiel de la production académique (avec cet étrange exercice qui consiste à méditer un texte, c'est-à-dire à le répéter en le reproblématisant). Il fallait en effet qu'elle se dote d'un mode d'approche ou d'une méthode spécifiques, ou plus exactement qu'elle accomplisse ce que Collingwood a appelé sa révolution baconienne. L'étude faite à l'aveugle et au hasard devait laisser la place à un type d'enquête où des questions précises sont posées en vue d'obtenir des réponses précises[1]. Il fallait comprendre, comme le dit encore Collingwood, qu'on ne peut découvrir de quoi parle le *Parménide* simplement en le lisant.

---

1. R.G. Collingwood, *Toute histoire est histoire d'une pensée. Autobiographie d'un philosophe archéologue*, trad. G. Le Gaufey, Paris, Epel, 2010, p. 141.

On ne peut en effet espérer comprendre une pensée tant qu'on n'a pas identifié la question à laquelle le penseur s'est efforcé de répondre. Or un auteur énonce rarement la question dont il part et comme celle-ci est oubliée une fois que ses contemporains sont morts, comme, en règle générale, les réponses entourent si bien les questions qu'elles finissent par les cacher, ce qu'il avait en tête ne peut être reconstruit qu'historiquement. Devant une ruine romaine, comment arriver à distinguer, sans étude historique, les différentes périodes de construction et deviner à quoi pensaient les architectes ? Croirait-on que le *Parménide* soit plus facile à comprendre « qu'un petit fortin romain pourri » ?[1] Penser historiquement ne revient pas, comme on le répète à loisir, à faire disparaître la vérité, mais à en modifier le concept : la vérité n'est pas la propriété d'une proposition élémentaire, mais ce qui s'élabore à l'intérieur d'un ensemble consistant en questions et en réponses. Une philosophie n'est pas l'histoire des différentes réponses données à une unique et même question, mais « l'histoire d'un problème qui se modifie plus ou moins constamment, et dont les solutions changent de ce fait »[2]. Les motifs que les auteurs poursuivent ne déterminent pas seulement la façon dont ils résolvent les problèmes qui se posent à eux, mais ils affectent aussi ces problèmes. Ainsi, c'est « un certain ordre de questions et certains types de réponses » qui, par-delà la récurrence des thèmes, font que la philosophie de l'Académie florentine est tout aussi peu une simple reprise de la pensée de Platon « que l'œuvre de Donatello n'est une restitution de la sculpture antique »[3].

1. R.G. Collingwood, *Toute histoire est histoire d'une pensée, op. cit.*, p. 63.

2. *Ibid.*, p. 83.

3. A. Chastel, *Marsile Ficin et l'art* (1954), Genève, Droz, 1996, p. 27.

Pour faire sa révolution, l'histoire devait donc prendre l'archéologie pour modèle et affirmer résolument que « toute histoire est histoire d'une pensée » : dans l'une et l'autre discipline, il s'agit de savoir à quoi pensait la personne qui a fait (ou écrit, ou utilisé, ou dessiné) telle ou telle chose[1]. L'histoire de la philosophie pouvait alors devenir une discipline vivante, où, « comme dans toute espèce d'histoire, rien de ce qui peut être appris par cœur, rien de ce qui peut être mémorisé, n'est de l'histoire »[2].

Or l'effort pour restituer chaque énoncé dans un complexe de questions et de réponses ou pour faire apparaître les options non médiatisées, affectives ou politiques par exemple, par rapport auxquelles une philosophie a à se déterminer, impose d'adopter une approche résolument diachronique. À partir du moment où l'on s'accorde avec Bateson pour définir le contexte comme la « structure dans le temps »[3], on est contraint d'historiciser le vocabulaire de la philosophie pour déterminer les usages et les enjeux auxquels il répond. La philosophie devient alors directement tributaire de l'histoire, et pas simplement de *sa* propre histoire.

De telles déclarations de principe se sont encore une fois heurtées à des critiques radicales. Leo Strauss par exemple a tenu à rappeler qu'il existait d'autres formes d'intérêt pour le passé que l'histoire scientifique. Plus généralement, il a reproché à Collingwood de voir dans l'histoire quelque chose qui allait de soi et de n'avoir jamais eu l'idée de confronter ses conceptions à celles des penseurs antérieurs, lesquels étaient bien loin de se représenter

1. R.G. Collingwood, *Toute histoire est histoire d'une pensée*, *op. cit.*, p. 128.

2. *Ibid.*, p. 96.

3. G. Bateson, *La nature et la pensée*, Paris, Seuil, 1984, p. 23.

l'histoire comme une discipline philosophique, mais la regardaient plutôt comme une occupation pour amateurs d'antiquités. Collingwood est le représentant typique des Modernes, qui croient que l'homme est ce qu'il peut faire et que le seul moyen de savoir ce qu'il peut faire est de connaître ce qu'il a fait[1]. Mais un tel historicisme qui conduit à étudier les pensées philosophiques dans le même esprit que les autres objets du passé, ne revient-il pas à nier la possibilité même de la philosophie ? Par opposition à l'historien, qui se doit d'éviter l'anachronisme en toutes circonstances, le propre du philosophe est qu'il s'attribue le droit et peut-être même le devoir d'extraire l'objet de son passé. Et regarder toute chose comme de l'histoire, n'est-ce pas se plonger dans une nouvelle nuit où toutes les vaches sont grises ? En réduisant les questions philosophiques à des questions historiques, ne s'interdit-on pas d'apporter une réponse forte aux questions ultimes ?

L'historicisme veut faire croire à l'égalité de toutes les époques et entend en même temps nous convaincre que le passé a tort par principe : comment, par conséquent, prendre au sérieux ces questions dernières et, au contact des réponses que le passé a produites, « remettre en jeu » notre pensée ? De même que l'on a reproché à Bonaparte, pillant l'Italie, de « tuer l'art pour en faire l'histoire », on pourrait reprocher à l'historien de la philosophie de ne « point en faire l'histoire, mais l'épitaphe »[2].

Plus largement, la source de toutes les réticences que suscite l'approche historique des problèmes philosophiques

---

1. L. Strauss, « La philosophie de l'histoire de Collingwood », *La philosophie politique et l'histoire*, trad. O. Sedeyn, Paris, Le livre de poche, 2008, p. 140.

2. A. Quatremère de Quincy, *Considérations morales sur la destination des ouvrages de l'art* (1815), Paris, Fayard, 1989, p. 48.

(et plus encore l'approche contextualisante) est que cette démarche paraît conduire, à quelque niveau que l'histoire intervienne pour éclairer l'idée, à expliquer la pensée par des causes, ce que personne dans la communauté académique n'est préparé à admettre. Or, les approches actuelles pensent se tirer d'embarras en substituant à la notion de contexte causal celle de contexte textuel ou discursif, un « contexte interactif »[1] donnant l'impression d'ouvrir une gamme de possibles plutôt que d'exercer un déterminisme strict. En d'autres termes, il s'agit de replacer chaque idée dans le contexte des usages contemporains du langage et des conventions, dans ce que nous appellerions un contexte rhétorique ou dans ce que Saussure appelait la langue. « Chacun des différents idiomes composant un texte constitue un contexte en lui-même : une façon de parler qui tend à orienter le contenu du discours, qui préexiste et parfois survit à l'acte de langage émis selon ses lois »[2]. Mieux encore, il s'agit de réinscrire une pensée dans l'ensemble des débats qui l'ont vu naître, de manière à voir se dessiner non pas un contexte de causes (qui réduirait le texte à ce qui n'est pas lui), mais un contexte de significations, qui engage un type d'« explication non causale des textes »[3].

L'histoire de la philosophie relèverait donc, si l'on suit toujours Skinner, d'une anthropologie pragmatique où le langage apparaît comme un moyen d'action ou l'instrument

---

1. A. Bensa, *La fin de l'exotisme. Essais d'anthropologie critique*, Toulouse, Anarchasis, 2012, p. 276.

2. J. Pocock, *Vertu, commerce et histoire*, trad. H. Aji, Paris, P.U.F., 1998, p. 28.

3. *Cf.* J.-F. Spitz, « Comment lire les textes politiques du passé ? Le programme méthodologique de Quentin Skinner », *Droits*, 1989, n 10, p. 133-145, notamment p. 138 et p. 141.

d'une prise de position. « Koselleck et moi soutenons tous deux que nous avons besoin de regarder nos concepts moins comme des propositions sur le monde que comme des outils et des armes dans des débats »[1]. Ainsi le *Léviathan* s'apparenterait davantage à un discours au Parlement qu'à une démonstration mathématique et Hobbes davantage à un intervenant dans une série de débats sur l'obligation politique ou sur la *scientia civilis* qu'à l'auteur d'un système philosophique. Le contexte serait même l'ensemble des forces qui agissent sur une pensée.

On voit donc se dessiner une conception inédite de l'acte de pensée, différente par exemple de celle que développait un hégélien comme Giovanni Gentile, qui croyait que c'est à travers l'acte intemporel qu'elle accomplit que l'on pouvait communiquer avec une pensée. Pour Skinner, c'est précisément parce que les pensées sont des actes au sens le plus efficace du terme qu'on ne peut les déconnecter de l'histoire et du temps. Pour lui, interpréter une idée, c'est voir ce que l'on peut en faire. Un texte est une action, un acte de communication et l'histoire de la philosophie une communication de concepts ou d'outils, plutôt qu'une simple succession d'idées. Si une idée ne se comprend qu'à partir d'un contexte donné, c'est d'abord parce que sa fonction se détermine par rapport à l'action qu'on veut la voir effectuer. L'herméneutique traditionnelle ne s'est vraiment souciée que d'une seule dimension du langage, celle de la signification, « du sens de référence des termes employés ». Il faut maintenant la tourner vers la dimension de l'action linguistique, c'est-à-dire vers « la gamme de choses que peut faire un penseur, un auteur ou

1. Q. Skinner, « *Studying Rhetoric and Conceptual Change* », *Visions of Politics*, Cambridge, Cambridge University Press, 2002, p. 177.

un orateur en employant des concepts qui ont une signification déterminée »[1].

Mais, ne passe-t-on pas alors d'un impérialisme du texte à un autre, qui réduit le contexte de l'œuvre à sa dimension langagière ? Skinner par exemple semble moins se soucier de la signification des textes qu'il étudie que de la nature des actes de discours qu'ils contiennent, de leur performativité : non de ce qu'ils disent, mais de ce qu'ils font, un énoncé ne se comprenant plus qu'à travers les conventions discursives grâce auxquelles une intention s'accomplit. Pour lui, un texte a moins une signification qu'une force illocutoire.

En vérité, le souci de Skinner est d'éviter que les idées donnent l'impression de s'affronter elles-mêmes indépendamment des penseurs qui les font vivre. Aussi cherche-t-il à faire apparaître ce qu'une lecture interne ne saurait découvrir, à savoir ce que l'auteur est en train de faire en écrivant ce qu'il écrit. Expliquer un texte, c'est dire pourquoi un auteur soutient telle thèse et non pas telle autre. C'est donc aussi aller au-delà du texte et étudier les conventions dominantes qui régissent le traitement des problèmes ou des thèmes dont il s'occupe ou qui encadrent l'effectuation des actions qu'il accomplit. Que faire de conventions qui ne sont plus les nôtres sinon les contextualiser, c'est-à-dire déterminer à quel type d'action elles correspondent ou à quel modèle d'activité les penseurs se conforment ? Comment savoir sinon, pour donner un exemple, si la cible de Descartes est le naturalisme aristotélicien ou l'artificialisme de Hobbes ?

1. Q. Skinner, « Raison et rhétorique dans la philosophie de Hobbes », *Le Débat*, 1997, n°96, p. 100-108, p. 103-104.

Au regard de la singularité d'une grande œuvre, toutes les formes de contextualisation et d'analyse historique, comme toutes les formes d'interprétation, paraîtront toujours avoir un but limité et subordonné : celui d'intégrer l'irruption traumatique qu'elle provoque et d'en atténuer le choc, dans une temporalité qui est celle de l'après-coup. Contextualiser revient à banaliser l'exception, à réduire l'individualité à un simple écart, alors qu'un grand auteur paraît se libérer des conventions de son temps et changer lui-même son contexte (Foucault et Deleuze disaient que philosopher, c'est penser autrement). Comment donc articuler ce qui est le produit d'un environnement et ce qui lui échappe, à savoir la singularité ?

Le lecteur jugera si une approche fine, comme celle que propose Dieter Henrich, y parvient. À notre avis, la méthode d'analyse des constellations que défend ce chercheur est aujourd'hui la manière la plus convaincante de reconstituer l'ensemble des réseaux intellectuels à travers lesquels une œuvre s'est développée. Elle consiste à reconstruire un devenir à travers la ou les constellations d'auteurs au contact desquels un penseur s'est formé (dans le cas du premier Hegel celles de Tübingen, d'Iéna, de Hombourg).

Cette méthode conduit à reconnaître, comme le dit le texte que nous traduisons, que « ce ne sont pas uniquement des motifs intellectuels et leur force d'incitation qui expliquent avec quelle rapidité quelque chose se développe à l'intérieur d'une constellation ». Les nouveautés, les repositionnements auxquels nous assistons relèvent moins d'une logique de l'histoire des idées que de motifs irrationnels de nature intersubjective, stratégique ou sociale, ou de ce que nous appellerions une ambiance affective. Mais, en même temps, ce type d'analyse, loin de faire disparaître les auteurs importants dans la foule des petits maîtres, rend précisément justice à leur créativité. Il montre comment un grand penseur gagne son autonomie en se distanciant progressivement des constellations dont il était partie intégrante : Hegel, une fois encore, se détache des présuppositions historiques du système hégélien (pour reprendre le titre d'un des livres d'Henrich) en s'éloignant de la constellation dont Hölderlin était le centre. Ainsi, l'analyse des constellations fait pièce aussi bien à l'idéalisme qu'au relativisme en histoire des idées, car, contre le relativisme, elle maintient qu'une œuvre est philosophique à compter du moment où elle tend à pouvoir être analysée, à terme, indépendamment de ses conditions de naissance.

IDÉES ET TEMPORALITÉS

Ainsi, quoi qu'il en soit de ces différentes perspectives, il ne fait aucun doute que les modèles de temporalité mis en œuvre conditionnent en général toute approche de l'histoire des idées. Depuis ce que Reinhart Koselleck a appelé la période charnière des années 1750-1850 (*Sattelzeit*, « temps de l'entre-deux », *Schwellenzeit*, « période de seuil »), la « temporalisation des concepts » pousse toujours plus fortement à ce que la perspective temporelle reçoive un statut méthodologique. Cette temporalisation de l'histoire au moyen de concepts dynamiques (*Bewegungsbegriffe*) ou de concepts à valeur temporelle (histoire, mouvement, révolution) a donné à la science historique sa forme moderne et fait encore sentir ses effets dans les approches les plus récentes de l'anthropologie, lorsqu'on se demande, par exemple, dans quelle mesure les faits sociaux sont fonction du temps [1].

1. A. Bensa, *La fin de l'exotisme, op. cit.*, p. 141.

Définir une discipline veut dire définir son objet : l'histoire de la philosophie n'en a qu'un seul, le temps pour autant qu'il affecte la pensée. En quel sens alors le passé peut-il être présent à la pensée ? Dans quelle mesure et dans quelles limites peut-on faire du temps un facteur de la pensée ? Et surtout, de quel temps s'agit-il ? Du temps du monde, du temps vécu, d'un « temps logique » ou d'un temps spécifique, intérieur à la pensée ? L'histoire de la philosophie pousse, semble-t-il, à son terme ce que Koselleck encore définit comme la dénaturalisation de l'expérience temporelle caractéristique de la modernité et sa découverte d'un temps spécifique à l'histoire. Quand il se fait le *medium* de la pensée, le temps prend une qualité nouvelle.

C'est bien sûr à l'hégélianisme que nous devons la plus imposante intégration du temps dans l'exercice de la pensée. Ce gigantesque effort pour restituer son historicité à l'esprit s'est également accompagné d'une très violente dépréciation du temps empirique. L'historicisme, entendu comme l'effort pour faire ressortir l'historicité des catégories à l'œuvre dans tout système, se trouvait même paradoxalement valorisé pour avoir, comme le dit Gentile, montré comment l'esprit produit sa propre éternité, autrement dit pour avoir fait apparaître l'éternité dans l'histoire et l'histoire dans l'éternité. En histoire de la philosophie, nous dit Hegel, nous n'avons pas affaire au passé, mais à ce qui ne vieillit pas, au présent vivant. L'histoire de la philosophie est donc bien autre chose que l'histoire des historiens ou qu'une histoire simplement empirique, qui n'a jamais rapport à la vérité, mais à ce qu'elle a été pour d'autres. Elle n'a rien de commun avec la tendance abstraite de l'historiographie, qui se soucie, non du vrai, mais du passé en tant que tel. L'historiographie, le simple intérêt pour ce qui est sans vie, relève d'une historicité déjà morte, d'un « cœur défunt » qui ignore que seul le non-vivant a rapport au non-vivant et se plaît à s'entourer de cadavres[1].

L'esprit ne connaît donc que le présent ou, pour le dire encore dans les termes de Gentile, il ne comprend que sa propre actualité. L'historien qui écrit sur Dante est Dante à chaque fois qu'il pense véritablement avec lui, à chaque fois qu'il épouse l'acte de sa pensée : en lisant, il s'oublie dans la pensée d'un autre, « qui n'est rien en réalité à ce moment que sa propre pensée »[2]. La *Divine Comédie* est l'œuvre que nous écrivons quand nous lisons le texte de Dante, quand nous nous identifions à son acte de pensée. En étant réactualisé dans la pensée présente, le passé devient intégralement nôtre, nous nous l'approprions sans reste. « La vraie éternité n'appartient pas au poète en tant qu'il est un élément de la multiplicité, mais elle appartient au poète qui se résout dans l'unité du *Je* transcendantal, principe immanent de toute expérience, c'est-à-dire dans la mesure où le poète, c'est nous-mêmes »[3].

Ainsi, pas plus que la vérité n'existe indépendamment de l'esprit qui la fait être en pensant, l'histoire n'est concrète, c'est-à-dire éternelle, en dehors du penser qui, en contractant la totalité du temps dans le présent, le rend actuel et nôtre. Chaque acte de philosopher engage l'histoire de la philosophie tout entière, sans, affirme encore Gentile, que le cercle qui en résulte soit vicieux : que l'histoire de la

---

1. G.W.F. Hegel, *Leçons sur l'histoire de la philosophie* (1954), trad. J. Gibelin, Paris, Gallimard, 2007, « Introduction », p. 156.

2. G. Gentile, « L'expérience pure et la réalité historique », *La renaissance de l'idéalisme*, trad. E. Buissière, Paris, Hermann, 2012, p. 148.

3. G. Gentile, *Teoria generale dello spirito come atto puro* (1944), Firenze, Le Lettere, 1987, p. 145.

philosophie précède la philosophie tout en la présupposant apparaît comme nécessaire et fécond, si l'on regarde la philosophie et son histoire, non comme un catalogue d'opinions, mais dans l'horizon de l'acte de pensée. Les faits passés de la philosophie sont toujours à penser dans le présent, car la réalité de la pensée est d'être le centre d'irradiation de tous les temps, passés et futurs.

Quoi que l'on puisse penser de cette identité spéculative de la philosophie et de son histoire, même les auteurs les plus méfiants à l'égard de Hegel s'accordent à reconnaître que, lorsque les écrits du passé ne sont plus qu'objets d'érudition, l'histoire de la conscience telle qu'elle s'est déposée dans les livres devient incompréhensible. Il est probable en effet que l'inflation des notes et le développement démesuré de l'appareil critique dont s'ornent aujourd'hui les écrits du passé soient le signe du dépérissement de leur usage commun ou, comme le disait Semprun, que la surabondance du commentaire ne soit qu'une forme d'amnésie. C'est la domination du passé sur le présent, plus que toute autre chose, qui empêche le développement d'une conscience historique.

Bien sûr, nous ne croyons plus que le livre de la philosophie ait un seul et même auteur ou que les différentes histoires puissent se rejoindre en un unique récit. Nous doutons même que la philosophie soit la substance immanente de toute vie spirituelle et nous ne dirions plus aujourd'hui qu'il n'existe aucune activité de l'esprit en dehors d'elle. Nous ne croyons plus à l'éternité de l'esprit pensant et à l'identité qu'elle suppose entre l'esprit fini et l'esprit absolu, entre l'éducateur et l'éduqué. Nous avons pourtant tous tendance à admettre, et peut-être plus fortement que jamais, que, pour l'esprit, rien n'est jamais véritablement passé et que chaque philosophie ancienne et même archaïque a droit de cité, qu'elle est en elle-même partie intégrante de la culture. Nous ne croyons plus que toute philosophie soit à chaque époque le tout de la philosophie, mais nous sommes portés à reconnaître une rationalité pleine et entière à chacun des contenus que la pensée a produits. Nous ne croyons plus que l'histoire de la philosophie soit le développement d'un unique esprit vivant prenant possession de lui-même, mais nous lui donnons encore pour but l'approfondissement de la conscience de soi. Nous voulons trouver du dedans un accès à l'histoire sans la ramener jamais à un intemporel. Qu'apprenons-nous par-là sur notre époque, la seule qui ne croie plus qu'un même processus de réalité l'unit aux figures du passé ?

L'autre approche fondatrice pour notre discipline, celle de Lovejoy, s'appuyait, elle aussi, sur une conception dynamique du changement conceptuel, tout en cherchant à établir une continuité là où, aujourd'hui, nous sommes enclins à n'apercevoir que des ruptures. Mais, cette fois, elle peinait à proposer une conception forte du temps et du devenir historique et affirmait une persistance fondamentale des idées que la plupart de nos contemporains refusent de reconnaître.

Le travail d'analyse de l'historien, disait Lovejoy, doit délivrer le philosophe de son goût immodéré pour ce qui paraît neuf. « Le malheur des philosophes est qu'ils s'éprennent d'une idée au premier regard »[1]. On attend de l'historien qu'il fasse se dissiper les fausses nouveautés et restaure la progressivité du temps historique, en un mot qu'il privilégie le point de vue de l'histoire longue. Les

---

1. A.O. Lovejoy, *The Revolt Against Dualism* (1930), London, Transaction Publishers, 1995, p. 321.

accroissements de nouveauté absolue sont beaucoup plus rares qu'on le pense ou que pourrait l'imaginer un bergsonien. En réalité, les prétendues créations de nouveauté consistent plus souvent en l'apparition de configurations inédites d'éléments existants qu'en une véritable production d'idées. « La nouveauté apparente d'un grand nombre de systèmes, dit le texte que nous traduisons, ne tient qu'à une nouvelle manière d'appliquer ou d'arranger les éléments anciens qui entrent en eux ».

Toutes les difficultés que rencontre l'histoire intellectuelle reviennent en fin de compte à identifier l'élément réellement dynamique dans le devenir des concepts. Lovejoy soutenait que les systèmes n'ont pas de dynamisme propre, mais que les facteurs dynamiques de la pensée sont les idées. Ce sont les différents destins des « idées-unités » qu'il faut étudier, non les systèmes, organisés le plus souvent selon le tempérament particulier d'un philosophe. Les idées ont une vie propre, indépendante des systèmes dans lesquels elles s'incarnent. Elles sont « les choses les plus migratrices qui soient »[1]. Ce qu'il faut expliquer, c'est moins la mobilité naturelle de l'idée, qui est le donné originaire, que ce qui fait d'elle une chose inerte ou la rend captive d'un système. Ensuite, rien n'est plus précieux que de voir comment un complexe d'idées se défait : « chacune des unités de ce complexe se détache de son contexte de départ et suit son chemin à part, faisant naître dans des esprits différents d'autres idées encore ou entrant dans d'autres combinaisons »[2].

1. A.O. Lovejoy, « Reflections on the history of ideas », *Journal of the History of Ideas*, 1940, n°1, p. 4.
2. A.O. Lovejoy, « The meaning of romanticism », *Journal of the History of Ideas*, 1941, n°2, p. 268.

Ce sont donc les combinaisons d'un certain nombre d'*unit ideas*, d'idées-unités fondamentales, assez proches en vérité des *themata* que Gerald Holton identifie aujourd'hui en histoire des sciences [1], qui engendrent les différents systèmes de pensée. L'historien doit alors procéder à la manière d'un chimiste et décomposer les doctrines existantes en leurs éléments constitutifs, avant de pouvoir, au terme de cette réduction, reconstruire les différents systèmes formels d'idées qui s'expriment à travers tout le champ de la culture. L'histoire des idées se plie en effet à un double mouvement d'isolement et de synthèse : une idée doit d'abord être mise à part et étudiée séparément, comme le fait un bactériologiste lorsqu'il isole la maladie qu'il étudie, avant qu'on rassemble sous la forme d'une synthèse historique les matériaux provenant des différentes provinces dans lesquelles elle a pénétré. Ce double programme permet de saisir de l'intérieur le dynamisme d'une idée.

Suivre l'évolution d'une idée fondamentale consiste donc à montrer comment elle se manifeste de façon variée, du fait de la latitude qu'elle possède à l'égard des systèmes dans lesquels elle s'incarne ou de la vie propre qu'elle manifeste et que n'altèrent pas les différentes combinaisons dont elle est l'objet. Lovejoy distinguait ainsi jusqu'à vingt-six significations du mot nature dans l'Antiquité : « l'identité fondamentale de cette idée de nature et la logique des raisonnements auxquels elle donne naissance ne sont pas annulées par les dissimilarités des idées concomitantes auxquelles elle est associée, ni par les préoccupations différentes et les préventions liées au tempérament des auteurs sans lesquels cette pensée est entrée (…). Dans le cas qui nous occupe, nous sommes en

---

1. G. Holton, *Science en gloire, science en progrès. Entre Einstein et aujourd'hui*, Paris, Gallimard, 1998.

présence d'une des idées les plus importantes et les plus persistantes de la pensée occidentale, qui, depuis le XIV e siècle avant J.-C., n'a pas disparu complètement, bien qu'à certaines périodes elle ait été dominante et à d'autres éminemment récessive »[1]. La manière dont une idée devient dominante ou se laisse inhiber est le facteur déterminant. Ainsi, l'idée que la diversité puisse avoir une valeur et que le meilleur des mondes possibles puisse être le plus varié, fut longtemps présente dans la tradition platonicienne, et elle y fut même parfois énoncée de façon explicite, mais elle n'est devenue active que lorsque ses « conditions de vie » ont changé. Cela vaut pour un grand nombre d'idées : « associées à d'autres avec lesquelles elles étaient fondamentalement incompatibles et à des humeurs avec lesquelles elles n'étaient pas accordées, leurs pleines implications ne pouvaient devenir apparentes : il fallait qu'elles fussent plus nettement dégagées des autres idées qui les contrecarraient et les neutralisaient partiellement »[2].

Aujourd'hui, la plupart des historiens s'accordent avec Skinner pour dire que ce projet relève de la mythologie. Nous croyons moins à la pérennité des idées qu'à la plasticité des usages, c'est-à-dire, une fois encore, à la contingence. C'est une même chose que de placer les idées hors du temps et d'oublier la manière dont le philosophe s'implique dans ce qu'il pense. « Lovejoy soutenait que, sous la surface des débats idéologiques, se trouvera toujours un champ d'idées-unités pérennes et invariables que l'histoire intellectuelle aura pour tâche de découvrir et de suivre à la trace. Contre cette affirmation, j'ai voulu parler en faveur d'une contingence plus radicale dans l'histoire de la pensée.

1. A.O. Lovejoy, *Essays in the History of Ideas*, Baltimore, The John Hopkins Press, 1948, p. XIV.
2. A.O. Lovejoy, *The great Chain of Being, op. cit.*, p. 297.

J'ai affirmé, en partant d'une suggestion de Wittgenstein, qu'il ne saurait y avoir d'histoire des idées-unités en tant que telles, mais seulement une histoire des divers usages auxquels ont eu recours différents agents à différentes époques. Il n'y a rien, me suis-je hasardé à dire, qui se tienne sous ou derrière ces usages ; leur histoire est la seule histoire des idées qui vaille la peine d'être écrite » [1].

Il en résulte une nouvelle conception du temps, articulée à la pratique, et une nouvelle figure de la pensée, qui s'apparente une nouvelle fois à un acte, mais en un tout autre sens que chez Gentile.

L'explication historique en philosophie doit en effet se référer à l'action d'un agent et non à un acte de pensée intemporel. Les doctrines ne sont pas l'effet d'un dynamisme propre aux idées ou le reflet d'une structure linguistique transcendante, mais elles s'élaborent dans un temps pratique, suivant les conditions de l'interaction. Dire que les propriétés d'un texte se manifestent à travers les usages qu'on en fait revient à dire qu'il n'y a pas de différence fondamentale entre elles et celles d'une chose. Cela veut dire, conclut Skinner, que cette action doit pouvoir s'expliquer dans des termes que l'agent pourrait accepter comme une description correcte de ce qu'il pensait ou faisait effectivement. C'est bien le seul remède à l'anachronisme, que ce type d'approche regarde comme le mal absolu.

Si contextualiser un exposé veut donc dire procéder à sa mise en perspective dans le temps, l'historien doit accepter que l'interprétation elle-même devienne temporelle. Puisque les textes étudiés modifient leurs contours en fonction des contextes dans lesquels nous les plaçons et des différents textes auxquels nous les relions, la lecture

---

1. Q. Skinner, « *Studying Rhetoric and Conceptual Change* », *op. cit.*, t. I, p. 175-187, p. 176.

d'un texte philosophique est un processus sans fin, où il y a toujours quelque chose à apprendre.

HISTOIRE ET VÉRITÉ

Une fois déniée à l'idée toute vie historique propre et, plus particulièrement, une fois entériné le renoncement au modèle hégélien, la tentation était grande de réintégrer l'histoire de la philosophie dans le temps empirique des consciences individuelles finies. L'historicisme, en nous allégeant du poids de la *philosophia perennis*, nous fait nous sentir chez nous dans le temps et nous donne l'impression de pouvoir le parcourir plus librement. Mais ne le réduit-il pas à n'être qu'un simple fait, un facteur extérieur à la pensée, et la pensée elle-même ne se trouve-t-elle pas ramenée à ce qu'il y a de plus factuel, des intentions, des déterminations, ce qui revient finalement à en nier l'existence ?

Une distinction qu'établit Bréhier dans l'extrait de *La philosophie et son passé* que nous reprenons ici peut cependant nous aider à progresser. L'« événement philosophique » différerait par essence de l'événement historique. Alors que l'événement historique est un objet inséparable de son contexte temporel, qui, une fois advenu, peut être considéré comme complet, l'événement philosophique se prolongerait par-delà lui-même, en tant qu'il est le produit d'un acte et pas une chose.

Un système ne vaut que par l'appel qu'il contient. « Un système philosophique doit être considéré non pas seulement comme un fait du passé dûment daté et limité, mais étudié dans sa poussée vers l'avenir »[1]. L'erreur est de tourner

---

1. É. Bréhier, *La philosophie et son passé*, Paris, P.U.F., 1940, p. 4.

les philosophies vers le passé, de les appréhender comme désuètes et périmées, quand les penseurs interrogent l'avenir. Une pensée philosophique n'est pas un achèvement, mais une initiative et un commencement. La philosophie de Schelling, par exemple, si elle échoue à se constituer en système, est le point de départ d'un élan spirituel que d'autres ont eu à reprendre et à prolonger. Un philosophe est toujours tout entier tourné vers l'avenir. L'histoire n'est pas finie. Une philosophie n'est pas une réponse, mais une question. « Tout ce qui est fermé en philosophie, tout ce qui se donne comme solution définitive et système achevé peut bien avoir, a même certainement une valeur pédagogique, mais n'a pas de valeur philosophique propre ». On ne peut juger un système que d'après le degré d'initiative et d'imprévisibilité qu'il manifeste. Ainsi, le stoïcisme comme limite idéale des systèmes philosophiques où toutes les dualités sont résorbées et comme sagesse à laquelle se référeront toutes les autres doctrines, est le point de départ d'un élan qui traversera toute la pensée occidentale[1].

Or si une pensée a un avenir, si « son influence peut se répercuter sans fin appréciable », c'est précisément, nous dit notre texte, parce qu'elle possède une structure intemporelle, parce que quelque chose en elle échappe au devenir. Son intemporalité, c'est « l'avenir que toute la doctrine porte en elle, qu'elle annonce, qu'elle désire ».

L'idée d'intemporalité des œuvres et des idées se laisse-t-elle en effet si aisément congédiée ? Suffit-il de dire, pour se faciliter les choses, qu'une œuvre est intemporelle, non parce qu'elle s'élève au-dessus de son temps, mais parce qu'elle l'a incorporé en elle et le conserve en l'ayant

---

1. É. Bréhier, « Comment je comprends l'histoire de la philosophie », *Les études philosophiques*, 1947, n°2, p. 105-114, p. 108.

transformé ou réfléchi dans le *medium* de la pensée?[1]
Contre un retour brutal à l'empirie, certains théoriciens de
l'histoire de la philosophie se sont montré plus radicaux
dans leur effort pour articuler, selon les mots de Martial
Gueroult, le fait du devenir temporel de la philosophie et
l'absoluité de droit que chaque philosophie revendique.

Pour Gueroult, l'important était que ce devenir n'est
précisément qu'un fait. Comme il le dit dans le texte que
nous rééditons, l'étude des circonstances contingentes qui
ont influencé une pensée relève d'une science des faits,
pour laquelle il ne faut avoir que dédain. Seule la
connaissance de la structure et l'analyse des techniques
démonstratives qu'un auteur utilise permettent de
comprendre son œuvre et d'en appréhender l'origine. Le
seul contexte qui vaille d'être étudié est le contexte interne.
D'où le primat, à ses yeux, de l'œuvre faite et surtout,
comme le dit ici Victor Goldschmidt, de « l'œuvre
assumée » : « quel que soit le prix des inédits, ils ne sont
pas, conçus dans un temps seulement vécu, élevés dans le
temps logique, qui, seul, permet l'exercice de la responsabilité philosophique. Notes préparatoires, où la pensée
s'essaie et s'élance, sans encore se déterminer, ce sont des
lexeis sans croyance et philosophiquement irresponsables ;
elles ne peuvent prévaloir contre l'œuvre, pour corriger
celle-ci, la prolonger, la couronner ». L'usage des textes
et des avant-textes est davantage qu'une question
pragmatique, mais elle engage un rapport global au temps
et à la responsabilité philosophique des auteurs.

Pour Gueroult et Goldschmidt, il ne s'agit donc pas de
dire que l'œuvre est sans passé, mais, en replaçant chaque
philosophie dans le temps logique qui la porte, de la faire

---

1. K. Flasch, *D'Averroès à Maître Eckhart*, trad. J. Schmutz, Paris,
Vrin, 2008, p. 209.

apparaître comme une Idée éternelle, « invulnérable à l'histoire » (Gueroult). Revient-on alors au projet qu'avait Lovejoy d'écrire des biographies d'idées ? Pas vraiment, puisque la mise en avant de la responsabilité philosophique de l'auteur conduit à poser une question que Lovejoy, mais aussi ses critiques contextualistes et relativistes, ne pouvaient qu'esquiver, à savoir celle de la vérité (et donc à nouveau de l'intemporalité) en histoire de la philosophie.

Le propre du relativiste est, en effet, de ne voir dans les pensées déposées à travers l'histoire qu'une interminable suite d'erreurs. À ces erreurs, il s'agit de trouver, sinon une vérité, du moins un sens. Comme le dit Skinner, « en tant qu'historiens de la culture, nous devons être relativistes en ce sens : nous devons garder présent à l'esprit qu'il est possible d'avoir une croyance fausse de façon parfaitement rationnelle »[1].

Or, répond ici Goldschmidt, de même qu'un système se place dans deux temps différents, selon qu'on l'interroge sur sa vérité ou sur son origine, il existe deux types d'historiens : ceux qui, pour le dire dans les termes d'Augustin, se contentent d'atteindre la *voluntas* de l'auteur et ceux qui veulent accéder à la *veritas rerum*. Les contextualistes appartiennent à la première catégorie, car ils ne parviennent pas à reconnaître la *veritas rerum* là où elle se trouve : dans les démarches que les auteurs ont suivies, dans la voie qu'ils se sont frayée pour accéder à leurs doctrines. C'est là qu'est le noyau intemporel d'une œuvre[2].

L'analyse des techniques constitutives fait en effet apparaître la vérité intrinsèque d'une philosophie,

---

1. Q. Skinner, *La vérité et l'historien*, *op. cit.*, p. 64.
2. V. Goldschmidt, « Remarques sur la méthode structurale en histoire de la philosophie », *op. cit.*, t. 2, p. 260.

indépendante de sa vérité de jugement. La vérité, en matière de philosophie, ne se sépare pas de la recherche de la vérité, mais fait corps avec elle, de sorte qu'on ne peut « jamais isoler une thèse de sa méthode génératrice et fondatrice, sans laquelle elle serait privée de son sens même »[1]. Les structures ne sont pas un simple moyen. La philosophie accomplit sa vérité dans un temps propre, le temps logique de ses démarches : « c'est dans ce temps que se situe progressivement la découverte des dogmes, de telle sorte cependant que chacun d'eux demeure solidaire de la démarche qui lui a donné naissance et de celle qui le prolongera »[2]. Ainsi, à tout relativisme, comme à toute réhabilitation paradoxale de l'erreur en philosophie, il faut opposer le fait que « la philosophie s'apparaît à elle-même comme éternellement valable par soi, intemporelle (et) se juge engendrée par des raisons internes qui la justifient comme vérité échappant à la trame des raisons extérieures »[3].

Ferdinand Alquié soutenait lui aussi qu'une philosophie s'explique par la recherche de la vérité qu'elle conduit, plutôt que par des causes ou par des intentions que l'on pourrait identifier après-coup. « Mieux que par l'intention consciente de celui qui l'effectue, énonce le texte que nous reproduisons ici, mieux que par les déterminations externes qu'un psychologue ou un sociologue y pourrait découvrir, la démarche philosophique s'explique par la recherche de la vérité ».

On sait avec quelle véhémence Alquié s'est élevé contre la technique d'analyse des systèmes mise au point par

---

1. *Ibid.*
2. *Ibid.*, p. 249.
3. M. Gueroult, *Leçon inaugurale faite le mardi 4 décembre 1951*, Paris, Collège de France, 1952, p. 9.

Gueroult. La vérité de l'œuvre, antérieure à l'œuvre même, transparaît non à travers ses structures, mais à travers ses démarches. C'est l'existence d'un temps propre à la pensée qui conduit à opposer genèse et structure : « nous avons toujours cru que la vérité d'une œuvre philosophique se découvrait d'abord dans le mouvement de l'esprit qui lui donne naissance, c'est-à-dire, plus encore qu'en sa structure, en sa genèse. Selon nous, la pensée métaphysique ne se comprend qu'en son devenir, et révèle mieux son essence à celui qui, au lieu d'être attentif au seul système où elle se construit et se fixe, considère la réflexion par laquelle elle s'engendre »[1]. Le travail de l'historien est de refaire la genèse. Mais, si les deux approches d'Alquié et Gueroult empruntent des voies différentes, elles sont également aimantées par la même exigence de vérité et de rationalité et répugnent autant l'une que l'autre à transformer en faits, en événements temporels, les pensées vraies. La philosophie est l'œuvre d'une raison transcendante, non d'une raison tombée dans l'histoire : « si on cesse d'y voir l'histoire des systèmes, l'histoire de la philosophie apparaît comme l'histoire même de la raison, ou, plus exactement encore, comme le signe qu'à travers l'histoire des systèmes se retrouve une éternelle raison ».

Certes, lorsqu'il veut exprimer une vérité, un philosophe tombe sous le coup de toute une série de déterminations, qui, si nous leur accordons trop d'importance, nous font considérer les œuvres de l'esprit comme des choses. Mais ces déterminations n'ont pas la force qu'a la recherche de la vérité, car « une vérité, même non explicitement affirmée, peut amener un philosophe à déplacer le centre de ses

1. F. Alquié, *Le cartésianisme de Malebranche*, Paris, Vrin, 1974, p. 11.

perspectives ». On ne peut attendre de l'histoire, comme de n'importe quel fait, qu'elle explique une pensée. On explique une erreur, pas une pensée. Tout au plus les déterminations et les intentions qu'elle rapporte peuvent-elles avoir une valeur négative en faisant apparaître les insuffisances de tel ou tel système. Mais, pour ce qui est de la philosophie proprement dite, elle appartient d'emblée à l'intemporel ou relève, ce qui est le même, d'un temps intérieur à la pensée.

On ne peut donc comprendre l'histoire et la philosophie en même temps, à moins de comprendre la philosophie par l'histoire, ce qui revient à ne pas la comprendre [1]. Être philosophe, c'est choisir contre le fait et contre le temps, et inévitablement être vaincu par le fait et par le temps [2]. « L'histoire détruit le philosophe sans pour cela le réfuter ».

Je ne peux être philosophe que si je détache de son contexte la vérité philosophique. Mais il en va de même de l'historien, s'il veut vraiment comprendre ce qu'il lit. Il ne peut comprendre un philosophe sans se faire lui-même philosophe, sans chercher à découvrir, dans les vérités philosophiques, quelque éternité. Car il y a une vérité éternelle de la philosophie, il y a une seule et même vérité : l'objet n'est pas l'Être. Même un matérialiste accorde que l'esprit qui pense est premier par rapport à ce qu'il pense : tous croient à l'Être. « Ainsi, sans cesse, la raison philosophique, en dépit des intentions conscientes des auteurs, retrouve et réaffirme les mêmes évidences ».

---

1. F. Alquié, *Qu'est-ce que comprendre un philosophe*, Paris, La Table ronde, 2005, p. 37.
2. *Ibid.*, p. 33.

CONTINUITÉS ET DISCONTINUITÉS : DU RELATIVISME EN HISTOIRE DE LA PHILOSOPHIE

À ce moment de notre parcours, il paraît impossible de faire s'accorder sur l'essentiel les différents historiens dont nous présentons les textes. Disons pourtant que, malgré les divergences considérables qui les opposent, tous admettent l'idée d'une présence complexe du passé dans le présent, et pour au moins deux raisons : le présent instaure une distance critique qui fait que le passé est constamment recréé, et il semble n'exister aucun résultat acquis en philosophie qui puisse donner lieu à un progrès continu.

La réflexion philosophique sur le temps historique s'est donc naturellement centrée sur la question des ruptures et des discontinuités et s'est directement affrontée au problème du relativisme. Le propre du relativisme historique est, en effet, d'être discontinuiste, au sens où il propose différents découpages du réel censés faire apparaître une pluralité de figures de la rationalité.

Dans un de ses entretiens les plus importants, Michel Foucault invitait à faire de la discontinuité un élément fondamental de l'analyse historique et appelait de ses vœux l'élaboration d'une « méthodologie complexe de la disconti-nuité »[1]. Maintenant qu'il n'y a plus de grande histoire ou de grand récit, l'analyse historique ne peut plus avoir pour tâche que de détecter sous les grandes continuités apparentes de la pensée l'incidence des interruptions ou d'identifier les décalages successifs qui ont formé les *épistémè*. L'histoire de la philosophie serait alors la somme de ses

---

1. M. Foucault, « Sur les façons d'écrire l'histoire », *Dits et écrits*, D. Defert, F. Ewald (éd.), Paris, Gallimard, 2001, t. I, n°48, p. 614.

ruptures et, en elle aussi, le discontinu serait à mettre en jeu systématiquement.

Ainsi, dans ses derniers cours au Collège de France, Foucault s'attache par exemple à rétablir un certain « continuum » entre le christianisme et le paganisme du point de vue des modèles de conduites sexuelles et conjugales et des procédures de subjectivation afférentes. Mais il ne s'y emploie que pour mieux faire ressortir la vraie rupture, celle qu'introduit l'expérience chrétienne de la chair placée sous le régime de l'aveu, et déterminer la restructuration des rapports de la subjectivité et de la vérité qui en découle[1].

Cette pratique de la discontinuité peut alors servir de base à ce que le cours « Il faut défendre la société » appelait une contre-histoire. Une contre-histoire de la philosophie aurait elle aussi à faire « un certain usage réglé de la discontinuité pour l'analyse des séries temporelles », ce qui la dispenserait d'avoir à établir un programme méthodologique positif[2].

Bien sûr, il ne fait pas de doute que les discontinuités les plus apparentes sont loin d'être les plus fécondes. Par exemple, Garin, Kristeller, Klibansky et Vasoli ont pu développer une nouvelle image de la Renaissance parce qu'ils connaissaient le Moyen Âge aussi bien que les XVIe et XVIIe siècles et ont étouffé dans l'œuf l'idée d'un changement d'époque[3]. La discontinuité est alors à penser moins comme un changement spectaculaire pour lequel il n'existerait pas de raison externe, que par analogie avec

---

1. M. Foucault, *Subjectivité et vérité. Cours au Collège de France. 1980-1981*, Paris, Seuil, 2014, p. 258.

2. M. Foucault, « Sur l'archéologie des sciences », *Dits et écrits*, *op. cit.*, t. I, p. 726-727.

3. K. Flasch, *D'Averroès à Maître Eckhart, op. cit.*, p. 196.

« le point d'inflexion d'une courbe, l'inversion d'un mouvement régulateur, les bornes d'une oscillation, le seuil d'un fonctionnement, l'émergence d'un mécanisme, l'instant de dérèglement d'une causalité circulaire ».

La discontinuité doit donc être un résultat, le point d'aboutissement d'une description, non ce que l'analyse doit tendre à recouvrir ou à effacer. Elle est un objet paradoxal, « à la fois instrument et objet de recherche »[1].

Mais, même si l'on admet que les continuités ne nous renvoient jamais que l'image de nos propres idées et que seules les discontinuités sont fécondes, la difficulté reste de déterminer quel découpage est arbitraire et quel découpage ne l'est pas. Est-il possible de proposer, en histoire des sciences, d'autres scansions que celles que l'on associe aux noms de Thalès, Galilée et Lavoisier ? Ou bien faut-il dire, une nouvelle fois avec Foucault, que « l'histoire des discontinuités n'est pas acquise une fois pour toutes, qu'elle est elle-même "impermanente" et discontinue »[2]. Dans ce cas, la redécouverte par les musicologues gallois des théories d'Archytas en 1200 pourrait avoir occasionné une révolution dans les sciences aussi considérable que les découvertes képlériennes[3].

Plus généralement, le progrès des sciences, marqué par l'abandon d'un paradigme pour un autre, peut-il nous aider à penser le progrès en philosophie ? C'est ce que demande Yvon Belaval dans le texte que nous rééditons. On considère

1. M. Foucault, *L'archéologie du savoir*, Paris, Gallimard, 1982, p. 17.
2. M. Foucault, « Introduction à Canguilhem, *On the Normal and the Pathological* » (1978), *Dits et écrits, op. cit.*, t. II, n°219, p. 429-442, p. 436.
3. L. Spitzer, *L'harmonie du monde*, Paris, Les éditions de l'éclat, 2012, p. 52.

en effet que c'est la notion de coupure qui différencie la science de la philosophie. Ce concept et la notion d'obstacle épistémologique qui lui est liée sont-ils véritablement opératoires en philosophie ? Y a-t-il en philosophie, comme en science, des changements de conceptualité qui s'apparentent à des révolutions ?

Admettons qu'après Descartes, Kant, Hegel ou Marx, on ne puisse plus penser comme avant et que le *cogito*, par exemple, constitue un véritable point de non-retour. La question reste de savoir si les formes de pensée qui se succèdent sont simplement diverses ou incommensurables, et si la discontinuité ne tient pas, après tout, à la nature même de notre regard rétrospectif. « La discontinuité résulte d'une lecture régressive de l'histoire des sciences, dit très bien Belaval. Tant qu'on la lisait, cette histoire, du passé au présent, son progrès semblait continu, car on la rattachait à l'unité de la sagesse humaine ». Tout dépend en fin de compte du type de lecture que l'on propose : ou bien l'on choisit une histoire explicative, fidèle à l'ordre linéaire du temps qui porte la causalité d'amont en aval, ou bien on lit l'histoire des sciences du présent au passé, le présent jugeant le passé. Le propre et peut-être l'avantage de ce type d'histoire compréhensive est qu'il pluralise le temps.

Les conséquences de cette approche discontinuiste s'imposent en tout cas d'elles-mêmes. Alors qu'un straussien, par exemple, insisterait sur la pertinence de l'analyse aristotélicienne des régimes politiques ou découvrirait chez Hobbes la structure même de notre pratique politique actuelle, un historien qui adopte un point de vue discontinuiste fort est immédiatement conduit à dire, comme le fait ici Skinner, que « les textes classiques ont affaire à leurs propres problèmes, et pas nécessairement aux nôtres » et qu'on peut seulement chercher à les comprendre. L'historien est alors comme à un artisan qui restaure un tableau de la Renaissance pour lui rendre l'apparence qui était la sienne, car « le *Léviathan* est une grande œuvre d'art ». Pourquoi devrait-il aussi avoir un intérêt et une actualité philosophiques ? Il est probable qu'il acquerrait une actualité plus authentique si l'on cessait de lui poser la question intempestive de son utilité pour nous [1].

L'écart qui sépare philosophie et histoire de la philosophie devient alors extrême, puisqu'il n'est plus question, dans cette dernière discipline, de vérité, mais de compréhension. Tout ce que nous pouvons attendre des découvertes en histoire de la philosophie est qu'elles nous montrent quels choix ont été faits par le passé et quels chemins sont restés non frayés, quels autres mondes sont possibles. Il ne faut pas attendre de l'histoire de la philosophie qu'elle ait un impact immédiat sur les problèmes actuels, mais tout au plus espérer, au risque de rétablir une forme de continuité historique, que la redécouverte de traditions oubliées, comme la conception néo-romaine de la liberté, permette « une compréhension plus large de ce qui est possible ». C'est seulement ainsi que « les historiens des idées peuvent espérer produire quelque chose qui transcende la manie d'antiquaire, à condition qu'ils fassent simplement leur travail : découvrir les richesses souvent négligées de notre héritage intellectuel et les exposer à nouveau à notre regard » [2].

---

1. Q. Skinner, « Raison et rhétorique dans la philosophie de Hobbes », *op. cit.*, p. 107.

2. Q. Skinner, *La liberté avant le libéralisme, op. cit.*, p. 75-76.

Il est alors tentant d'aller plus loin et, comme Daniel Garber, de ne plus reculer devant l'image de l'antiquaire, que Nietzsche aurait caricaturée. Ainsi, l'histoire de la philosophie n'aurait plus d'autre tâche que de faire apparaître l'altérité du passé.

Une histoire antiquaire a en effet cet intérêt, affirme Garber, qu'elle nous libère de la « tyrannie du présent ». Ce qui est évident pour nous ne l'était pas il y a deux siècles : c'est la seule illumination que puisse nous donner l'histoire de la philosophie. L'histoire ne peut avoir d'autre fonction que thérapeutique et sceptique. Les philosophies sont simplement d'autres points de vue, d'autres moyens de voir le monde et leur étude a seulement pour but de nous procurer un dépaysement, de nous offrir une perspective nouvelle sur les problèmes actuels. Nous devons alors nous défaire de l'essentialisme qui s'attache à la notion de philosophie, « de l'idée qu'il existe une chose comme la philosophie, qu'elle est *ceci ou cela*, et que ce qui s'en démarque n'est *pas* de la philosophie ».

Qu'attendre d'autre, après tout, d'un spécialiste de Descartes qu'une réduction de l'histoire de la philosophie à une forme de tourisme intellectuel ? Avec Descartes, il faut répondre à ceux qui nous reprochent de relativiser notre rapport aux valeurs que converser avec ceux des autres siècles est quasi le même que de voyager et qu'« il est bon de savoir quelque chose des mœurs de divers peuples, afin de juger des nôtres plus sainement ». La tâche de l'historien est de nous faire ressentir notre exotisme, de nous amener à nous percevoir comme « une tribu parmi les autres »[1]. Pour prendre conscience de la façon dont je

---

1. Q. Skinner, « Interpretation and the understanding of speech acts », *Visions of Politics, op. cit.*, p. 103-127, p. 125.

raisonne, je dois trouver des hommes qui ne raisonnent pas comme moi. Il faut « dépayser la pensée », un effet de surprise étant nécessaire pour être renvoyé à soi[1]. Toute la question est alors de savoir si l'on ne crée pas un effet d'étrangeté artificiel en opposant trop fortement les contextes[2] et s'il ne faut pas se résoudre à dire comme Putnam que ce serait seulement en se plaçant du point de vue de Dieu que l'on pourrait décréter l'incommensurabilité de toutes les croyances et de toutes les théories.

L'objet d'un recueil comme le nôtre n'est pas de répondre à ces questions, mais de réactiver un certain nombre d'interrogations, dont la plus insistante est bien sûr, une fois encore, celle de la vérité. C'est pourquoi notre volume se conclut sur le questionnement que développe Alasdair MacIntyre. En admettant que toute enquête philosophique soit indissociable d'un contexte historique et culturel, la vérité, comme but ultime et terme de toute enquête, ne dépasse-t-elle pas toute tradition ? La discontinuité, l'hétérogénéité des contextes est-elle si grande que les doctrines du passé deviennent inutiles ou incompréhensibles ?

En tout cas, rien ne permet de conclure, dit notre texte, qu'« une partie quelconque du passé nous soit aujourd'hui nécessairement inaccessible ». Être historien, c'est au contraire multiplier les stratagèmes pour ne pas rester prisonnier du présent ou d'un paradigme imposé et c'est chercher à toute force à échapper à l'alternative de l'anachronisme et de l'antiquitarisme. C'est même poser des questions intempestives : qu'est-ce qui empêche que

1. F. Jullien, *Dépayser la pensée. Dialogues hétérotopiques avec François Jullien sur son usage philosophique de la Chine*, Paris, Les empêcheurs de penser en rond, 2003.
2. F. Billeter, *Contre François Jullien*, Paris, Allia, 2014, p. 47-48.

le passé soit supérieur au présent? Qu'est-ce qui autorise les courants dominants de la philosophie contemporaine, comme la philosophie analytique, à postuler sans jamais le dire vraiment la supériorité foncière du présent?

Pour MacIntyre, dire qu'un thème central de l'éthique ancienne, l'*akrasia* par exemple, s'insère dans un contexte culturel ou un ordre moral très différent de celui de la théorie morale normative moderne, ne préjuge en rien de sa pertinence pour nous, ni de sa rationalité intrinsèque. Il n'est pas certain que le phénomène de l'incommensurabilité que Kuhn aurait découvert nous dispense de tout fondement rationnel pour préférer un paradigme à un autre ou qu'il suffise à remettre en cause la justification rationnelle des points de vue philosophiques fondamentaux. Après tout, le relativisme est-il si grand en philosophie, entendu que nous disposons d'une référence de fond incontournable et d'une norme autour de laquelle tous se retrouvent, à savoir la philosophie de Platon? Les questions qui sont nées en Grèce, demandait Hegel, ne sont-elles pas encore les nôtres?

En définitive, peut-on être contextualiste et chercher la vérité (ou reconnaître qu'il existe une norme du vrai)? Au moins une chose est sûre : c'est la contextualisation qui permet d'établir le plus grand nombre de choses certaines au sujet d'une philosophie. On ne comprend rien par exemple à la négation kantienne du droit de résister si on ne la contextualise pas et si l'on n'identifie pas sa véritable cible, à savoir le roi, qui avait osé s'opposer à la volonté du pouvoir législatif[1]. Or s'il est possible de dire quelque chose de vrai *sur* une philosophie, il ne doit pas être

1. D. Losurdo, *Autocensure et compromis dans la pensée politique de Kant*, Lille, Presses Universitaires de Lille, 1993.

impossible de dire quelque chose de vrai *en* philosophie.
L'histoire de la philosophie peut même, à son niveau, servir
de modèle d'intelligibilité pour la philosophie. Dire avec
Pierre Hadot qu'il faut « replacer les discours philosophiques
dans leurs jeux de langage, dans la forme de vie qui les a
engendrés, donc dans la situation concrète personnelle ou
sociale, dans la *praxis* qui les conditionnent ou en rapport
à l'effet qu'ils veulent produire »[1], n'empêche pas qu'il
existe des jeux de langage plus efficaces et des formes de
vie plus vraies.

---

1. P. Hadot, *Wittgenstein et les limites du langage*, Paris, Vrin, 2004,
p. 11.

THÈMES ET CONCEPTS

Ce qui fait la grandeur et peut-être encore l'actualité de l'hégélianisme est qu'il a voulu faire de l'histoire de la philosophie une histoire pensée ou qu'il a cru, comme le dit Gentile, que la pensée devait être à l'œuvre dans toutes les formes qu'elle prend, même dans sa propre historiographie. Si c'est avec l'hégélianisme que l'histoire de la philosophie devient pour la première fois une science philosophique, c'est parce qu'il a voulu que, dans chacun des actes de l'historien, se vérifie l'identité substantielle de la théorie et de la pratique.

Quand bien même c'est l'autonomisation des domaines qui fait de la discipline historique une activité sérieuse, la division du travail intellectuel en histoire de la philosophie est, du point de vue hégélien, toujours stérilisante, car elle détruit cette identité et réduit la grande masse des chercheurs à collecter des faits. « Je considérerai comme fausse, affirme Gentile, une conception de l'histoire de la philosophie que l'on ne pourrait trouver réalisée, en quelque manière, dans chaque histoire particulière comme la loi secrète qui inspire toute activité historico-philosophique »[1]. Jusque dans les plus humbles de ses tâches, l'histoire de la philosophie doit avoir l'unité d'un grand organisme.

D'où un refus sans appel, aussi radical que chez Nietzsche, d'une histoire de type antiquaire, uniquement motivée par l'amour du fait pour lui-même. Ce que je ne

1. G. Gentile, « Le concept de l'histoire de la philosophie », *op. cit.*, p. 85.

connais que de manière historique est extérieur à mon
esprit. Je l'ai sans l'être, c'est-à-dire sans le faire authentiquement mien : « dans la considération du passé en tant
que tel, mes connaissances demeurent seulement extérieures ;
leur possession est comme la possession juridique des
choses » [1]. Même s'il est nécessaire, pour qui veut se
cultiver, de s'intéresser à quelque chose d'étranger, de non
immédiat, qui appartient au souvenir et ne peut revivre
pour soi, on ne gagne rien à se fixer à ce qui est simplement
historique, aux curiosités de l'histoire.

Le projet de faire de l'histoire de la philosophie une
science rigoureuse d'essence philosophique s'est donc
accompagné d'une disqualification sans précédent de la
doxographie. Comment la philosophie, qui est la science
des pensées nécessaires, peut-elle s'accommoder de
l'histoire si celle-ci ne s'occupe jamais que de ce qui est
arrivé, du contingent ? La philosophie ne peut s'approprier
son histoire sur un mode simplement empirique. Se fixer
sur les systèmes du passé, alors qu'ils ne sont pour nous
que les « momies de la pensée », tenter de les ramener à
la vie, alors qu'ils ne sont plus la forme dans laquelle
l'esprit trouve sa conscience, c'est les priver du droit de
se donner la substantialité, de transformer leur pensée en
être et de se confier à la différence [2].

L'histoire n'est pas une simple mémoire, une pensée
reléguée dans la représentation. Elle n'est pas qu'un pâle
souvenir extérieur, où nous ne retrouvons jamais l'esprit
qui a fait naître la chose. Elle est un souvenir intériorisant.
L'histoire n'est pas un devenir, mais un devenir nôtre.

---

1. G.W.F. Hegel, « Cours 1825-1826 », *Leçons sur l'histoire de la
philosophie, op. cit.*, p. 113.
2. *Ibid.*, p. 109.

À travers elle, nous n'avons pas rapport au passé, mais au pensé, à notre propre esprit. L'histoire n'est pas un milieu extérieur, mais la forme du devenir de l'esprit. L'esprit n'est pas un être, mais un être-devenu. Philosopher, c'est entrer en possession de son héritage en le rabaissant à n'être qu'un matériau à métamorphoser par l'esprit[1].

Gentile tire clairement les conséquences de cette prise de position hégélienne. L'histoire de la philosophie ne saurait être simplement descriptive, elle doit avant tout être critique et nous conduire, en même temps que nous reconstruisons les figures du passé, à réformer constamment nos propres outils mentaux, puisqu'ils incarnent eux aussi un moment du développement de la pensée consciente de soi. Il faut que chaque reconstruction que nous opérons contienne déjà dans son développement historique la critique progressive des systèmes, encore que cette critique ne soit jamais tout à fait notre œuvre, mais celle qu'opère le système qui suit immédiatement. Cet art de la critique n'est pas le nôtre, mais c'est l'art de la raison qui philosophe depuis des siècles. « Le véritable art historique, comme celui du jardin d'Armida est *l'art qui fait tout et ne se dévoile en rien (Jérusalem délivrée, XVI)* »[2].

C'est ce sens de la critique historique qui a conduit Hegel à pousser à la limite le modèle historiographique du livre *alpha* de la *Métaphysique*. Le rationnel, l'histoire de l'unique et éternelle raison se donne à reconnaître à celui qui sait distinguer ce qui est spéculation et ce qui n'est que représentation. Les différentes philosophies ne valent, malgré tous leurs égarements, que par ce qui se

1. G.W.F. Hegel, « Manuscrit de 1820 », *Leçons sur l'histoire de la philosophie, op. cit.*, p. 30 ; « Manuscrit de 1823 », *op. cit.*, p. 88.
2. G. Gentile, « Le concept de l'histoire de la philosophie », *La renaissance de l'idéalisme, op. cit.*, p. 127.

trouve en elles de vraie spéculation : que Dieu a produit le monde, que les démons ont participé à cette création se trouvent littéralement dans Platon, « et pourtant cela ne fait pas partie de sa philosophie » : si l'on sait ce qu'est le philosophique, on ne s'arrête pas à de telles expressions, « et on sait ce que Platon voulait » [1].

Si donc il revient à l'historien de reconduire chaque système à l'unique exigence qu'il a la tâche et la fonction d'exprimer, il se forme nécessairement un cercle, conclut Gentile dans le texte que nous traduisons ici : sans philosophie, nous ne pourrions reconnaître comme doués de sens les contenus déposés dans une tradition, mais, pour philosopher, il faut disposer d'un concept unitaire de la philosophie, lequel n'est jamais donné que dans l'histoire (et pas simplement dans la logique ?). La philosophie est histoire de la philosophie et l'histoire de la philosophie est philosophie. Il y a identité spéculative de la philosophie et de l'histoire de la philosophie, même si « ce n'est pas dans l'histoire en tant qu'histoire, mais dans la philosophie que le cercle se referme ».

Le philosophe qui regarde le ciel et ignore où il met le pied n'est qu'une abstraction, non un vrai philosophe, disait Benedetto Croce. La terre sur laquelle la philosophie doit poser le pied est l'histoire, ajoutait Gentile. C'est dans son histoire que la philosophie identifie l'ensemble de ses problèmes et entre en possession de son contenu. Mais c'est l'histoire de la philosophie qui est la vraie histoire et la vraie philosophie. « La philosophie, c'est la vie historique de la philosophie » [2].

1. G.W.F. Hegel, *Leçons sur l'histoire de la philosophie*, trad. P. Garniron, Paris, Vrin, 1972, t. 3, p. 405-407.

2. G. Gentile, « Le concept de l'histoire de la philosophie », *La renaissance de l'idéalisme, op. cit.*, p. 125.

Jamais historien de la philosophie n'a été plus soucieux que Hegel de faire de sa discipline une activité sensée, portée à chacune de ses étapes par la pensée. Or, c'est précisément ce que nous avons désavoué : que la philosophie et l'histoire de la philosophie puissent être deux concepts substantiellement équivalents et convertibles, animés par la même pensée.

Cette convertibilité reposait sur la conviction que les différents moments de l'histoire de la philosophie reflètent dans le temps les catégories éternelles de la logique et ne se comprennent que par elles. Étudier l'histoire de la philosophie, c'était étudier la philosophie même, notamment sous sa forme logique. La succession des systèmes philosophiques dans l'histoire était la même que la succession des déterminations conceptuelles de l'idée dans sa dérivation logique. Ce qui définit une catégorie la rendait aussitôt contradictoire et nous précipitait vers une nouvelle catégorie et une synthèse plus compréhensive. Ordre logique et ordre temporel étaient un et le même.

Ce qui en histoire de la philosophie était le plus déterminant était l'ordre absolument nécessaire de sa succession, la connexion intime de ses composants. « Le même développement de la pensée, qui est exposé dans l'histoire de la philosophie, est exposé dans la philosophie elle-même, mais libéré de cette extériorité historique, purement dans l'élément de la pensée »[1]. Ou, comme le dit le texte dont nous reprenons des extraits : « si l'on dépouille entièrement les concepts fondamentaux des systèmes apparus dans l'histoire de la philosophie de ce qui concerne leur configuration extérieure, leur application

---

1. G.W.F. Hegel, *Encyclopédie des sciences philosophiques. La science de la logique*, trad. B. Bourgeois, Paris, Vrin, 1994, p. 180.

au particulier, etc., on obtient les différents niveaux de l'idée même dans son concept logique ». Cela signifiait que les concepts philosophiques qui se sont déposés à travers l'histoire pouvaient accéder à une pleine transparence ou être élevés à la clarté de l'idée logique, qu'ils pouvaient être entièrement thématisés.

Cela suppose bien entendu que l'on se trouve déjà en possession de l'idée philosophique qui éclaire ce développement. « Pour reconnaître la progression de la philosophie, comme développement de l'idée, dans la figure empirique et l'apparition en laquelle celle-ci surgit historiquement, énonce notre texte, il faut en vérité déjà posséder la connaissance de l'idée, tout comme il faut posséder les concepts de ce qui est juste et convenable pour juger les actions humaines ». Les pensées passées ne prennent sens que par rapport à la philosophie actuelle, qui les englobe et contient leurs principes. Seule la philosophie moderne sous sa forme accomplie, seule la dernière philosophie apparue dans le temps est à même de reconnaître l'éternité dans l'histoire et l'histoire dans l'éternité. Tant que nous sommes pensants, nous n'avons pas affaire au passé : l'histoire de la philosophie est « un récit historique qui, en même temps, n'est pas un récit historique » [1].

On sait que ce type d'approche historique s'attirera d'innombrables critiques. Bréhier par exemple reprochera à Hegel d'écrire l'histoire en prophète après-coup [2] et, dans le texte que nous traduisons ici, Skinner s'étonnera qu'« un événement doive attendre le futur pour apprendre sa

---

1. G.W.F. Hegel, « Cours 1825-1826 », p. 113.
2. É. Bréhier, « Les postulats de l'histoire de la philosophie », *Revue philosophique de la France et de l'étranger*, 1925, n°3, p. 48-78, p. 77.

signification », tout type d'explication téléologique se ramenant, selon lui, à une « mythologie de la prolepse » qui nous détourne d'expliquer un texte dans des termes que son auteur aurait pu utiliser. Avec Hegel, la tyrannie du présent triomphe en histoire de la philosophie.

Mais c'est sur un autre point, plus central, que l'hégélianisme a été mis en question de la manière la plus intéressante. Une philosophie peut-elle rendre ses concepts parfaitement transparents et être en pleine possession d'elle-même ? N'y a-t-il pas quelque chose dans la conceptualité philosophique qui empêche que les concepts accèdent à une pleine clarté idéelle ?

Bien sûr, l'élément historique introduit lui-même un certain obscurcissement : « acte », « objet », « essence », « transcendantal » sont des termes indéchiffrables pour qui ignore les étapes de leur constitution et de leur transmission. Mais il faut aussi être plus radical et dire que, derrière les idées exprimées dont on peut retracer la genèse, certains concepts opèrent dans l'ombre.

C'est ce que soutient ici Eugen Fink, le collaborateur et ami d'Husserl : tous les concepts ne peuvent être l'objet d'une réflexion spécifique. La catégorie de domination chez Marx, le rapport entre les transcendantaux *ens* et *verum* dans la philosophie médiévale ou encore la notion de performance chez Husserl, mais peut-être aussi certains concepts opératoires « implicites », comme celui de construction phénoménologique, dont on ne peut inférer l'existence qu'au prix d'une réflexion méthodologique [1], sont des schèmes intellectuels non objectivement fixés,

---

1. A. Schnell, *Temps et phénomène. La phénoménologie husserlienne du temps (1893-1918)*, Hildesheim, Olms, 2004, p. 255.

mais dont la médiation est nécessaire pour former les concepts thématiques.

Un concept thématique se définit par son contenu, il est ce qui permet au penseur de dire la chose même ou d'en faire un thème de sa pensée. L'Un plotinien, la Monade, la subjectivité transcendantale sont « des concepts par lesquels une pensée fixe et préserve ce qui est pensé par elle ». Les concepts opératoires n'ont, quant à eux, pas de signification indépendante, mais sont engendrés et portés par le mouvement de la pensée, comme ce qui détermine à la fois le mode d'accès et l'horizon de sens d'un thème. Chez Husserl par exemple, affirme Eugen Fink, le « phéno-mène », l'« épochè », la « constitution », l'« effectuation » sont des concepts opératoires qui ne sont jamais parfaitement thématisés. Ils sont utilisés et nommés explicitement, sans qu'il soit tout à fait certain qu'on puisse les ramener à la transparence d'une définition claire. Même le prodigieux travail de thématisation absolue entrepris par Husserl ne peut lever toute obscurité. Or c'est précisément ce qui échappe à la thématisation qui porte l'intérêt.

Ce qui vaut ici pour Husserl peut être généralisé : un auteur ne peut posséder entièrement tous ses concepts, il est trop long et trop coûteux pour lui de tous les thématiser. « Dans la formation des concepts thématiques, les penseurs utilisent d'autres concepts et modèles de pensée, ils opèrent avec des schèmes intellectuels qu'ils ne portent pas du tout à une fixation objective ». L'originalité de Fink n'est pas de dire que chaque système laisse derrière lui des problèmes ouverts, mais de désigner comme concepts opératoires les notions laissées dans l'ombre par le mouvement de la pensée dans le cours même de sa thématisation.

Si l'on en croit Gadamer, Heidegger « ensorcelait » ses auditeurs à Marbourg avec un certain nombre de mots magiques, comme celui d'*actus exercitus*, emprunté à Augustin. En philosophie, disait-il, il ne faut pas en rester à l'*actus signatus*, aux formules et aux théorèmes exprimés à travers des signes, mais il faut pousser jusqu'au niveau proprement herméneutique de l'*actus exercitus*, de l'intention de signification. On reste étranger à la motivation intérieure d'un discours tant qu'on ne l'accomplit pas dans son existence, tant qu'on n'en mène pas à bien l'exercice effectif[1]. C'est en s'inspirant de cette distinction entre l'acte significatif du discours et son accomplissement compréhensif, sa réalisation dans l'existence concrète, que Fink aurait forgé sa notion de concept opératoire.

Il n'y a donc pas de concept opératoire sans ombre opératoire : « la présence de l'ombre est peut-être un trait essentiel d'une activité philosophique finie. Plus originaire est la force qui tente d'opérer une éclaircie, plus profonde aussi est l'ombre qui accompagne les pensées fondamentales ». Fink forge alors le terme d'« ombrescence » pour désigner cette obscurité spéculative, cet impensé qu'est le « non-vu en tant qu'il est le *medium* du voir ».

Cette ombrescence est « une structure essentiale de la finitude philosophante », une loi d'essence de la connaissance. Elle doit s'entendre en un sens positif, comme le précisa Fink lorsqu'il soumit son texte à la discussion aux journées de Royaumont : « cette obscurité spéculative était peut-être la condition préalable pour que Husserl pût consacrer de façon extraordinaire sa vie entière à effectuer

---

1. H.G. Gadamer, *Les chemins de Heidegger*, trad. J. Grondin, Paris, Vrin, 2002, p. 210. *Cf.* J. Grondin, *L'horizon herméneutique de la pensée contemporaine*, Paris, Vrin, 1993, p. 261-262.

des milliers et des milliers d'analyses intentionnelles qui ne se distinguent les unes des autres que par d'imperceptibles différences ». La relative ambiguïté des concepts opératoires husserliens n'est pas négative, au sens où elle enlèverait quelque chose au génie de l'analyse et à la droiture intellectuelle exceptionnelle de ce philosophe. Elle ne l'a pas empêché de consacrer sa vie à la passion du questionnement et de la recherche et sa grandeur est précisément d'avoir voulu ne rien laisser dans l'ombre. Simplement, « on peut appliquer ici le mot de Hegel suivant lequel la puissance de l'esprit ne dépasse pas son extériorisation. Et cette puissance de l'esprit a toujours en quelque sorte en même temps pour rançon une certaine obscurité inévitable dans les concepts de base » [1].

La philosophie ne pourra donc jamais déposer son nom d'amour de la sagesse, d'abord parce que l'historicité d'une philosophie n'obéit pas à un temps linéaire, mais à une téléologie, celle du déploiement progressif de ses problèmes, ensuite parce que « la force clarificatrice d'une pensée se nourrit de cela même qui demeure dans l'ombre du penser ». Ou, comme le disait Hegel, « la vérité du serment qui unit tout a ses racines dans les eaux de l'oubli » [2].

1. E. Fink, « Les concepts opératoires dans la phénoménologie de Husserl », *Husserl. Cahiers de Royaumont*, Paris, Minuit, 1959, p. 237-238.
2. *Ibid.* Librement adapté de G.W.F. Hegel, *Phénoménologie de l'esprit*, trad. B. Bourgeois, Paris, Vrin, 2006, p. 411.

GEORG WILHELM FRIEDRICH HEGEL

LEÇONS SUR L'HISTOIRE
DE LA PHILOSOPHIE
(MANUSCRIT DE 1820, EXTRAITS) *

L'idée est le foyer qui est en même temps la périphérie, la source lumineuse qui, dans toute son expansion, ne sort pas de soi mais reste présente et immanente à soi – elle est ainsi le système de la nécessité, et de *sa* nécessité *propre*, laquelle est par conséquent tout autant sa liberté.

Ainsi, de même que la philosophie est système en son développement, elle l'est également en son histoire : on a là le point principal, le concept fondamental de cette histoire que présentera cet essai.

Pour élucider cet élément, il convient tout d'abord d'attirer l'attention sur la différence qui peut avoir lieu du point de vue du mode d'apparition. La venue au jour des niveaux distincts dans la progression de la pensée peut en effet s'opérer avec la conscience de la nécessité par laquelle chaque niveau suivant se déduit et par laquelle seule peut

* G.W.F. Hegel, *Vorlesungen über die Geschichte der Philosophie*, Teil 1. *Einleitung*, P. Garniron, W. Jaeschke (hrsg), Hamburg, Meiner, 1994, p. 25-36 ; « Manuscrit de 1820 », *Leçons sur l'histoire de la philosophie*, trad. G. Marmasse, Paris, Vrin, 2004, p. 40-48.

surgir *cette* détermination et cette figure, ou s'opérer sans une telle conscience, à la manière d'une venue au jour naturelle, apparemment contingente : même si, *intérieurement*[1] le concept opère certes conséquemment, ce caractère conséquent n'est pas exprimé. Ainsi, dans la nature, dans le développement du tronc, des branches et des feuilles, de la fleur et du fruit, chaque chose vient au jour pour soi – mais l'idée intérieure est ce qui dirige et détermine cette succession. De même chez l'enfant, les facultés corporelles et, avant tout, les activités spirituelles viennent à apparaître les unes après les autres – de manière simple et candide, si bien que les parents qui font cette expérience pour la première fois prennent pour un miracle ce dont tout provient, qui, depuis l'intérieur se montre pour soi ici et maintenant, toute la suite de ces apparitions se bornant à prendre la figure de la succession dans le temps.

Présenter le mode unique de ce surgissement, la déduction des configurations, présenter la nécessité des déterminations, en tant que celle-ci est pensée et connue, c'est la tâche et l'emploi de la philosophie elle-même, et, dans la mesure où il s'agit ici de l'idée pure et non pas encore de ses configurations particulières ultérieures comme nature et esprit, cette présentation est avant tout la tâche et l'affaire de la philosophie *logique*.

Cependant, l'autre mode, en vertu duquel les différents niveaux et moments du développement surgissent dans le temps, sous forme d'événements et en tels lieux déterminés, chez tel ou tel peuple, dans telles circonstances politiques et dans telle relation d'implication avec celles-ci – bref sous *telle forme empirique*, c'est le *spectacle* que nous montre l'histoire de la philosophie. C'est cette façon de

---

1. *En marge* : Artisan intérieur.

voir qui seule est digne de cette science ; elle est vraie en elle-même grâce au concept de la Chose, et l'étude de cette histoire démontrera elle-même que cette opinion se montre et s'atteste tout autant comme conforme à l'effectivité.

Or, en vertu de cette idée, je soutiens que la succession des systèmes philosophiques dans l'*histoire* est la *même* que la *succession* des déterminations conceptuelles de l'idée dans sa *dérivation* logique. Je soutiens que, si l'on dépouille entièrement les *concepts fondamentaux* des systèmes apparus dans l'histoire de la philosophie de ce qui concerne leur configuration extérieure, leur application au particulier, etc., on obtient les différents niveaux de l'idée même dans son concept logique. *Inversement*, si l'on considère pour elle-même la progression logique, on a en elle, selon ses moments principaux, la progression des apparitions conceptuelles – mais il faut, en vérité, savoir *reconnaître* ces purs concepts *dans* ce qui contient leur figure historique ; en outre la série, comme succession historique, se *distingue* assurément, par un certain côté, de la série dans l'ordre conceptuel ; mais montrer plus précisément en quoi consiste cette distinction nous entraînerait trop loin de notre fin. Je me borne à noter qu'il résulte de ce qui a été dit que l'étude de l'*histoire de la philosophie* est l'*étude de la philosophie* elle-même, qu'elle ne peut donc être rien d'autre. Qui étudie l'histoire de la physique, de la mathématique, etc., se familiarise tout aussi bien avec la physique et la mathématique elles-mêmes. Cependant, pour reconnaître la progression de la philosophie comme développement de l'idée, dans la figure empirique et l'apparition en laquelle celle-ci surgit historiquement, il faut en vérité déjà posséder la *connaissance de l'idée*, tout comme il faut posséder les concepts de ce qui est juste et convenable pour juger les actions humaines. Sinon, comme nous le voyons dans tant d'histoires de la philosophie, ne s'offre à dire vrai, à l'œil dépourvu de la conception de l'idée, qu'un amas désordonné d'opinions. Mettre pour vous en évidence cette idée et ainsi rendre compte de ces apparitions, c'est l'emploi de celui qui expose l'histoire de la philosophie. Parce que l'observateur doit nécessairement déjà posséder le concept de la Chose pour le voir en son apparition et pouvoir véritablement interpréter l'ob-jet, nous n'avons pas à nous étonner qu'il y ait tant d'histoires de la philosophie dépourvues de saveur, que chez elles la série des systèmes philosophiques soit présentée comme une série de simples opinions, d'erreurs ou de jeux intellectuels – des jeux intellectuels qui certes ont été élaborés à grand renfort de sagacité, de peine pour l'esprit, et de tout ce que l'on formule comme compliments au sujet de ce qu'il y a en eux de formel. Compte tenu du manque d'esprit philosophique que l'on constate chez de tels historiens, comment ceux-ci pourraient-ils appréhender et présenter ce qu'est la pensée rationnelle?

À partir de ce qui a été indiqué sur la nature formelle de l'idée [1], on comprend que seule une histoire de la philosophie ainsi appréhendée comme un développement systématique de l'idée mérite le *nom de science*; une collection de connaissances ne constitue pas une science. C'est seulement ainsi, comme série d'apparitions rationnellement fondées, qui, elles-mêmes, ont pour contenu et dévoilent ce qu'est la raison, que cette histoire se révèle elle-même [comme] quelque chose de rationnel; elle montre qu'elle constitue un événement rationnel; comment tout cela, qui a eu lieu du fait de la raison, pourrait-il ne pas

---

1. *En marge* : Je ne m'occupe que de cela, je fais des leçons sur ce thème.

être rationnel? La croyance rationnelle selon laquelle le hasard ne règne pas dans les affaires humaines est déjà indispensable; et l'affaire de la philosophie est justement de connaître que, pour autant que son apparition propre constitue une histoire, celle-ci n'est déterminée que par l'idée.

Considérons maintenant les concepts généraux mis en avant, plus précisément dans leur application à l'histoire de la philosophie – il s'agit d'une application qui nous mettra devant les yeux les points de vue les plus importants de cette histoire [1].

La question la plus immédiate que l'on puisse poser à ce sujet concerne cette distinction, qui vient d'être faite, dans l'apparition de l'idée elle-même – la question de savoir comment il se fait que la philosophie apparaisse comme un développement dans le *temps* et possède une histoire. La réponse à cette question déborde sur la métaphysique du *temps*, et, si l'on faisait plus que d'indiquer les moments dont il s'agit dans la réponse à la question posée, ce serait une digression qui nous éloignerait de la fin qui constitue ici notre ob-jet.

À propos de l'essence de l'esprit, on a mentionné ci-dessus le fait que son être est son acte. La nature est comme elle *est* et ses modifications ne sont pour cette raison que des *répétitions*, son mouvement est simplement circulaire. Plus précisément, l'acte [de l'esprit] consiste à *se connaître*. Je suis, mais immédiatement je ne suis tel que comme organisme vivant; en tant qu'esprit, je ne suis que pour autant que je me connais. Γνῶθι σαυτόν, *connais-toi*, l'inscription sur le temple du dieu qui connaît, à

---

1. *En marge* : Justification.

Delphes [1], est le commandement absolu qui exprime la nature de l'esprit. Cependant, la conscience contient essentiellement ceci, que je suis *pour moi*, que je suis *ob-jet* à moi-même. Avec ce jugement absolu, cette différenciation de moi d'avec moi-même, l'esprit se donne un être-là se pose comme *extérieur à soi* ; il se pose dans l'*extériorité*, qui est justement le mode universel et spécifique d'existence de la nature. Cependant l'un de modes de l'extériorité est le *temps* – dont la forme doit être plus précisément discutée aussi bien dans la philosophie de la nature que dans la philosophie de l'esprit fini. Cet *être-là*, et par conséquent cet être dans le temps, n'est pas seulement un moment de la conscience singulière en général, qui en tant que tel est essentiellement fini, mais également un moment du développement de l'idée philosophique dans l'élément de la pensée. En effet, l'idée, pensée en son repos, est assurément intemporelle ; la penser en son repos, maintenir fermement dans la figure de l'immédiateté, c'est équivalent à en avoir l'*intuition* – l'intuition interne. Cependant, comme on l'a indiqué ci-dessus, l'idée, en tant que concrète, en tant qu'unité d'éléments distincts, est essentiellement non repos et son être-là est essentiellement non intuition. En revanche, en tant que différenciation en soi et par là développement, elle accède en elle-même à l'être-là et à l'extériorité dans l'élément de la pensée ; c'est ainsi que, dans la pensée, la pure philosophie apparaît comme une existence qui progresse dans le temps. Cet élément de la pensée même est cependant abstrait, c'est l'activité d'une conscience singulière. Pourtant l'esprit n'est pas seulement en tant qu'élément singulier, conscience finie, mais aussi comme esprit universel en soi et concret. Toutefois cette

1. Cf. *Charmide*, 164d-165a.

universalité concrète comprend tous les modes développés et tous les aspects en lesquels l'esprit devient objet à soi conformément à l'idée. C'est ainsi que son activité de se saisir de manière pensante est en même temps la progression remplie par l'effectivité développée et totale – une progression qui ne se borne pas à parcourir la pensée d'un individu ni à s'exposer dans une conscience singulière, mais qui est en tant qu'esprit universel s'exposant dans le royaume de sa configuration, dans l'histoire mondiale. Il arrive par conséquent, dans ce développement, qu'une forme, un niveau de l'idée accède chez un peuple à la conscience, si bien que *ce* peuple et *ce* temps n'expriment que cette forme, à l'intérieur de laquelle le peuple se forge son univers et élabore son état, tandis que le niveau supérieur ne se révèle que des siècles plus tard chez un autre peuple.

Après que j'ai indiqué le fondement universel du développement de l'idée dans le temps en général, nous avons affaire :

a) tout d'abord à la représentation de la perfection du philosopher – *une pure activité d'intuitionner, de penser et de savoir, – cet état* ;

aa) *ne tomberait pas dans le temps, dans l'histoire* ;

bb) mais ceci va à l'encontre de la nature de l'esprit – du savoir.

L'unité originaire, ingénue, avec la nature n'est pas autre chose qu'une intuition engourdie, une conscience *concentrée*, qui précisément pour cette raison reste *abstraite*, n'est pas *organique* EN ELLE-MÊME ; *la vie, Dieu est* certes *censé* [être] concret, il l'est en ma sensation, mais rien n'est distingué en celle-ci. – Le sentiment universel, l'idée universelle du divin S'APPLIQUE certes à toute chose. Cependant, il s'agit que la *richesse infinie de l'intuition du monde* S'ARTICULE en organes distincts et soit établie à

SA PLACE comme nécessaire, qu'elle ne fasse pas usage simplement d'une seule et même représentation. Nous voyons l'intuition *pieuse*, par exemple dans la Bible, dans l'Ancien et le Nouveau Testament, dans celui-là surtout en tant *qu'adoration universelle* de Dieu dans tous les phénomènes naturels, comme, en *Job*, dans l'*éclair* et le tonnerre, dans la *lumière* du jour et celle de la nuit, dans les montagnes, les cèdres du *Liban* et les oiseaux sur leurs branches – *animaux fournissant du lait, lions, baleines* [1] – également en tant qu'adoration d'une Providence universelle à propos des affaires et des situations humaines, face aux nuées de parasites, etc. Cependant, cette connaissance intuitive de *Dieu* qui est le fait d'un *cœur pieux* est tout autre chose que le *regard qui porte sur l'intelligible*, regard qui pénètre la nature et l'esprit ; il n'est pas alors question de philosophie, de l'essence de Dieu en tant qu'elle est pensée ou connue, car ce que l'on appelle l'intuition immédiate, le sentiment, la croyance ou de quelque manière qu'on veuille la nommer, est justement ce dont se différencie la pensée – elle est le *surgissement hors de cette immédiateté*, de ce qui n'est que la simple intuition universelle, du fait d'être sentiment. La pensée, c'est l'esprit *rentrant en soi* et, par conséquent, faisant un ob-jet de ce qu'il est en tant qu'intuition – se recueillant en soi et par conséquent se *séparant* de soi. Cette séparation est, comme on l'a dit, la *première condition* (et le moment) de la *conscience de soi*. C'est *à partir du recueillement en soi de la conscience en tant qu'esprit libre* que seul peut venir au jour le développement de l'univers dans la pensée, c'est-à-dire la philosophie. Cela constitue précisément le travail infini de l'esprit que de s'arracher de *son être-là immédiat, de son*

1. *Cf.* en particulier Job 38-39.

heureuse vie naturelle pour aller vers la nuit et la solitude de la conscience de soi, et par ses propres forces, de *reconstruire* intellectuellement l'intuition et l'effectivité qu'elle a séparées de soi. Il se révèle, à partir d'une telle nature de la Chose, que justement cette vie naturelle immédiate est le contraire de ce que serait la philosophie, à savoir un royaume de l'intelligence, une vue pénétrant la nature par la pensée. Le discernement n'a rien de simple pour l'*esprit*. La *philosophie* ne ressortit pas au *somnambulisme*, elle est plutôt la conscience la plus éveillée, et son éveil successif est précisément *cette élévation* de soi-même au-dessus *des états* d'*unité immédiate avec la nature* – une activité de s'élever et un travail qui – parce qu'il se présente comme une différenciation constante de soi-même pour restaurer enfin d'unité grâce à l'*activité de la pensée* – tombe dans le temps en son cours, et même dans un temps *fort long*. Ce sont les moments à partir desquels cet état de nature philosophique est à juger.

b) C'est là assurément [1] un temps fort long, et la longueur du temps que requiert l'esprit pour se procurer la philosophie est ce qui peut *ébranler*. J'ai dit au commencement que notre philosophie *d'aujourd'hui* n'est pas autre chose que le *résultat* du travail de tous les siècles ; il faut savoir, quand on est frappé d'un temps si long, que cette longueur de temps a été utilisée pour acquérir ces concepts – non tant jadis que maintenant. Il faut savoir en général que l'état du monde, d'un peuple, dépend du concept qu'il possède de lui-même ; le royaume de l'esprit n'est pas comme un champignon qui pousse en une nuit ; qu'il ait eu besoin d'un temps si long ne frappe que lorsqu'on ne connaît pas la nature et l'importance de la philosophie et

---

1. *En marge* : Concept de la philosophie.

qu'on n'y prête pas attention – au fait qu'elle a constitué l'intérêt du peuple, et *de même* l'intérêt de son travail; nous verrons plus tard le rapport de la philosophie aux autres sciences, aux arts, aux configurations politiques, etc. Cependant, lorsqu'on s'étonne en général de la longueur du temps, quand on parle d'un temps fort long – c'est seulement pour la réflexion initiale que la *longueur* est quelque chose de frappant, à l'instar de la grandeur des espaces dont il est question en astronomie.

Pour ce qui concerne la lenteur de l'esprit du monde, il faut méditer qu'il n'a pas à se presser, qu'il a *suffisamment de temps* – mille ans sont pour toi comme un jour[1] –, il a suffisamment de temps précisément parce qu'il est lui-même en dehors du temps, parce qu'il est éternel; les éphémères d'une nuit n'ont pas assez de temps pour *certaines* fins, pour tant de leurs fins – qui ne meurt avant d'avoir réalisé toutes ses fins? L'esprit du monde *ne se borne pas* à avoir suffisamment de temps; ce n'est pas *seulement* du temps qu'il faut utiliser pour *se procurer* un concept, cela coûte également tout autre chose – le fait qu'il utilise pour ce travail de nombreuses espèces humaines et de nombreuses générations, qu'il fait une dépense énorme d'apparitions et de disparitions, *cela lui importe peu; il est* suffisamment *riche* pour une telle dépense, il réalise son œuvre en grand, il possède assez de nations et d'individus à dépenser. C'est une proposition bien triviale : la nature parvient à son but par le plus court chemin – certes, mais le chemin de l'esprit est la médiation, le détour; du temps, de la peine, de la dépense – de semblables déterminations de la vie finie, il n'est pas question ici.

---

1. *Cf.* Psaume 90,4.

GIOVANNI GENTILE

LE CERCLE DE LA PHILOSOPHIE
ET DE L'HISTOIRE DE LA PHILOSOPHIE
(1907) *

L'identité intrinsèque de la philosophie et de son histoire
– qui est l'un des principes fondamentaux de l'histoire
hégélienne de la philosophie – est, comme je crois l'avoir
montré ailleurs [1], une conséquence nécessaire du concept
de vérité développé par la philosophie moderne, par
opposition au concept antique, notamment platonicien, de
sa transcendance absolue. Si la vérité est développement,
si la science est, comme l'affirmait Giovan Battista Vico,
l'unité de la philosophie et de la philologie, la philosophie
ne peut s'accomplir que dans son histoire.

Mais cette identité de la philosophie avec son histoire
(et même, comme je le crois, avec l'histoire en général,
puisqu'il n'y a pas d'*actualité* spirituelle en dehors de la
philosophie, pas plus qu'il n'existe, en dehors de l'esprit,
de réalité dont on puisse faire l'histoire) ne doit pas

---

* G. Gentile, « Il circolo della filosofia e della storia della
filosofia » (1907), *La riforma della dialettica hegeliana*, Firenze, Le
Lettere, 1996, p. 138-149. *Traduction inédite.*

1. Voir ma conférence intitulée « Le concept de l'histoire de la
philosophie », *Revue philosophique*, septembre-octobre 1908.

s'entendre uniquement *a parte objecti*, mais aussi *a parte subjecti*. Elle doit s'entendre non seulement comme l'unité de la philosophie pour soi avec son cours historique, mais aussi comme l'unité de la philosophie comme construction et acquisition personnelles de chaque philosophe avec l'historiographie philosophique, ou comme la reconstruction que chaque historien fait du cours historique de la philosophie. Certains affirment parfois que la philosophie présuppose l'histoire de la philosophie, d'autres soutiennent le contraire : car l'une et l'autre peuvent se regarder comme deux disciplines réellement distinctes et irréductibles. De là une discussion interminable, durant laquelle les deux côtés de la vérité alternent sans parvenir à s'accorder ou sans que l'un réussisse à se substituer à l'autre de manière catégorique et définitive.

Une conciliation a récemment été tentée par Windelband, dans son essai sur l'histoire de la philosophie au XIXe siècle [1]. L'histoire de la philosophie, affirme-t-il, doit présenter, en tant que discipline philosophique, un choix plus rigoureux du matériau propre à la discipline historique.

Or il ne fait pas de doute que ce choix plus rigoureux, dont le résultat doit justement profiter à la philosophie elle-même, suppose que l'on se fasse une représentation systématique de cette philosophie, ou du moins une représentation de la tâche qui lui incombe, encore que cela vaille déjà pour l'autre option. Pour déterminer quels éléments de la tradition peuvent entrer dans le champ de la recherche historico-philosophique, il faut déjà savoir, semble-t-il, ce qu'il convient d'entendre par philosophie.

---

1. Dans *La philosophie au début du xxe siècle*, Hommage à Kuno Fischer, Heidelberg, 1904-1905, vol. II. Sur cette publication, voir ma recension dans *Critica*, V, 146.

Il semble donc que nous soyons pris dans un cercle, puisque nous affirmons d'une part que la philosophie a besoin de son histoire pour puiser ses problèmes à la source de la connaissance de soi historique de la raison humaine, et que, d'autre part, nous ne pouvons ignorer que le choix de ce qui appartient à l'histoire de la philosophie présuppose déjà une représentation de la philosophie comme mesure critique.

Ce n'est qu'en distinguant l'autodétermination scientifique de la philosophie et l'idée indéterminée, car polysémique (*vieldeutig*), que la pensée commune (*aus gewöhnlichen Vorstellungsweise*) nous donne préalablement d'elle, de ses problèmes et de ses objets, que nous pouvons échapper à un tel cercle – lequel, par ailleurs, peut probablement apparaître, sous une forme analogue, dans plusieurs autres disciplines historiques. Comme l'a vu Aristote, c'est d'un tel ἔνδοξον qu'elle découvre dans les conceptions et désignations traditionnelles, que procède cette science dans sa recherche. Elle le retravaille et le transforme ensuite en lui ajoutant ou lui ôtant des éléments. Dans le cas qui nous occupe précisément, le matériau est préparé et mis en forme par les dénominations dont s'est servie la tradition pour désigner hommes et doctrines comme philosophiques. Dans le travail scientifique poursuivi avec une conscience claire de ses intentions (*mit absichtlichem Bewusstsein*), le choix qui a déjà fait spontanément est donc en partie admis comme correct, en partie complété, de manière à ce qu'il trouve son fondement méthodique. Ce processus de sélection passe ensuite du traitement purement historique de l'Histoire de la philosophie à son traitement philosophique. Même si l'on met de côté un grand nombre d'anecdotes ou de déclarations, d'opinions et d'actions des philosophes qui ne concernent aucunement la philosophie comme telle, elles peuvent néanmoins rester intéressantes d'un point de vue historique, ou bien en tant qu'elles appartiennent à l'histoire des autres sciences, par exemple de la science naturelle, ou bien en tant qu'elles sont significatives du point de vue humain en général, ou bien enfin comme contribution à la caractéristique personnelle des penseurs, mais sans qu'elles concernent jamais le but philosophique de l'histoire de la philosophie. D'autre part, le besoin de complétude et de connexion intrinsèque a conduit aussi bien les chercheurs qui s'attachent à notre discipline d'un point de vue purement historique que ceux qui l'étudient philosophiquement, à faire entrer dans le cadre de leurs travaux les produits du choix que la conscience populaire et la tradition effectuent involontairement, alors qu'on ne les regardait pas directement comme « philosophiques » : les intuitions du monde et de la vie des grands poètes et des grands artistes, et, dans certains cas, les réflexions de certains savants et hommes politiques de premier plan (p. 191-192).

La solution que propose Windelband est finalement la vraie. Elle est la seule qui corresponde à la réalité du processus de l'esprit dans la culture philosophique. Elle aurait cependant eu besoin, semble-t-il, d'être approfondie pour recevoir une justification absolue. Comment a-t-on, depuis toujours, fait de l'histoire de la philosophie ? Et comment peut-on en faire ? Si l'on dit qu'il faut posséder au préalable un système préétabli qui serve de mesure, on ne tient pas compte du fait que ce système doit s'être formé, et qu'il ne peut l'avoir fait, que sur une base historique, moyennant la lecture et la critique d'un certain nombre d'ouvrages philosophiques, autrement dit grâce à l'étude de l'histoire (des penseurs qui se sont formés historiquement). Si ce système a des fondements historiques insuffisants,

de deux choses l'une : ou bien l'étude de l'histoire réagit
sur le système et le corrige ; et le vrai critère de la
construction historique définitive est en dernière analyse
celui qui résulte de l'histoire elle-même. Ou bien l'étude
de l'histoire fait ressortir la limitation du système préétabli,
et *son* histoire apparaît à chaque fois à l'historien comme
le processus d'où émerge nécessairement son système. – Si
l'on soutient au contraire que le système doit être, non le
principe, mais la conséquence, et uniquement la conséquence,
de l'histoire de la philosophie, c'est que l'on ne tient pas
compte d'un autre fait : qu'une telle histoire de la philosophie
n'apparaîtrait jamais sans l'intérêt philosophique, et que
cet intérêt suppose un concept, de quelque nature que ce
soit, de la philosophie, en un mot : un système. Or ce
système, même réduit au minimum, tant qu'il est potentiellement déterminé, ne peut manquer de jouer un rôle dans
la construction de ce qui est historique. Mais que veut dire
cette phrase ? Que le cercle que signale une nouvelle fois
Windelband est sans issue ? Non, si l'on ne veut pas dire,
comme on l'a pourtant fait, que la philosophie est déjà tout
entière à chaque fois un cercle. Mais le cercle de la
philosophie a une issue ou une entrée, peu importe le nom
qu'on lui donne, à savoir la négation des parties, autrement
dit l'unité de toutes les parties en lesquelles elle se divise.
On demande : est-ce la métaphysique qui se fonde sur la
morale, ou la morale qui se fonde sur la métaphysique ?
Est-ce la même métaphysique qui présuppose ou est
présupposée par la gnoséologie ? – En vérité, on ne peut
répondre à ces questions (et à beaucoup d'autres encore),
pour lesquelles on fera aisément apparaître la nécessité de
réponses circulaires et contradictoires, qu'en ramenant à
l'unité la métaphysique, la morale, la gnoséologie, etc., et
en posant qu'en réalité, la philosophie ne peut se diviser

en parties séparées ou séparables. On ne peut donc trouver d'issue au cercle de la philosophie et de son histoire qu'en acceptant en quelque sorte sa circularité, autrement dit en affirmant que la philosophie est histoire de la philosophie et l'histoire de la philosophie philosophie : c'est ce que veut dire au fond la réponse de Windelband si on la rend plus cohérente. En effet, une philosophie ne peut se former que comme conclusion du processus historique, et donc comme un moment historique : il n'est pas de procès ou de moment historique qui ne soit la construction d'une philosophie. C'est pourquoi la difficulté du point de départ est purement illusoire : en réalité, nous avons déjà naturellement commencé et nous avons de toute façon une philosophie et une histoire de la philosophie dès lors que nous nous mettons à chercher le point par où commencer. Il va de soi pourtant qu'un travail ultérieur de la réflexion pourrait élaborer, compléter et amender cette philosophie qui est histoire et cette histoire qui est philosophie, soit sous la forme d'une reprise intellectuelle de la réflexion d'autrui (d'une histoire qui est philosophie), soit comme la pensée originale d'une réflexion totalement neuve (une philosophie qui est histoire). D'où la *continuité*, dont parle Windelband, du concept populaire de la philosophie au concept historique, et du concept historique au concept philosophique. Continuité que l'on pourrait représenter par la succession de trois situations individuelles de l'esprit relativement à la philosophie : dans la première, le concept de la science philosophique se réduit à une notion vague pouvant éveiller le désir de se mettre à l'école d'un philosophe sans qu'on sache ce qu'il enseigne ; dans la deuxième, on reste à cette école pour acquérir une connaissance d'une doctrine donnée ; dans la troisième, on entreprend de critiquer cette doctrine. Dans la première se trouve la désignation extrinsèque de la philosophie, dans la deuxième la connaissance purement historique ou informative, dans la troisième l'élaboration philosophique. Ce procès, comme on le voit, est le procès éternel de la culture philosophique, dans lequel la philosophie en vient chaque fois à être, au sens d'un devoir-être, le produit de soi-même : il représente, en d'autres termes, la formation autonome et progressive de la conscience philosophique. Il est clair en effet que, pas plus qu'il ne suffit d'aller à l'école pour comprendre une philosophie, ni seulement de la comprendre pour la dépasser, il ne suffit de se tourner vers les noms et les doctrines que la tradition rattache au domaine de l'histoire de la philosophie pour comprendre les systèmes philosophiques et les reconstruire historiquement ; pas plus que cela ne suffit pour l'élaboration scientifique du procès historico-philosophique en quoi Windelband fait précisément consister l'essence définitive de l'histoire de la philosophie. Que veut-on dans l'un et l'autre cas, lesquels sont au fond identiques ? On veut, nous le savons, l'esprit philosophique ; on veut une philosophie qui puisse s'édifier elle-même. C'est là à chaque fois le vrai point de départ.

Une difficulté redoutable fait cependant obstacle à l'unification absolue de la philosophie et de son histoire. Elle vient des déterminations empiriques qui relèvent de l'histoire proprement dite et paraissent totalement étrangères au processus philosophique, absolument *a priori* et supramondain, comme l'appelait Hegel.

Mais en vérité, la *supramondanéité* hégélienne n'exclut pas, à la différence de l'extramondanéité platonicienne, les déterminations empiriques de l'histoire : pas plus qu'elle n'exclut le déterminisme historique en général. Le système philosophique, en tant que moment historique, autrement dit en tant que pur moment logique de la vérité en devenir, est présenté comme une synthèse *a priori* dont les *données* historiques constituent la matière et le *principe* philosophique la forme. Or, pour qui a pénétré la nature de la synthèse *a priori*, il est clair qu'en elle, la forme crée la matière qu'elle présuppose ; ainsi, dans le système philosophique, le principe crée les données auxquelles il s'applique. En d'autres termes : en dehors du principe qui les éclaire en les pénétrant de son activité spéculative, les données sont une pure abstraction. Or l'ensemble des éléments et circonstances qui confluent dans la biographie du philosophe constituent les données de chaque système philosophique et c'est là, *semble-t-il*, ce qui donne sa matière à sa philosophie, matière qui, sans ce philosopher, resterait nulle, c'est-à-dire privée de cette matière que l'historien déterministe recherche au fond de chaque système philosophique. De ce point de vue, ce qui paraît être une pure contingence historique se révèle être un présupposé du principe philosophique dans lequel il se résout effectivement. Qui a compris le rapport que l'esthétique moderne établit entre le contenu et la forme d'une œuvre d'art ou d'un écrit comprend ce que je veux dire. Le contenu de l'œuvre d'art n'est pas indifférent, comme on pourrait le croire si on reste dans l'abstrait : il s'identifie avec la forme elle-même, il est forme. L'absoluité, c'est-à-dire l'éternité ou la supramondanéité, de la forme artistique se communique par conséquent au contenu. Dans l'abstrait, Dante aurait pu mener une autre vie que la sienne, posséder une autre culture, avoir d'autres connaissances, d'autres tendances politiques, d'autres opinions, d'autres passions, un autre contenu spirituel ; et cependant garder la même puissance poétique. Il aurait pu, mais il a eu le contenu qu'il a eu ; *c'est pour cette raison* qu'il a écrit le poème qu'il a écrit, et qu'il n'aurait pas pu en écrire un autre.

Voilà pourquoi la poésie de Dante, c'est Virgile, c'est Francesca, Farinata, Matelda, etc. Sa poésie est la poésie historiquement conditionnée qui, du fait de sa valeur poétique, entre dans le supramondain ; la conditionnalité historique reçoit ici la signification d'élément éternel de l'esprit éternel. Telle est l'immortalité de l'art. Et cette immortalité est celle de tout système philosophique. L'aristotélisme, c'est Aristote, lequel ne pouvait être autrement qu'il était, étant donné l'ensemble des circonstances historiques dans lesquelles il pensait. Ce qui dans sa pensée a une valeur absolue, est un moment de vérité et est éternel, il est comme intrinsèquement uni à sa personnalité historique, il doit la contenir à l'intérieur de soi et ne peut absolument jamais s'en détacher. C'est d'autant plus vrai que l'historien qui cherche à véritablement comprendre l'aristotélisme en étudie la formation dans l'esprit de l'individu Aristote. On peut certes posséder le principe d'un système sans même savoir qui l'a découvert et en sachant moins encore comment cela s'est fait. Mais c'est là une vérité empirique, superficielle ; et celui qui en reste au fond à une telle prétention ressemble à celui qui prétend d'autant mieux comprendre Dante qu'il ignore ce que présuppose historiquement toute intuition et ce que présuppose l'intuition poétique de Dante. En réalité, le principe du kantisme est le principe qui résout les problèmes déterminés qui apparaissent dans la pensée de Kant, une fois peut-être ce principe dépassé et rendu plus cohérent par la solution des problèmes qu'il a lui-même fait naître dans l'esprit d'autres individus (Reinhold, Fichte, etc.), lesquels constitueront à chaque fois les intermédiaires grâce auxquels d'autres, en refaisant le même parcours spirituel, répèteront en eux-mêmes le dépassement du principe kantien.

Si, dès lors, on s'attache à isoler à chaque fois, comme il se doit, les antécédents psychologiques et individuels qui portent l'esprit d'un philosophe à telle ou telle solution logique universelle, comme la matière de l'acte synthétique *a priori* du système en question se rapporte à sa forme, la valeur universelle de cette forme en viendra à imprégner également la matière en tant qu'elle constitue son antécédent nécessaire et, par conséquent, son élément essentiel. L'histoire de la philosophie coïncide donc tout entière, même *a parte subjecti*, avec la philosophie comme processus phénoménologique, si l'on ne fait entrer dans l'histoire de la philosophie que ce qui constitue la conditionnalité historique effective des systèmes : cela n'est certes pas déterminable *a priori*, pas plus qu'on ne peut en général déterminer *a priori* quels faits sont *historiques* et quels faits ne le sont pas. On doit certes examiner la biographie d'un philosophe pour comprendre sa philosophie, de telle sorte que chacune de ses parties qui apparaîtra liée d'une manière ou d'une autre à l'origine des éléments du système pourra s'intégrer à l'histoire de la philosophie.

On pourrait toutefois dire que les antécédents psychologiques du principe dans l'esprit du philosophe sont tout au plus une des voies que nous avons à parcourir si nous voulons nous élever à ce principe, mais que cette voie est loin d'être la seule. C'est pourquoi chacun, peu importe comment il connaît historiquement la voie par laquelle un principe déterminé a déjà réellement été atteint, pourra toujours s'élever directement à lui en suivant sa propre voie. Il pourra aussi l'atteindre d'une manière analogue sans pourtant rien savoir de cette analogie. Et la construction philosophique s'effectuera alors sans reconstruction historique. – Mais il s'agit là aussi d'une vérité empirique que l'on pourrait renverser, car on pourrait également dire de toute reconstruction historique qu'elle n'est ni plus ni moins qu'une construction philosophique particulière, étant donné que le principe qui est à reconstruire ne se comprend et n'a à se comprendre que sur un mode personnel et spécifique, et, puisqu'il faut le reconstruire historiquement dans ses éléments historiques, rien n'a de valeur sinon ceux de ces éléments qui se conforment à la construction du principe entendu en ce sens. Ainsi, après l'Aristote d'Averroès est apparu l'averroïsme, une philosophie bien différente de la philosophie alexandrine, pourtant issue du même Aristote, mais tel qu'Alexandre d'Aphrodise l'a reconstruit. Il existe aussi de nombreuses façons différentes de comprendre Platon, Locke, Hegel ou Kant, et qui sont autant de philosophies. Mais il s'agit là, comme je le disais, d'observations superficielles qui n'atteignent pas la substance du rapport intime qui unit la philosophie et l'histoire. En réalité, quand on dit que l'on s'élève à un principe en suivant sa propre voie, si tant est qu'on s'y élève véritablement, le principe n'est pas celui que découvrirait un autre philosophe, mais un principe nouveau, aussi semblable soit-il à l'autre principe. Pour en revenir à notre comparaison, celui qui dit avoir parfaitement compris Matelda sans avoir cherché à découvrir la pensée, autrement dit l'âme, que Dante voulait faire apercevoir, est victime d'une illusion, qui le conduit à prendre une Matelda de son invention pour celle de Dante [1].

---

1. Gioberti (*Primat moral et civil des Italiens*, Bruxelles, 1843, t. II, p. 539), qui soutenait pourtant la nécessité de la construction *a priori* de l'histoire de la philosophie, le remarquait lui aussi : « de même que la beauté extérieure ne peut s'apprécier si l'on ne la reproduit pas intérieurement, une philosophie quelle qu'elle soit ne peut être comprise que par ceux qui, en en écoutant ou en lisant l'exposition, savent la renouveler en eux-mêmes ».

C'est inutile : l'éternel est dans le temps, et il est même *du* temps. Nous pouvons bien créer un principe nouveau et ajouter par conséquent une nouvelle page à l'histoire de la philosophie (il ne s'agit plus là, naturellement, du rapport *a parte subjecti*, mais *a parte objecti* de la philosophie et de l'histoire). Mais pour comprendre, disons, le kantisme, nous avons besoin de lire les livres de Kant et les livres que lit Kant, d'étudier toute sa vie et de chercher à revivre tout le cours de ses pensées. Tout cela ne sera pas Kant, mais sera la matière de Kant, grâce à laquelle pourra se réaliser le principe auquel nous donnons le nom de Kant ou de kantisme.

S'agissant de cette identification, que je crois spéculativement nécessaire, de la philosophie avec l'histoire de la philosophie (et en général, avec l'histoire), je souscris à la thèse sur la nature de l'histoire qu'a récemment défendue mon ami Benedetto Croce dans ses *Linéaments d'une Logique comme science du concept pur* (Naples, 1905, chap. IV) : le jugement historique, en quoi il fait consister l'activité historiographique, en tant qu'unité du concept (ou philosophie) et de l'intuition (ou art), est précisément une synthèse *a priori*, de sorte que la philosophie et l'art, en tant qu'éléments de ce jugement, constituent chacun pour soi une abstraction arbitraire et irréelle, dont la réalité se trouve dans le jugement historique. Ainsi, Croce dit que l'histoire « n'est pas une science, non parce qu'elle serait quelque chose d'inutile et d'inférieur à elle, mais parce qu'elle *présuppose* et *accomplit* la science, c'est-à-dire la philosophie. Le philosophe, qui regarde le ciel et ne reconnaît pas la terre sur laquelle il pose le pied, est *une abstraction* ou quelque chose de déficient : ce qui est concret, ce qui est parfait, c'est l'homme qui imagine, pense et reconnaît ce qu'il imagine, l'homme qui vit la réalité dans l'intuition artistique, qui la pense dans le concept philosophique et la revit dans l'intuition historique réfléchie, dans laquelle elle acquiert la plénitude, puisque le cercle du penser est clos » [1].

C'est parfaitement vrai ; mais il faut préciser que la philosophie qui s'accomplit dans l'histoire d'une activité spirituelle n'est pas philosophique *stricto sensu*, elle est seulement la philosophie qui est implicitement à l'œuvre dans l'exercice de cette activité donnée, et que l'histoire dans laquelle s'achève la philosophie *stricto sensu* est l'histoire de la philosophie. Et puisque la philosophie est en réalité la forme la plus pleine et la plus vraie de l'esprit, et donc de la réalité, Croce a aussi raison de dire qu'« une histoire *authentique* suppose non seulement la vivacité représentative, mais une philosophie solide » [2]. Une histoire authentique, disons-nous, c'est-à-dire pouvant se justifier elle-même philosophiquement, et en dehors de laquelle il n'existe qu'un art abstrait et une philosophie abstraite. Aussi Croce nous a-t-il mis en garde : ces deux éléments de l'histoire « ne peuvent se distinguer que dans une analyse abstraite. Intuition et concept, poésie et philosophie, fantaisie et raisonnement sont les deux présupposés de la fonction historique ; il n'existe aucun moment dans le processus qui l'affecte dans lesquels les deux éléments, le document et l'interprétation, le fait et l'idée, l'intuition et le concept, apparaissent séparés. La distinction des trois stades : collecte du matériel historique (*heuristique*), discrimination (*critique*) et interprétation (*compréhension*), tels qu'ils sont habituellement décrits dans les manuels de méthode historique, a en fait une valeur empirique. Les

1. Page 61.
2. Page 57.

trois moments ne sont pas trois, mais un : dès son premier mouvement, l'histoire trouve, critique et interprète, et ne trouve qu'en tant qu'elle critique et interprète » [1].

Je dirais en conclusion, non pas que la philosophie trouve sa vérité dans l'histoire, mais que, dans l'histoire, c'est la philosophie *abstraite* qui trouve sa vérité et se résout : d'où la nécessité de bien distinguer d'elle la philosophie *concrète*, qui n'est pas au-delà de l'histoire, mais est l'histoire elle-même, en tant que l'histoire vraie est l'histoire de la philosophie, et que l'histoire de la philosophie est la vraie philosophie. Ce n'est donc pas dans l'histoire en tant qu'histoire, mais dans la philosophie, que le cercle se referme.

1. Page 61.

EUGEN FINK

LES CONCEPTS OPÉRATOIRES
DANS LA PHÉNOMÉNOLOGIE DE HUSSERL
(1957, EXTRAITS)*

Le « thème » du philosopher ne peut pour ainsi dire
nullement être donné en dehors du philosopher. La
philosophie n'interroge pas seulement une réalité retirée,
cachée ou dissimulée, elle est pour elle-même, au regard
de son thème, constamment digne de question. Mais s'il
est vrai qu'on ne peut dire sans équivoque, clairement et
sûrement ce qu'est le *thème* propre de la philosophie, il
n'en reste pas moins qu'un compte-rendu sur un philo-
sophème exposé en forme de document littéraire ou même
une apologie ou une critique de celui-ci est une entreprise
encore plus mal venue. Car il s'agit toujours ici d'une
interprétation du sens langagier – mais de ce sens du
langage qui ne traite pas de quelque chose de fermement
établi et universellement connu, qui essaye bien plutôt
d'énoncer l'ébranlement de toutes les connaissances
fermement établies. On ne peut faire un compte-rendu des

* E. Fink, « Les concepts opératoires dans la phénoménologie de
Husserl », *Proximité et distance*, trad. J. Kessler, Grenoble, Millon, 1994,
p. 150-155 et p. 165-167 (extraits).

pensées d'un penseur comme on le fait pour les autres
opinions et thèses issues du monde humain de la vie sans
question. Parce que la philosophie dans sa thématique
concrète est déjà « interprétation », déjà détermination
spéculative de l'être-étant de toute chose étante, le discours
en forme d'exposé *sur* une philosophie est inévitablement
une *interprétation de l'interprétation*.

La question de savoir quels sont les concepts *thématiques*
fondamentaux d'une philosophie déterminée est déjà sujette
à dispute. Certes ces concepts fondamentaux sont la plupart
du temps désignés expressément par les penseurs respectifs
qui les accentuent fortement ; pourtant il s'ensuit souvent
une dispute entre les interprètes dont la compréhension a
lieu après coup et qui, parfois, veulent comprendre l'auteur
mieux qu'il ne s'est compris lui-même – ou qui cherchent
à tirer au clair l'arrière-plan et le non-dit, le noyau ésotérique
de son monde de pensée. Notre discussion à propos des
concepts *opératoires* de la phénoménologie de Husserl
n'est pas orientée vers une telle entreprise. Il ne s'agit pas
ici d'une sur-élévation, si petite soit-elle, de la pensée de
Husserl, ni, tel le moineau emporté dans les hauteurs par
un aigle, de prétendre, par un coup d'aile, voler encore un
peu plus haut. La sur-élévation d'une pensée par les épigones
a été essayée de diverses manières sur le modèle d'un
effort pour montrer des naïvetés méthodiques, des
présupposés non mis à l'épreuve dans sa philosophie ou
pour lui assigner une place dans une marche de l'histoire
construite de telle sorte qu'il sera dépassé par les penseurs
suivants selon une « nécessité historique ». Les *concepts
opératoires* d'une philosophie peuvent assurément être
envisagés comme des « naïvetés méthodiques », comme
des « présupposés non éprouvés » ou bien aussi comme

des « conditionnements historiques » et ainsi de suite…
Mais le sens dont il y va ici de façon décisive reste encore
dans le brouillard de l'à-peu-près ; ou bien aussi comme
des « conditionnements historiques » et ainsi de suite…
Mais le sens dont il y va ici de façon décisive reste encore
dans le brouillard de l'à-peu-près ; *tout présupposé* naïf
d'un penseur *n'est pas* un concept *opératoire*. Nous devons
donc d'abord essayer d'indiquer ce que nous visons sous
le titre de « concept opératoire ». Nous distinguons termi-
nologiquement des « concepts *thématiques* » et des
« concepts *opératoires* ». Penser (pris au sens philosophique)
est le fait de comprendre selon un concept ontologique
(*seinsbegrifflich*) l'effectivité du monde et de l'étant
intramondain. La pensée se tient dans l'élément du concept.
La formation de concepts de la philosophie vise
intentionnellement ces concepts dans lesquels la pensée
fixe et préserve *ce qui est pensé par elle* (*sein Gedachtes*).
Nous nommons ces concepts, des « concepts thématiques ».
Naturellement de tels concepts thématiques dans une
philosophie ne sont jamais d'une univocité sans problème,
ils contiennent bien plutôt toute la tension de la
compréhension vers le caractère énigmatique inextirpé de
l'étant comme tel. Le concept d'*idea* chez Platon, d'*ousia*,
de *dunamis*, et d'*energeia* chez Aristote, d'*hen* chez Plotin,
de la « monade » chez Leibniz, du « transcendantal » chez
Kant, de l'« esprit » ou de l'« idée absolue » chez Hegel,
de la « volonté de puissance » chez Nietzsche, de la
« subjectivité transcendantale » chez Husserl : tous sont
des *concepts thématiques fondamentaux* qui doivent être
pensés si nous voulons tout simplement entrer dans une
dimension de questionnement de ces penseurs.

Mais *dans* la formation des concepts thématiques, les penseurs créatifs *utilisent d'autres concepts* et *modèles de pensée*, ils *opèrent* avec des schèmes intellectuels, qu'ils ne portent pas du tout à une fixation *objective*. Ils pensent *à travers* certaines représentations de pensée, pour atteindre les concepts thématiques fondamentaux essentiels à leurs yeux. Leur compréhension conceptuelle se meut dans un *champ conceptuel*, dans un *médium conceptuel* qu'ils ne sont eux-mêmes absolument pas capables de prendre en considération. Ils ont besoin de voies de pensées dans ce milieu pour mettre en place ce qui est pensé dans leur pensée. Ce qui, dans une pensée qui philosophe est ainsi *couramment utilisé, traversé par la pensée*, mais pas proprement pensé, nous le nommons : concepts opératoires. Ils sont, pour employer une image l'*ombre d'une philosophie*. La force clarifiante d'une pensée se nourrit de ce qui reste dans l'ombre de la pensée. Même dans la réflexivité poussée à l'extrême, une immédiateté continue d'agir. La pensée elle-même se fonde dans l'impensé (*im Unbedenklichen*). Elle trouve son élan productif dans l'*usage impensé de concepts situés dans l'ombre*. Cela n'est cependant pas visé comme un énoncé psychologique sur le processus spirituel de la pensée, comme une indication en direction du fait anthropologique de notre être-limité. On se trouve ici bien plutôt devant un rapport essentiel (*Wesensverhalt*). La pensée philosophique n'est jamais omniscience. La saisie humaine de l'étant dans son ensemble a lieu dans le concept *du* tout, mais justement pas de telle sorte que le tout s'ouvrirait à un concept universel entièrement clarifié, sans ombre. La saisie humaine du monde pense le tout dans un concept du monde thématique, qui est cependant une *perspective finie*, parce que pour sa formulation, des concepts sont utilisés qui, se faisant, restent dans l'ombre.

Pour la philosophie elle-même cela est un scandale permanent et une inquiétude déconcertante. Elle essaye toujours à nouveau *de sauter par-dessus sa propre ombre*. Cela prend de multiples formes, les unes inoffensives, les autres radicales. On exige par exemple une théorie de la connaissance du connaître philosophique, une méthodologie de sa méthode, une prise de conscience des présupposés implicites, une autocritique de son esprit critique, une typologie des visions du monde et des « formes de pensées ». Mais la *question* est de savoir si cela suffit pour amener les concepts opératoires d'une philosophie sous le regard. Quand nous accomplissons par exemple une réflexion sur un acte de pensée philosophique déterminé et qu'après nous réfléchissons encore sur cette réflexion, nous pouvons de cette manière suivre une chaîne infinie de vécus emboîtés les uns dans les autres, sans jamais par là sortir tout simplement de la clarté de compréhension thématique dans laquelle le premier vécu nous était déjà donné. Il en va autrement, en revanche, si nous contraignons notre regard de pensée à se retourner sur *ce avec quoi* et *ce à travers quoi* cette clarté de compréhension thématique a, en général, été formulée. Cela demande une explication plus précise.

Nous parlons par exemple, dans la pédagogie, d'une « formation », d'un « modelage » éducatif de l'élève par l'éducateur, ou au contraire d'une façon de procéder (*Umgang*) qui préserve et prend soin d'un accompagnement et d'un « laisser-croître » plein de ménagements. Dans la situation pédagogique, de telles manières de parler sont pleinement compréhensibles quoiqu'elles soient des *métaphores*. Pour formuler de manière conceptuelle la relation formatrice d'humanité de l'éducateur à l'élève, nous utilisons des concepts impensables et impensés, qui en vérité ont leur lieu d'origine dans le rapport de l'homme à l'étant non-humain, dans le monde du travail artisanal ou agricole. Nous formulons la relation *co-existentielle* dans des catégories *techniques*, nous appliquons à un rapport entre les hommes des concepts en dernière instance inadéquats et aliénants ; nous opérons avec des représentations de pensées *de nature analogique*, sans, ce faisant, vérifier la portée de l'analogie. L'éducateur forme-t-il l'élève d'une manière effectivement analogue à celle dont le forgeron forme le fer, le préserve-t-il et le soigne-t-il d'une manière analogue à celle dont le paysan préserve et soigne les semences ? Mais le monde du travail, de son côté, peut-il être saisi ainsi, sans plus et directement, par des concepts suffisants ? Il est une dimension d'existence essentielle de l'homme, mais pour cette raison justement, inséré et adjoint à d'autres champs de la vie tout aussi essentiels. Et ici aussi, se montre à présent le fait que l'*explicitation* d'une dimension d'existence *a besoin et se sert* de manière multiple *de catégories d'autres dimensions*. Par exemple, la grandeur et l'imposante cohésion de l'interprétation marxiste de la vie repose sur le point de départ thématique du « travail » comme l'essence propre de l'homme. Mais pour l'explication du *travail*, Marx a besoin et se sert de catégories de la *domination (Herrschaft)*, formule l'histoire des processus économiques comme une histoire des luttes de classes. L'utilisation opératoire elle-même de catégories de la domination dans l'explicitation thématique du monde du travail n'est plus clarifiée. Ceci n'est pas formulé comme un reproche. En fin de compte il y a là une profonde *nécessité*. Quand nous réfléchissons, par exemple, au *temps*, nous le saisissons peut-être comme la connexion unitaire totale-unique de tous les événements et données ; nous différencions les *choses dans le temps* et le *temps lui-même*; l'*être-dans-le-temps* de l'étant temporel a le caractère du *repos* et du *mouvement*. Être-au-repos et être-en-mouvement sont des manières possibles pour l'*étant de séjourner dans le temps*. Mais pour saisir conceptuellement le repos, nous opérons de multiples manières avec les concepts créés à partir de l'horizon du mouvement – et inversement. Repos et mouvement sont *mutuellement* explicables l'un par l'autre. Mais si l'« être-mû » est une modalité possible de l'être-dans-le-temps de l'étant, pourquoi et de quel droit parlons-nous cependant aussi d'un *mouvement du temps* lui-même, d'un « flux du temps »? Pourquoi et de quel droit appliquons-nous au temps lui-même des concepts qui appartiennent à l'être-dans-le-temps de l'étant? Le mouvement du « flux temporel » ne devrait-il pas lui-même à son tour être dans un temps – de sorte qu'il y aurait aussi un temps du temps et ainsi de suite? Nous comprenons le mouvement à partir du temps et le temps, à son tour, à partir du mouvement. N'est-ce pas un cercle vicieux? De son côté la philosophie répond à cela par le renvoi à la « proposition spéculative », qui reçoit, comme parole, un sens naïf-naturel, mais en même temps repousse celui-ci, s'en sert comme *métaphore défaillante*. Le temps ne coule pas comme l'eau dans le ruisseau, mais il est néanmoins désigné comme un « écoulement ». Ou bien de manière encore plus principielle : dans la philosophie nous parlons de l'être comme si c'était une chose *étante*, et savons néanmoins qu'il y a une différence fondamentale entre l'être et l'étant. Ou bien nous explicitons des structures d'être et faisons par là un usage caché de concepts temporels; ou bien nous interrogeons le temps et demandons par là ce qu'il « est » et comment il « est ». Dans l'explication thématique de l'être, nous nous tenons de manière opératoire dans la clarté de compréhension du temps – et inversement. Comme exemple connu et pénétrant pour la relation entre le thématique et l'opératoire, on peut citer le dialogue platonicien du *Parménide*, dans lequel il s'agit de la détermination réciproque de l'ON et de l'HEN, de l'« étant » et de l'« un ». L'ON est-il déterminé et mis en lumière, alors l'HEN reste dans l'ombre – mais l'HEN est-il pensé « thématiquement », alors la pensée de l'ON se produit de manière « opératoire ».

L'ombrescence (*Verschattung*) opératoire ne signifie pas cependant que ce qui est dans l'ombre soit, pour ainsi dire, *mis de côté*, en dehors de l'intérêt – ce qui est dans l'ombre est bien plutôt l'*intérêt lui-même*. Il n'est pas « dans le thème », parce que nous rapportons à travers lui au thème. C'est le non-vu parce que c'est le *medium du voir*. Si la tension entre les concepts thématiques et les concepts opératoires appartient à l'inquiétude de la philosophie humaine qui cherche à sauter par-dessus sa propre ombre et projette par là des méthodologies hypercritiques de sa propre méthode, ou parle du « cercle » nécessaire « de la compréhension », de la « proposition spéculative », de la choséification toujours à dénoncer de l'être non-chosal, de l'inadéquation des catégories intramondaines pour le tout du monde, alors cela vaut aussi d'une manière particulière pour la *phénoménologie de Husserl*. Car ici cette tension ne subsiste pas simplement « en soi » – ou pour nous, qui nous efforçons à une compréhension après coup. Cette tension devient bien plutôt justement un « *thème* » de la pensée husserlienne.

(…).

IV

Rassemblons nos réflexions : bien que Husserl ait interrogé, justement dans sa méthodologie, la relation remarquable que nous avons indiquée comme la différence entre « thématique » et « milieu de compréhension opératoire », même qu'il ait dans une certaine mesure thématisé spécifiquement cette différence dans la théorie de la « réduction phénoménologique », il demeure pourtant, quant aux concepts centraux de sa pensée, dans la pénombre. Les concepts de « *phénomène* », d'« épochè », de « constitution », d'« effectuation » et de « logique *transcendantale* » sont largement plus utilisés de manière opératoire qu'éclairés thématiquement. Tous posent des problèmes, qui sont encore *ouverts*. Voir la non-résolution de ces problèmes ne signifie aucune critique inadéquate de Husserl, signifie encore moins un dépassement de ce penseur. L'ombrescence est un trait essentiel du philosopher fini. Plus originaire est la force qui ose une mise en lumière, d'autant plus profonde sont aussi les ombres dans les pensées fondamentales. Seul Dieu connaît sans ombre.

L'emprise opératoire des grands penseurs est-elle donc, pourrait-on demander, un tribut qu'eux aussi payent à la fragilité humaine ? Les représentations par lesquelles on interprète l'homme à partir de sa distance à Dieu, et par lesquelles on explique la sagesse humaine comme limitée, bornée et inachevée ne sont-elles pas des représentations anciennes, traditionnelles et vénérables ? Cette pensée n'est-elle pas justement une présupposition opératoire de la métaphysique occidentale ? L'essence de l'être n'est-elle pas d'être en même temps lumineuse et nocturne, d'être en même temps l'éclat de l'apparaître et abîme insondable ? L'homme n'atteste-t-il pas dans l'ekstatique de la pensée d'une telle double nature du monde ? Quoi qu'il en soit, ce n'est qu'eu égard à l'idéal d'une « vérité absolue », dans laquelle tout ce qui est serait éclairci dans la lumière et élevé au savoir, que l'ombrescence de la philosophie humaine apparaît comme manque, misère, faiblesse. Mais il se pourrait que l'homme n'accède à son essence originaire (*einheimisch*) qu'en ne se livrant plus à la compétition sans issue avec les Dieux.

L'ombre de la vérité finie devient, au commencement de la métaphysique, chez Platon, thème exprès en un sens particulier. Ce que, nous mortels, nommons l'« étant », est ici expliqué comme simple ombre et image de l'Idée. L'Idée seule est véritable – l'homme peut l'entrevoir dans la possibilité presque surhumaine de la pensée et au plus haut point dans l'éclat solaire de l'*agathon*. Platon a tiré justement du monde sensible les moyens de pensée pour dévaloriser la réalité terrestre ; dans le domaine de la lumière sensible, il y a les ombres. Il est relié de manière opératoire à l'*horatos topos* pendant qu'il le dépasse dans la thématique de sa pensée.

Indiquer des « ombres » dans l'œuvre de pensée monumentale de l'homme à qui cette session est consacrée ne contredit pas le respect qui lui revient de droit, ne contredit surtout pas l'honnêteté et l'attitude de travail passionnées de Husserl. Un tel renvoi reste pourtant une tentative insuffisante pour indiquer une dialectique cachée que la phénoménologie, *comme philosopher*, laisse ouverte (…).

GENÈSES ET STRUCTURES

La philosophie se tient dans la durée ouverte et fluide. L'histoire se caractérise par la répétition de ses tâches. Au contraire de la philosophie, l'histoire est une activité de tous les jours, qui relève du temps vulgaire, d'un temps qui tourne en boucle sur lui-même. Chercher, c'est traverser sans fin un hall de bibliothèque ; c'est, jusque dans la forme de vie que cette activité impose, soumettre le nouveau au joug de la répétition. Le temps vécu de l'historien est celui de l'affairement, un temps statique qui remet en cause l'idée même de progression. L'historien, par sa pratique même, dénature ce qu'il étudie, le temps vivant de la pensée. Il ensevelit la temporalité originaire de la pensée sous la quotidienneté de ses tâches. Rares sont les disciplines dont la pratique s'oppose aussi frontalement à son objet.

Un tel écart se résorberait si, comme le voulait Bréhier par exemple, mais aussi, à leur façon, Gueroult et Alquié, on pouvait faire du commentaire une authentique résurrection, un rajeunissement constant du passé[1]. La tâche de l'historien serait de maintenir vivante l'inspiration du philosophe en épousant son unique pensée, en s'imprégnant de son essence. Il aurait à prolonger son œuvre en s'identifiant à lui. Ferdinand Alquié en faisait la confidence : « mon premier rêve a été de coïncider avec l'auteur, de confondre ma démarche avec la sienne et donc,

---

1. É. Bréhier, *La philosophie et son passé, op. cit.*, p. 26.

au sens strict, de ne pas avoir de méthode »[1]. Cette remise en acte de la pensée passée dans l'esprit de l'historien le placerait en quelque sorte, pour le dire cette fois dans des termes kierkegaardiens, en situation de contemporanéité avec l'événement que constitue chaque pensée.

Si l'on admet avec Bréhier encore, qu'une philosophie est impossible à connaître du dehors et que sa transformation en objet l'altère dans son caractère essentiel, il s'ensuit que la tâche de l'historien ne peut être seulement de l'analyser, mais de la *méditer*, par ce « contact souvent renouvelé » dont parlait Bergson dans son texte sur l'intuition philosophique, c'est-à-dire par une imprégnation graduelle qui va bien au-delà de la simple mémorisation[2].

On est là assez prêt de la distinction qu'établissait Collingwood entre mémoire et histoire : « tandis que, dans la mémoire, le passé est un simple spectacle, dans l'histoire il est réactualisé dans la pensée présente »[3]. Il faut remettre en jeu la pensée passée, la reproduire, la revivre. L'originalité de cette analyse et de celles, souvent assez différentes, qui s'en rapprochent est de dire qu'il n'y a d'histoire que de la pensée, ou d'une intention qui est actuelle dans la mesure où elle est réactualisée. Il ne s'agit pas de faire l'histoire des idées, mais toujours l'histoire « d'une certaine pensée », car il n'y a pas de purs événements en histoire, ni de pures idées, mais des pensées et des intentions[4].

1. F. Alquié, « Intention et déterminations dans la genèse de l'œuvre philosophique », *Revue de l'université de Bruxelles*, 1973/3-4, p. 296-328, p. 297.

2. H. Bergson, « L'intuition philosophique », *La pensée et le mouvant*, Paris, P.U.F, 1993, p. 118.

3. R.G. Collingwood, *The Idea of History*, Oxford, Clarendon Press, 1946, p. 293.

4. R.G. Collingwood, *Toute histoire est histoire d'une pensée, op. cit.*, p. 130.

Ce qu'il s'agit de méditer, c'est donc moins une idée particulière qu'une intention, une inspiration, une poussée.

Pour déterminer la nature de cette intention, certains, plutôt d'inspiration bergsonienne ou diltheyienne, comme Bréhier, diraient qu'une pensée philosophique vaut par l'avenir qu'elle porte en elle, qu'elle est une initiative et un commencement, un élan originel qu'il faut suivre jusqu'au bout. S'il est possible de méditer à distance les idées du passé et d'éprouver pour elles une sympathie qui mobilise la totalité de notre expérience, c'est parce que la pensée d'un philosophe est un événement spirituel qui n'est jamais tout à fait terminé et dont la durée se prolonge jusqu'à nous. Pour nous, Platon ne cesse pas d'être vivant.

Pour Bréhier, penser en historien, c'est donc chercher à épouser la durée interne de chaque doctrine. Mais la présence de concepts ombrescents au cœur de chaque grande pensée semble rendre vaine l'ambition, qu'avait aussi Bergson, de retrouver au milieu de l'énorme complication des faits, l'intuition interne qui a guidé le philosophe. Est-il vraiment possible de dépasser le système pour atteindre ce quelque chose d'infiniment simple, cette « image fuyante et évanouissante, qui hante, inaperçue peut-être, l'esprit du philosophe, qui le suit comme son ombre à travers les tours et détours de sa pensée » et dont on peut tout au plus délimiter les bords [1] ? Rien n'empêche en tout cas que l'on s'identifie à la démarche du penseur que l'on étudie, que l'on suive son intention ou que l'on reproduise le mouvement de conscience qui a donné naissance et signification à sa recherche de la vérité. C'est à cela que nous invitent, malgré leurs différences, les auteurs que nous suivons ici.

1. H. Bergson, *La pensée et le mouvant*, Paris, P.U.F, 1969, p. 119.

L'histoire de la philosophie, affirme Bréhier, doit décrire des mouvements libres, d'abord parce qu'il n'y a pas de loi de développement de la pensée philosophique en général, ensuite parce que les grands créateurs introduisent une discontinuité avec le passé qui ouvre un libre avenir. La philosophie est un mouvement libre et chaque doctrine un appel à la liberté de la pensée et à une responsabilité future. De son origine grecque, la philosophie a gardé l'amour et la passion de la liberté. Ainsi, par exemple, au regard d'une histoire qui est moins celle des traditions que celle « des initiatives spirituelles » [1], la philosophie hellénistique dans son ensemble peut apparaître, non comme une décadence, mais comme un commencement.

Les pensées naissent de la poussée des événements extérieurs, mais se projettent au-delà de leur temps et doivent être jugées en fonction de la direction mentale qu'elles proposent à l'avenir. Elles sont des germes qui veulent se développer ou, pour reprendre une formule du *Traité théologico-politique*, des « biens capables de se communiquer » [2].

Ou, si l'on veut s'exprimer autrement, dans les termes de Groethuysen cette fois, c'est-à-dire d'un auteur qui se place dans la lignée de Dilthey, on dira qu'une pensée est une promesse qu'il faut remplir, une intention qu'il faut préciser. Une pensée n'est rien en tant que fait, elle est tout entière dans ce qu'elle signifie. Pour comprendre une pensée, il faut achever de la penser, il faut la vivre jusqu'à en pénétrer l'essence.

---

1. É. Bréhier, « Comment je comprends l'histoire de la philosophie », *op. cit.*, p. 111.
2. É. Bréhier, « Les postulats de l'histoire de la philosophie », *op. cit.*, p. 77.

C'est aussi l'idée de Bréhier : il faut s'identifier à l'intention philosophique d'une œuvre, il faut vibrer sympathiquement avec elle pour découvrir sa qualité intemporelle. L'éternel ne s'atteint que par une démarche interne et compréhensive, à travers laquelle « il ne s'agit pas de construire, mais de décrire » [1]. L'histoire de la pensée est autre chose qu'une histoire simplement factuelle parce qu'elle peut mettre au jour l'essence intemporelle de la philosophie. « La conscience cherche, dans son passé, son éternel présent » [2].

Dire que nous pouvons reprendre une pensée ou nous la réapproprier veut dire que nous avons à la recréer, mais également qu'elle s'expose à chaque fois à être remise en question. Cela veut dire aussi qu'elle est toujours en danger de se perdre en formules et en dogmes. Or l'historien ne s'intéresse qu'à cela : aux expressions de la pensée, dans ce qu'elles peuvent avoir d'accidentel. Il ignore que « la formule, par elle-même et dans sa matérialité, reste inerte et sans signification » [3]. « Toutes mes idées se tiennent, mais je ne saurais les exposer toutes à la fois », constatait Rousseau [4] : le passage de l'intuition à la formule se vit comme une complexification, mais surtout comme un relâchement et une dégradation. La durée intérieure, qui condense en elle des masses entières de passé, est bien différente du temps extérieur de l'expression ou du temps de l'explication historique, qui dissout la durée en fragments isolés.

---

1. *Ibid.*, p. 78.
2. É. Bréhier, *La philosophie et son passé, op. cit.*, p. 44.
3. *Ibid.*, p. 62.
4. J.-J. Rousseau, « Du contrat social », *Œuvres complètes*, Paris, Gallimard, 1964, t. III, p. 377.

Toute l'erreur est de croire que les divisions de la durée peuvent fournir un cadre temporel à la pensée. Ce que l'on peut dater, dit le texte que nous recueillons ici, c'est « la rencontre accidentelle des conditions de la vie athénienne au IVᵉ siècle et de la naissance de Platon à cette époque ». Ce qui se laisse analyser, ce sont les différents déterminants qui ont permis la formation du système platonicien. Mais « ce n'est pas là l'essence du platonisme qui est un certain mode de condensation spirituelle ». Un système philosophique est « la condensation, dans un esprit génial, d'une énorme durée qui, en remontant vers le passé, va se ramifiant et se diluant presque à l'infini, mais qui, dans la création, se ramasse et s'unifie pour se projeter ensuite dans la richesse multiple de ses œuvres ». « Comme M. Bergson l'a suggéré, si Platon fût dans un autre temps, sa pensée eût été la même, bien qu'il n'eût pas écrit une ligne de ce qu'il a écrit ». Un philosophe a une histoire, pas la philosophie.

Ainsi, il existe deux types d'histoire : l'histoire pure, qui est celle des échecs de l'esprit, et l'histoire vraie, qui fait apparaître « des structures mentales essentielles et pour ainsi dire intemporelles et permanentes ». Dans notre texte, Bréhier n'est pas très disert sur la nature de ces structures mentales qui, dit-il, n'appartiennent au passé que par accident. Il ne dit pas vraiment non plus ce qu'est ce « mode de digestion spirituelle, indépendante des aliments que son temps lui propose » qui permet au grand penseur de projeter sa pensée hors de son époque. Mais, l'idée de structures « uchroniques » a assez fortement impressionné quelques-uns des grands historiens de la philosophie, comme Eugenio Garin [1] ou Victor Goldschmidt, lequel dédie à Bréhier *Les*

1. E. Garin, *La filosofia come sapere storico*, Bari, Laterza, 1990, p. 59.

dialogues de Platon et cite ici avec faveur le passage central de notre texte : « il est très remarquable que ce soit Bergson, qui ait affirmé l'indépendance essentielle d'une doctrine à l'égard du temps historique où elle apparaît. "De pareilles uchronies font voir que ce qui est essentiel dans une pensée philosophique, c'est une certaine structure" ».

Le plus important pour nous est que Bréhier ne se représente pas ces structures comme figées. Elles ne sont pas, pour lui, des types et des lois, ni ces essences typiques de systèmes (idéalisme, réalisme, criticisme) que Gilson croyait pouvoir identifier. Des « catégories historiques, mouvantes et modifiables » doivent remplacer « les catégories massives dont usaient autrefois les historiens éclectiques et hégéliens »[1]. Puisque le seul point de vue de la genèse n'a jamais rien montré de probant en histoire de la philosophie, il faut articuler ce qu'Albert Lautman appelait les « schémas de structure » et les « schémas de genèse » et montrer qu'une structure ou une essence ne se manifestent que dans le changement de configuration des pensées.

Dans l'analyse de Bréhier, l'idée d'une intuition initiale dans laquelle tout est contenu d'avance et qu'il faudrait exprimer et traduire constitue, reconnaissons-le, le point le plus faible de l'argumentation. Alquié par exemple niera qu'on en trouve l'équivalent chez Descartes : « j'ai explicitement dit le contraire : le "Je pense" n'est assurément pas contenu dans la théorie de la création des vérités éternelles »[2]. Le plus intéressant, en revanche, est l'écart

1. É. Bréhier, *Histoire de la philosophie*, Paris, P.U.F., 1967, t. I, p. 31.
2. F. Alquié, « Structures logiques et structures mentales en histoire de la philosophie », *Bulletin de la société française de philosophie*, 1952-1953, p. 89-132, p. 124.

introduit entre le temps de l'existence ordinaire et le devenir intérieur du système : « les causes qui expliquent la vocation de Descartes ne sont pour rien dans les raisons qui font que la philosophie doit commencer par le *cogito* », pas plus qu'elles ne déterminent l'ordre des raisons qui lui fait suite[1]. Bachelard et Victor Goldschmidt diront eux aussi que, si le temps d'écrire un livre et le temps de le lire sont rythmés par des horloges, le temps constituant ne l'est pas. Penser, c'est se retirer du temps vécu, se placer dans un « temps de totale non-vie », ou se situer dans ce que Goldschmidt appelle ici le temps logique ou « méthodologique ».

L'historien accède à ce temps logique quand il remet la structure en mouvement ou quand il reconstitue pour son propre compte l'enchaînement rationnel qui charpente l'œuvre philosophique qu'il étudie. Le flou qui enveloppe, chez Bréhier, la notion de structure disparaît alors tout à fait. La structure apparaît comme n'étant pas autre chose que la méthode déposée dans le système, son organisation argumentative, son ordre, autrement dit la démarche de pensée par opposition aux thèses qu'elle engendre et qui ne peuvent s'interpréter qu'à partir d'elle. La structure qui donne à une philosophie son intelligibilité est l'ensemble des procédés de recherche, de découverte et de démonstration que met en œuvre un système, ou, comme le dit ici Gueroult, c'est l'ensemble « des processus intellectuels qui en imposent la construction dans le même temps qu'ils en déploient la vision ».

Ainsi, pour Gueroult, seule une lecture interne permet à l'historien de répéter le geste d'appropriation active que le penseur a accompli, à condition qu'elle reste fidèle à la méthode logico-architectonique grâce à laquelle ce dernier

---

1. É. Bréhier, *La philosophie et son passé*, *op. cit.*, p. 75.

a structuré son œuvre. Lorsqu'on suit l'ordre des raisons internes, on comprend que l'œuvre n'a pas d'autre structure explicative qu'elle-même, qu'elle contient ses propres règles d'interprétation. Les structures constitutives ne sont en effet nullement abstraites, elles sont indissociables de l'œuvre et de la pensée dans lesquelles elles ont pris corps. Comme le dit encore ici Gueroult, il n'y a « pas une logique de toute philosophie, mais autant de logiques qu'il y a de philosophies. La mise au jour de ces logiques et des structures propres à chaque système exclut l'institution d'une logique transcendantale des philosophies déduite *a priori* et valable *a priori* pour tous les systèmes possibles ». Une philosophie authentique est sa propre idée.

Ainsi, afin de traiter l'histoire de la philosophie scientifiquement, Gueroult s'engage dans la voie complètement dépersonnalisée d'une analyse des systèmes, dont Descartes par exemple ressort comme un « penseur de granit » et son œuvre comme un « profond monument, solide et géométrique, une forteresse à la Vauban » [1]. Pour être comprise, une idée n'a besoin que des idées qui la précèdent et qui la suivent dans la déduction. Elle n'a de sens que par la place qu'elle occupe dans l'ordre. « Chaque philosophe est convaincu, dit notre texte, que sa philosophie surgit en toute indépendance de par la force de ses *raisons* constituantes ; et qu'elle échappe par là au déterminisme de causes extérieures à l'implication interne des concepts ».

La tâche de l'historien s'en trouve simplifiée : elle est de montrer comment un certain nombre d'éléments logiques se combinent sous l'effet d'un génétisme interne. L'évolution des pensées n'est à prendre en compte qu'à partir du

---

1. M. Gueroult, *Descartes selon l'ordre des raisons*, Paris, Aubier, 1994, t. I, p. 13.

moment où on la conçoit comme interne aux doctrines. Suivre les étapes de la construction d'une philosophie sert seulement à en faire apparaître la structure rationnelle. L'ordre des raisons n'est pas celui de l'affirmation existentielle de ces raisons. Les facteurs psychologiques n'expliquent rien sinon un certain nombre de retards et d'hésitations. « La méthode structurale, loin de couper un texte de son contexte, peut servir à en définir les rapports »[1] : elle empêche la recherche des sources de basculer dans l'érudition pure en montrant qu'elles présentent elles-mêmes des structures. Au niveau des structures de pensée, « l'environnement de l'œuvre est comme intégré dans sa substance même »[2]. De même, l'élément architectonique qui la rend comparable à une cathédrale ou à une symphonie exclut, comme le dit encore notre texte, « que l'on puisse *raconter* une philosophie, ce qui serait aussi absurde que de vouloir *raconter* un poème ou *raconter* la géométrie ».

C'est finalement à Goldschmidt qu'il revient de dégager les implications philosophiques de cette approche structurale : « les doctrines, en naissant, acquièrent une "indestructibilité" qui les apparente aux œuvres d'art ». L'histoire de la philosophie, en tant qu'elle relève d'un temps logique indépendant des temps empiriques dans lesquels les recherches génétiques les enferment, est un domaine « où se place la génération, mais non point la corruption »[3]. L'éternité n'est pas un autre temps, mais ce temps-là lui-même élevé à la pensée. Avec l'histoire de la philosophie, le temps change de nature. Il perd sa négativité

1. V. Goldschmidt, « Remarques sur la méthode structurale en histoire de la philosophie », *Écrits, op. cit.*, t. 2, p. 258.
2. *Ibid.*, p. 259.
3. V. Goldschmidt, « La dianoématique », *Écrits*, Paris, Vrin, t. 2, p. 229-237, p. 231-232.

mortelle. « Le principe d'Aristote : "le temps est, de soi, cause de destruction plutôt que de génération" (*Phys.*, 222b19) n'est pas applicable à l'histoire de la philosophie ».

Sans doute faut-il accorder à Gueroult que l'histoire externe réduit la philosophie à n'être qu'un fait parmi d'autres et que les constructions sur lesquelles elle débouche ne soulèvent le plus souvent aucun problème transcendantal. Mais, isoler les structures dans lesquelles un auteur a coulé son œuvre ou mettre au jour des chaînes de raisons sont-ils la meilleure manière de « participer à sa pensée vécue »[1] ? Cette approche ne fait-elle pas disparaître le problème même auquel le penseur s'est confronté ? Ne le recouvre-t-elle pas sous les solutions qui lui ont été données et une expression logique qui n'est jamais qu'un prétexte ?

C'est en tout cas le reproche que lui adresse Ferdinand Alquié : « le rejet méthodique de la chronologie au profit de l'intemporalité du système conduit M. Gueroult à donner aux textes un sens, conforme à l'ordre, mais indépendant des problèmes spécifiques auxquels ils ont effectivement, et chacun en son temps, voulu répondre »[2]. Plutôt que de substituer, à l'histoire, le système, il faut faire droit au point de vue de la genèse si l'on veut comprendre un philosophe, c'est-à-dire retrouver l'expérience qui correspond vraiment à ce qu'il décrit. Il ne s'agit pas alors de revenir au point de vue de l'histoire externe, mais d'adhérer à un mouvement de pensée, de refaire une démarche.

1. F. Alquié, *Le rationalisme de Spinoza* (1981), Paris, P.U.F., 2005, p. 10.
2. F. Alquié, « Note sur l'interprétation de Descartes par l'ordre des raisons », *Revue de métaphysique et de morale*, 1956, n°3, p. 403-418, p. 407.

Finalement, l'approche structurale ne se démarque en rien de ce qui a cours habituellement en histoire. Elle nous amène à considérer les œuvres de l'esprit comme des choses et réduit la vérité philosophique à une vérité de fait. En appliquant à la philosophie les méthodologies et les normes qui valent pour le savoir galiléen, l'analyse des systèmes croit pouvoir retrouver sous forme d'objets des pensées.

De la même manière, l'histoire transforme les problèmes en faits. Elle nous donne des solutions de fait, non des pensées. Dans les faits, tous les problèmes sont résolus, périmés, alors qu'en histoire de la philosophie, le temps est foncièrement réversible. La philosophie « est toujours à refaire, car l'esprit a toujours à se sauver » [1].

La vérité éternelle de la philosophie se situe au niveau des démarches, non des structures. La constitution du sens ne se résume pas à la découverte d'une logique. À une démarche mentale peut s'attacher autant de rigueur et d'exigence qu'à une structure logique. La démarche philosophique est moins une structure qu'une attitude de la *mens*, de l'esprit. Comme le dit le texte que nous recueillons ici, la genèse d'une pensée ne relève pas d'une détermination extérieure, naturelle et mécanique, mais des « déterminations intérieures de l'esprit ». Elle est tout entière déterminée par « l'intention impartiale de la philosophie », par opposition aux intentions partiales des philosophes. Ce qui est à l'œuvre dans une pensée n'est pas un motif psychologique, ni une intention simple et transparente, ni même un ensemble de techniques constitutives, mais une intention de vérité.

---

1. F. Alquié, *Qu'est-ce que comprendre un philosophe, op. cit.*, p. 90.

La démarche philosophique est une démarche inobjectivable, un mouvement par lequel la conscience aperçoit que le donné, le monde de la science et le temps même qui contient tout donné et tout monde, ne sont pas l'Être : « ce mouvement se retrouve en Platon, en Descartes, en Kant, en Husserl »[1]. Malgré la diversité des systèmes, l'unité de la démarche met tous les philosophes d'accord. Comme le dit notre texte, « chez Descartes, chez Malebranche, chez Kant se trouve reconnu le caractère particulier de notre affirmation de l'existence, affirmation dont on ne peut découvrir les racines que dans le sens que nous avons de l'Être, et non dans l'ordre propre à l'objet ». Il y a une éternité, mais pas d'objectivité philosophique. La philosophie énonce des vérités éternelles, qui à la différence des vérités des sciences, ne sont ni impersonnelles, ni objectives. L'objet n'est pas l'être, le monde n'est pas l'être, mais le signe de l'être : toute la vérité humaine se trouve dans cette affirmation métaphysique de la transcendance.

L'expérience intérieure n'est pas établie par le système, mais elle en conditionne la compréhension. Tout ce qu'il faut savoir, c'est « ce que le système signifie et quelle vie intérieure peut lui répondre »[2]. Comprendre le système n'est qu'un point de départ, car sa constitution n'a pas été le but du philosophe. Les philosophes ne veulent pas fonder un système, mais découvrir la vérité. Le système est un objet, ce qui nous reste d'un philosophe. Le philosophe, qui a montré que le monde n'est pas l'être, succombe à la nostalgie et, avec son système, crée un monde imaginaire.

1. F. Alquié, *L'expérience*, Paris, P.U.F., 1957 (1970), p. 94.
2. F. Alquié, *Leçons sur Spinoza*, Paris, La Table ronde, 2003, p. 411.

La philosophie nous délivre d'un monde, mais ne nous en rend aucun autre à la place. « L'homme, supérieur à ce qu'il fait, ne saurait se réduire à son œuvre, et ne peut donc attendre son salut de ce qui n'est que sa limitation »[1].

Interpréter un texte philosophique, c'est donc chercher à retrouver à travers les différentes doctrines un même contact de l'esprit et de l'Être. Écrire l'histoire de la philosophie, c'est écrire l'histoire éternelle de l'Être comme elle a été écrite par Descartes ou Kant. C'est reprendre un vécu, une expérience ontologique inconceptualisable et pourtant susceptible d'être assumée et revécue par d'autres. Tout le monde peut refaire les démarches de Descartes, claires au point de vue de l'expérience (mais pas celles de Spinoza), car les pensées sont « des totalités concrètes, à la fois éternelles et contestables », c'est-à-dire des problèmes appelés à être constamment repris[2].

Ce mouvement du sujet vers l'être fait toute la spécificité de la philosophie et il n'est pas quelque chose qui peut se comprendre par l'histoire. Il y a, entre l'exigence historique et l'exigence philosophique, une « opposition essentielle »[3]. S'il y a histoire, c'est seulement parce que le monde de l'objet dans lesquels vivaient les philosophes n'est pas le même. Comme, dans ce monde, les problèmes qui se présentent sont toujours nouveaux, la philosophie est sans cesse à refaire. La condition d'existence de la philosophie est la supériorité de l'esprit jugeant sur ce qu'il a à juger, sur tout ce qui, pour lui, peut devenir objet, et donc sur

1. F. Alquié, « L'homme et le travail », *Solitude de la raison*, Paris, Le terrain vague, 1966, p. 54-68, p. 68.
2. F. Alquié, « Merleau-Ponty et les philosophes », *Solitude de la raison, op. cit.*, p. 152-156, p. 156.
3. *Ibid.*, p. 152-156, p. 153.

l'histoire. L'homme n'est pas tout entier dans l'histoire. Il y a quelque chose qui permet de la juger, ce que Breton appelait le besoin « insituable dans le temps » par lequel se définit l'homme [1].

1. Cité dans F. Alquié, *Philosophie du surréalisme*, Paris, Flammarion, 1977, p. 167.

ÉMILE BRÉHIER

LA PHILOSOPHIE ET SON PASSÉ
(1940, EXTRAITS) *

Il y a, entre l'événement historique et l'événement philosophique, une ressemblance tout à fait illusoire qui vient de ce que l'on confond la pensée philosophique elle-même avec les symboles et moyens matériels qui l'expriment et en sont même inséparables : de cette façon, on peut marquer une limite précise à l'achèvement de l'événement cartésianisme. On considère ainsi les divisions de la durée comme pouvant fournir une sorte de cadre temporel à la pensée.

C'est là une illusion toute naturelle, mais qui fausse notre perspective sur le passé. Il y a des événements spirituels qui peuvent être considérés comme terminés, mettons par exemple le culte des divinités d'Éleusis ; par une espèce de fiction, l'on considère la pensée d'un philosophe du passé comme ainsi terminée, et la durée qui s'est écoulée depuis son terme jusqu'à l'époque de l'historien comme une durée vide de cette pensée. Pour mieux établir cette fiction, on reconstruit cette pensée (et c'est là un procédé trop fréquent chez les historiens) en

* É. Bréhier, *La philosophie et son passé*, Paris, P.U.F., 1940, p. 38-44.

un système clos dont les pièces s'ajustent si bien qu'il est impossible d'y rien ajouter ni d'en rien retrancher ; cette fixation de la pensée concrète et vivante en un système est, la plupart du temps, l'œuvre des critiques plutôt que des auteurs eux-mêmes ; l'historien est souvent plus platonicien que Platon, plus cartésien que Descartes : elle permet de dater avec assurance.

Or, cette interprétation de l'historien est contraire à l'intention même de la philosophie dont on fait l'histoire : elle consiste à considérer chaque pensée philosophique comme un achèvement, alors que l'auteur la donne pour une initiative et un commencement ; à lui faire tourner, pour ainsi dire, le visage vers le passé, de sorte qu'elle ne nous présente que du désuet et du périmé, alors que l'auteur se tourne, lui, vers l'avenir ; à voir en elle une réponse à toutes les questions, alors qu'elle est souvent une question posée à l'avenir. Si l'histoire ne peut porter que sur des réalités achevées, s'il ne peut pas y avoir histoire des réalités encore en devenir, admettons, si l'on veut, qu'il n'y ait pas d'histoire de la philosophie, plutôt que de fausser la nature de la pensée philosophique pour en faire un objet d'histoire.

Le genre d'événements qui occupe l'historien de la philosophie, ce sont en un sens des événements passés, mais, en un sens plus profond (et c'est celui qui intéresse la philosophie), des événements en train de se produire. Le platonisme est chose passée et révolue : cela veut dire que nous ne pouvons comprendre les dialogues qu'en étudiant le milieu historique dans lequel ils baignent ; langage, habitudes littéraires, état d'avancement des connaissances positives, modes de raisonnement, tout cela, dans sa singularité, ne pouvait se produire que dans l'Athènes du IVe siècle avant notre ère. Mais ce n'est là que le temps extérieur au système : il y a aussi ce que j'appellerais un temps intérieur : lorsque l'historien étudie les influences innombrables qui ont agi sur Platon, les plus lointaines comme les plus proches, la poésie homérique, le folklore, la connaissance de l'Égypte comme les événements politiques de son pays ou ses relations avec les tyrans siciliens, il voit bien, son travail d'érudit achevé, que le platonisme n'est pas fait des pièces et des morceaux qu'il a isolés, mais qu'il est la condensation, dans un esprit génial, d'une énorme durée qui, en remontant vers le passé, va se ramifiant et se diluant presque à l'infini, mais qui, dans la création, se ramasse et s'unifie pour se projeter ensuite dans la richesse multiple de ses œuvres. Cette durée intérieure, qui condense tant de passé, est bien différente du temps extérieur de l'expression. Pour que pût se produire cette condensation spirituelle, il a fallu la rencontre accidentelle des conditions de la vie athénienne au IVe siècle et de la naissance de Platon à cette époque : c'est cela et cela seul que l'on peut dater : mais ce n'est pas là l'essence du platonisme qui est un certain mode de condensation spirituelle ; comme M. Bergson l'a suggéré, si Platon fût né dans un autre temps, sa pensée eut été la même, bien qu'il n'eût pas écrit une ligne de ce qu'il a écrit ; et M. Brunschvicg pense qu'il n'a manqué à Platon que l'instrument analytique pour inventer la physique mathématique moderne.

De pareilles uchronies font voir que ce qui est essentiel dans une pensée philosophique, c'est une certaine structure ; mettons, si l'on veut, un certain mode de digestion spirituelle, indépendante des aliments que son temps lui propose. Cette structure mentale qui appartient, par accident, au passé, est donc au fond intemporelle, et c'est pourquoi elle a un avenir et pourquoi nous voyons son influence se répercuter sans fin appréciable.

Sans doute il faut bien admettre que l'abstraction qui consisterait à séparer cette structure de la forme où elle s'exprime, à vouloir définir l'essence du platonisme, « son unique pensée », par des formules indépendantes des œuvres où elle s'est exprimée, serait une abstraction illégitime : l'esprit et l'œuvre ne font plus qu'un bien qu'ils soient réellement deux. Il y a pourtant une tendance continuelle vers cette impossible abstraction et c'est ce que prouve un second aspect de ce que j'ai appelé la durée interne d'une doctrine philosophique : ce second aspect, c'est l'avenir que toute doctrine porte en elle, qu'elle annonce, qu'elle désire ; cet avenir c'est, par exemple, toutes les reprises du platonisme, qui font que l'on peut dire que l'histoire du platonisme n'est pas encore achevée. Ces reprises ne sont jamais des recommencements ; elles sont elles-mêmes créatrices, elles reproduisent la même doctrine, mais dans une atmosphère nouvelle ; et dans leur progrès et leurs tentatives répétées, elles tendent à rendre effective cette opération que l'historien n'a pas le droit de faire dans l'abstrait, cette séparation de l'essence et de l'accident, qui manifeste la fécondité du message platonicien. Et la durée externe du platonisme, qui s'étend jusqu'à notre époque, dont les moments sont le néoplatonisme païen, chrétien et musulman, le platonisme de la Renaissance avec tous ses échos dans les temps modernes, n'est que le symbole d'une durée plus profonde qui consiste dans les condensations spirituelles que sont les doctrines de Plotin, de saint Augustin ou de Giordano Bruno : autant de doctrines que l'on chercherait en vain à comprendre par une pure influence extérieure, où l'influence extérieure a été l'occasion, sans doute indispensable, mais non décisive, mais où la cause réelle est une affinité interne entre des structures mentales, affinité qui, par-dessus le temps, par-dessus les circonstances historiques qui lui donnent sa forme, relie entre eux les esprits dans une sorte de durée interne et de compénétration réciproque.

Il ne faut donc pas que le temps historique, lorsqu'il s'agit de l'histoire des idées, soit conçu comme une série d'événements séparés, l'un succédant seulement à l'autre. Si l'histoire était cela, elle ne serait rien qu'un poids pour la philosophie, accablée sous une inutile érudition : elle tend assurément vers cet état de décomposition et de dispersion dans la mesure où son objet même, la philosophie, se fait plus opportuniste, plus étroite, plus attachée à un milieu et plus incapable d'en sortir ; et même, dans la mesure où, dans toute philosophie, il y a des éléments inséparables des questions actuelles au temps de l'écrivain (les événements de Sicile, par exemple, dans la politique de Platon), l'histoire est alors un pur déroulement. La vérité, c'est que chaque idée, chaque pensée philosophique a comme une tension qui lui est propre et qui fait qu'elle déborde le temps de son expression, soit qu'elle recueille, unisse et absorbe en elle des courants venant du passé, soit qu'elle lance un appel à l'avenir. Nous ne pouvons penser à fond une grande doctrine, comme celle de Platon ou de Descartes, sans avoir le sentiment que quelque chose y finit et que quelque chose y commence, sans voir qu'une doctrine de ce genre s'efforce de franchir la durée et presque d'éliminer le temps : l'échec de cet effort se manifeste par une chute d'une part dans le système clos qui embaume la doctrine comme un cadavre désormais immuable, d'autre part dans l'actualité et l'opportunisme qui la rendent solidaire de l'heure qui passe ; son succès se voit dans une force expansive qui n'est pas celle d'une tradition qui immobilise la doctrine, mais d'une renaissance et d'une reprise qui résistent au changement moral, social et économique. Mais il n'y a ici nul succès sans échec ; il n'y a nulle renaissance qui ne soit fondée sur une tradition plus ou moins sourde, nulle doctrine qui puisse être intégralement restituée. Et si l'on demandait à un platonicien moderne de répondre à cette question : « Les Idées existent-elles ? », il est vraisemblable que, comme déjà Plotin le faisait, il serait forcé de donner au terme Idées une valeur assez différente de celle qu'il a dans les dialogues.

L'histoire ne fait que raconter la série de ces succès et de ces échecs ; et c'est ce qui explique la double attitude, répulsion et attraction, du philosophe à son égard : si elle est histoire pure, c'est-à-dire histoire d'événements sans autre lien que celui de cause et d'effet, alors elle n'est que l'histoire des échecs de l'esprit, et, quelles que soient les liaisons historiques que l'on puisse discerner entre ces événements, elle s'émiette, au point de vue intellectuel, en fragments sans lien intelligible ; mais si l'histoire, ainsi comprise, fausse son propre objet, si l'historien nous rend capable de saisir, sous les formes historiques changeantes, des structures mentales essentielles et pour ainsi dire intemporelles et permanentes, dont la réapparition au cours du temps dépend très peu de circonstances variables, alors l'histoire devient un élément essentiel de recherche philosophique, capable de nous libérer des traditions qui immobilisent la pensée, nous mettant en garde à la fois contre le relativisme historique, qui dissout chaque pensée au moment qu'elle s'énonce, et contre l'illusion d'une philosophie absolue et achevée qui franchit décidément les bornes du temps ; mais c'est à condition qu'elle distingue, dans le donné historique, des plans et des valeurs, qu'elle ne considère même la succession des temps et la répartition locale que comme des accidents relativement à cette sorte d'union des pensées par l'intérieur qui fait que l'histoire de la philosophie n'est ni une rapsodie, comme elle apparaissait à Bayle, ni le jardin bien tracé d'une dialectique, comme le croyait Hegel, mais comme une série d'appels qui, de loin ou de près, font vibrer sympathiquement les consciences capables de les recevoir. Et je conclurai (d'une manière qui risque de paraître paradoxale) que l'histoire, dont le domaine est le temporel, vise pourtant l'intemporel et que, par elle, la philosophie cherche, dans son passé, son éternel présent.

MARTIAL GUEROULT

LOGIQUE, ARCHITECTONIQUE
ET STRUCTURES CONSTITUTIVES
DES SYSTÈMES PHILOSOPHIQUES (1957)[*]

LA PHILOSOPHIE COMME PROBLÉMATIQUE
ET SYSTÉMATIQUE

Étant comme la science un effort pour connaître et comprendre le réel, la philosophie institue comme elle une *problématique*. Toutes les grandes doctrines peuvent se caractériser par des problèmes : problème de l'un et du multiple chez les anté-socratiques ; problème de la possibilité de la science et de la prédication chez Platon ; problème des causes premières, de la démonstration, de la méthode générale des sciences de la nature chez Aristote ; problème du fondement de la physique mathématique chez Descartes ; problème du fondement de la possibilité des sciences et de la métaphysique comme science chez Kant ; problème des rapports de l'histoire et du rationnel chez Hegel ; etc.

Instituant des problèmes, la philosophie doit comme la science y répondre par des *théories*. Or, toute théorie

[*] M. Gueroult, « Logique, architectonique et structures constitutives des systèmes philosophiques », *Encyclopédie française*, vol. XIX, 1ʳᵉ partie, section C, Paris, 1957, n°24-15 à 26-4.

n'est valable que si elle est démontrée. La démonstration n'a pas simplement pour but de l'imposer à autrui, mais de faire *naître en toute intelligence*, y compris en celle de son protagoniste, l'intellection du problème et sa solution.

C'est pourquoi l'élément logique doit assumer dans toute philosophie, non pas une fonction de traduction (d'un paysage mental ou d'une intuition) mais une fonction de validation et même de constitution. D'où l'importance de la systématisation qui n'apparaît pas seulement comme la mise en forme extrinsèque d'un contenu antérieurement donné, mais comme ce par quoi s'engendre la philosophie proprement dite. La systématisation apparaît d'ailleurs partout où s'instituent des théories ; à commencer par la science, dont toutes les théories ne sont que des systématisations, par exemple les théories des équations, des sections coniques, des ensembles, de la gravitation universelle, du métabolisme, etc. Le système, a pu écrire Condillac, « est la forme inéluctable que prend tout savoir »[1], que ce savoir réponde à un problème spéculatif, ou a un problème technique, bref qu'il soit une science ou un art : « le système n'est pas autre chose que la disposition des différentes parties d'un art ou d'une science dans un ordre où elles se soutiennent toutes naturellement, et où les dernières s'expliquent par les premières. Celles qui rendent raison des autres s'appellent principes »[2].

Sans doute la systématisation scientifique n'est-elle pas tout à fait le *système* philosophique. La première est ouverte, le second est fermé. Mais cette différence tient à

---

1. Condillac, *Traité des systèmes*, chap. III, éd. Corpus des œuvres de philosophie en langue française, p. 130 b.
2. *Ibid.*

la nature du problème à résoudre. Le problème du monde et de l'homme dans le monde est un problème universel qui enveloppe une réponse universelle et absolue. Toute philosophie doit en conséquence, quel que soit son type, idéaliste ou réaliste, naturaliste ou spiritualiste, organiser l'ensemble sous un principe de totalité qui, ne pouvant être contenu dans aucun donné, est nécessairement *a priori*. La systématisation va alors du principe ou de l'hypothèse *a priori* au divers des choses, *a principiis ad principiata*, étant, selon le mot de Kant, *cognitio ex principiis*, non *ex datis*.

Aucune philosophie, si hostile qu'elle se déclare à l'égard du *système*, ne peut lui échapper, à moins de se renoncer comme philosophie et de se dégrader en opinion, car en se promouvant par une démonstration portant sur l'essentiel et le total, elle ne peut qu'enfermer la pensée philosophante à l'intérieur d'une sphère qui ne laisse hors d'elle aucune marge pour une option différente. Une philosophie de la gratuité, du sentiment, de l'irrationnel se constitue en exerçant sur le sujet une contrainte rationnelle qui se veut invincible et qui, par l'intermédiaire de moyens logiques variés, amène l'intelligence à reconnaître que, pour accéder au réel, il n'y a pas d'autre voie *possible* ou *valable*, selon le cas, que le sentiment, l'intuition, le vécu, le mystique, la décision gratuite, bref l'irrationnel sous telle ou telle forme. Et le système est impliqué dans cette contrainte qui vise à exclure pour la pensée toute possibilité d'évasion hors des perspectives dessinées, mais en même temps circonscrites, par la conspiration organique des concepts.

La technique de toute philosophie est donc toujours une méthode d'essence logique et constructive, visant à la fois l'intellection et la découverte, poursuivant la solution d'un problème et l'instauration d'une vérité considérée comme démontrable directement ou indirectement.

Chaque philosophe est convaincu que sa philosophie surgit en toute indépendance de par la force de ses *raisons* constituantes ; et qu'elle échappe par là au déterminisme de causes extérieures à l'implication interne des concepts.

En tant que combinaison de raisons engendrant une vérité démontrée capable de s'imposer universellement à tout entendement humain, la philosophie, par ses affinités avec la science, est ramenée vers le pôle de l'objectivité, en contraste avec sa réduction à une *Weltanschauung*, c'est-à-dire à un reflet logiquement organisé d'un paysage mental, ce qui la fixerait sur le pôle de la subjectivité. Certes, elle ne cesse pas d'être vision du monde, mais cette vision n'est pas pure et simple expression logique d'une certaine constitution psychique, car elle ne s'accomplit que par la promotion d'une réalité philosophique dont la structure est sans rapport avec une organisation d'états mentaux. Chaque philosophie apparaît alors moins comme vision du monde (*Weltanschauung*) que comme monde de concepts (*Gedankenwelt*).

La systématisation rationnelle n'est donc pas seulement ce par quoi une philosophie se construit, assure la cohérence de ses différents thèmes, parfait sa démonstration grâce à leurs recoupements, mais ce par quoi elle conquiert une réalité et se constitue comme objet. Universalité et nécessité sont, en effet, les critères de l'objet, car ce qui s'impose nécessairement et universellement aux sujets est considéré inéluctablement par eux comme dépendant d'eux, opposé à eux, bref comme *objet*. Mais cette objectivité donne lieu à contestations. Dans la philosophie, ce qui est affirmé comme universellement et nécessairement valable n'est pas en fait universellement reçu. C'est qu'en l'espèce, le système entier des raisons dépend d'une adhésion libre du sujet à telles et telles prémisses. De ce fait, loin de fonder l'objectivité, le système se manifesterait comme l'acte d'une subjectivité impérieuse qui se complaît dans sa parfaite suffisance à soi-même.

Reste à savoir si la science n'est pas elle aussi, dans la position de ses objets et de ses méthodes, conditionnée par une décision libre du sujet. Son progrès n'est-il pas dû à de libres décisions du savant d'intégrer au corps du savoir déjà constitué certains faits indépendants, ce qui ne peut se faire qu'en révisant délibérément les méthodes et les faits considérés jusqu'alors comme acquis ? [1] La subjectivité d'un certain point de vue humain n'est-elle pas au fondement de la différenciation des objets des diverses sciences (mathématique, physique, chimie, biologique, etc.) et de leurs méthodes correspondantes, car dans les choses tout n'est-il pas un et non distingué ? Chaque philosophe sait bien que des actes contingents président à son entreprise, tout autant que le géomètre sait que pour découvrir les propriétés d'un triangle, il lui faut d'abord librement décider de déterminer l'étendue d'une certaine façon. Toutefois, chaque décision une fois prise, il n'est plus maître des enchaînements de concepts et par là même des structures et des contours de son œuvre. La liberté d'instituer ou non, d'instituer ceci ou cela, ne compromet pas plus les êtres philosophiques que les êtres mathématiques. Enfin, que nos tendances puissent nous inciter à repousser ou à promouvoir tel ou tel système, c'est là une circonstance qui ne suffit pas à le dépouiller de toute valeur objective.

---

1. *Le rôle de la décision dans la théorie de la connaissance*, par Ch. Perelman, Actes du IIe congrès International de l'Union Internationale de Philosophie des sciences, Neufchâtel, Éditions du Griffon, 1955, p. 153 *sq.*

Si les vérités géométriques nous blessaient comme peuvent nous blesser les vérités de la morale, remarque Malebranche auquel Leibniz fait écho [1], nous serions aussi rétifs aux premières qu'aux secondes, et nous commettrions autant de paralogismes en géométrie qu'en morale. Les vérités géométriques n'en seraient pas pourtant privées en droit de leur valeur. N'en peut-il pas être de même pour les philosophies ?

La validité logique de chaque système assume en effet celui-ci comme étant en soi et par soi, c'est-à-dire comme indépendant des conditions contingentes par lesquelles il a été mis au jour. Une validité logique ne commence pas en effet dans le temps. Sa révélation seule tombe en lui. Sitôt qu'elle y apparaît, elle se manifeste comme intemporelle par nature. Ainsi toute philosophie est Idée éternelle, et l'on comprend qu'elle soit invulnérable à l'histoire. D'autre part cette Idée enveloppe aussi en elle les conditions subjectives initiales de son être, lesquelles se réfèrent aux tendances et à telle ou telle valeur correspondante, profondément vécue. Le monde des philosophies n'est donc pas qu'un monde d'Idées, c'est aussi un clavier de valeurs.

Or, en contraste avec la validité logique, toute valeur est précaire. On comprend en conséquence que toutes les philosophies, bien qu'elles se présentent comme universellement valables (*allgemeingültig*), ne réussissent jamais à être universellement reçues (*allgemeingeltend*). On comprend aussi que, devant solliciter initialement les tendances de l'homme, captiver son cœur autant que son intelligence, bref le « sensibiliser » à un ordre de valeur

---

1. Malebranche, *Recherche de la Vérité*, IV, chap. 2, § 3 (éd. Lewis), p. 8-9 ; *Traité de la Morale*, I, chap. V, § 22 (éd. Joly), p. 57.

auquel il serait tenté de se dérober, elles doivent mêler à la systématisation logique des arguments de rhétorique[1], faire parfois appel insidieusement aux passions (amour-propre, honte, etc.), déprécier les notions de l'adversaire et exalter celles qu'on lui oppose[2].

LE CONCEPT DE LA LOGIQUE DE LA PHILOSOPHIE

Puisque toutes les philosophies se constituent par des combinaisons de raisons qui leur conquièrent cette nécessité et cette validité universelle qui fait de chacune d'elles un objet, il semble légitime de chercher à découvrir les lois spécifiques de telles combinaisons. On aboutit par là à la notion d'une *Logique de la Philosophie*.

Née sous une forme métaphysique avec Hegel, cette logique ne réussit que difficilement à s'implanter. Résistance étrange, note Croce[3], car par cette logique on entend que la philosophie possède réellement une méthode propre, comme la mathématique, les sciences de la nature, voire la poésie, l'histoire et l'économie ; qu'on peut en conséquence s'efforcer d'en rechercher et d'en formuler la théorie.

La logique de la philosophie peut se concevoir ou comme un problème de méthodologie (Croce) ; ou comme l'élaboration d'une théorie des catégories particulières à

---

1. Ch. Perelman, L. Olbrechts-Tryteca, *Rhétorique et Philosophie*, Paris, 1952.
2. *Cf*. Ch. Perelman, L. Olbrechts-Tryteca, *Les notions et l'argumentation*, Archivio di Filosofia, Rome, 1955, p. 260. À propos de la « catégorie infamante » chez Platon, *cf*. Goldschmidt, *Les Dialogues de Platon*, Paris 1947, index p. 369.
3. B. Croce, *Cio che è vivo e cio che è morto nella filosofia di Hegel*, Bari 1907, p. 1 *sq*.

cette région (Lask); ou comme l'étude de la genèse des concepts philosophiques (L. Brunschvicg); ou comme la détermination d'un certain nombre d'essences typiques de systèmes qui doivent être dégagés dans leur pureté abstraite.

Aristote et Carnéade [1] peuvent être considérés comme les précurseurs de ce dernier genre qui revêt lui-même plusieurs aspects : néocriticiste avec Renouvier [2], psychologiste-historiciste avec Dilthey [3], psychologiste-logiciste avec P. Hoffmann [4], psychologiste métaphysique avec K. Jaspers [5], logiciste ontologique avec E. Gilson [6], logiciste transcendantal avec K. Mannheim [7].

Ce dernier est le plus prégnant. Selon K. Mannheim, toute région spirituelle comporte une systématisation spécifique qui en est constitutive et que le sujet réfléchissant achève en système lorsqu'il l'élève à la conscience. La systématisation est toujours ouverte, tandis que le système, prédéterminé par la structure logique de la systématisation, est toujours fermé. Pour saisir la structure de la région

---

1. Aristote, *Métaphysique*, A 4 895 a 22 ; M. 6,1080 à 15 *sq.* ; *Physique*, I, 184 b, 15 *sq.* ; *De Cœlo*, I, 10, 279 b. ; *Topiques*, VII, 6, 145 b 2 ; VIII, 2, 162 a 17 ; Sur la *Carneadia Divisio* (d'après Antiochus d'Ascalon) *cf.* Cicéron, *De Finibus*, V, 6, 16 et aussi II, 6, 19 ; II, 35 ; IV, 18, 49.

2. Ch. Renouvier, *Esquisse d'une classification systématique des doctrines philosophiques*, 2 vol., Paris 1885-1886.

3. W. Dilthey, *Das Wesen der Philosophie*, Leipzig 1907 ; *Die Typen der Weltauschauungen*, Berlin, 1911.

4. P. Hoffmann, *Die antithetische Struktur der Bewusslseins, eine Theorie der Weltanschauungsformen*, Berlin, 1914.

5. K. Jaspers, *Die Psychologie der Weltauschauungen*, 4 e éd., Berlin, Göttingen, Heidelberg, 1954.

6. E. Gilson, *The Unity of the Philosophical Experience*, New York, 1937.

7. K. Mannheim, *Die Struktur der Erkenntnistheorie* (Ueber die Logik *der philosophischen Systelatisierung*) Kantstudien (Ergänzungshefte, nr 57, Berlin 1952).

philosophique, il faut découvrir le genre de systématisation constitutif de la théorie de la connaissance, noyau de toute philosophie.

La systématisation de chaque région repose sur un concept corrélatif fondamental, par exemple pour la logique, c'est le concept *forme-contenu*, pour l'ontologie, c'est le concept *substance-accident*, etc. Le concept fondamental de la théorie de la connaissance, c'est celui de *sujet-objet*, la *connaissance*, comme troisième terme, étant mise en relation avec chacun des deux autres. Mais la théorie de la connaissance ne pouvant se systématiser sans recourir à l'une au moins des trois systématisations originelles que sont la psychologie, la logique et l'ontologie, conçoit différemment son problème selon qu'elle donne le primat à l'une ou à l'autre. Si le primat est à l'ontologie, elle suppose que la même matière ontique constitue le sujet et l'objet, et que leur relation est originellement donnée : elle part de celle-ci pour saisir les relations du sujet à la connaissance et de la connaissance à l'objet (monadologie leibnizienne). Si le primat est à la logique, elle part de la relation de la connaissance (comme objectivité) à l'objet pour saisir par là les relations du sujet à l'objet et du sujet à la connaissance (École de Marburg). Si le primat est à la psychologie, elle part de la relation du sujet à la connaissance (comme conscience) pour saisir par là les deux autres relations. Comme ces relations peuvent être conçues d'autant de façons qu'il y a de catégories, et que pour chaque façon sont aperçus différemment la distance qui sépare le sujet de l'objet et le moyen de la franchir, on voit que chacun de ces trois grands types généraux se spécifie en une multitude de sous-types posant et résolvant chacun le problème à sa manière. Les solutions varient en outre selon le point de départ choisi pour jeter un pont entre le sujet et l'objet. Si le point de départ est dans le sujet, la solution est du type *reproduction* de l'objet par le sujet (copie); s'il est dans l'objet, elle est du type *production* (spontanéité); s'il est dans un être au-delà des deux, elle est du type *préformation* (harmonie préétablie).

Mais la spécification ne s'arrête pas là. En effet, chacune des trois sciences fondamentales engendrant pour la théorie de la connaissance un type général de systématisation possible, se particularise elle-même en autant de types particuliers qu'elle a de façons possibles de combiner ses propres termes fondamentaux. En conséquence, chaque type général de théorie de la connaissance en s'entrecroisant avec les types particuliers de ces différentes sciences donne naissance à son tour à autant de types particuliers. Par exemple, si l'on suppose que la logique est dominante et que la théorie de la connaissance s'organise en pensant sa relation fondamentale *sujet-objet*, au moyen du concept fondamental *forme-contenu*, d'abord, tantôt le sujet sera mis dans la forme et le contenu déduit de l'objet, tantôt l'objet dans la forme et le contenu sera subjectif; ensuite comme la relation *forme-contenu* peut se penser de trois et même quatre façons différentes : réduction du contenu à la forme (École de Marburg), de la forme au contenu (réalisme logique de Lask), coïncidence des deux dans un principe supérieur (type métaphysique), scission radicale des deux (Kant), la détermination de la relation sujet-objet par la relation forme-contenu devra aussi s'effectuer selon ces quatre façons possibles. Des spécifications analogues se produisent dans les types issus du primat ontologique et du primat psychologique. Enfin, chaque type de théorie de la connaissance doit à la science fondamentale à laquelle elle accorde le primat, non seulement ses suppositions premières, mais le critérium qui atteste pour elle la valeur ou *vérité* : si cette science est l'ontologie, c'est l'adéquation à l'être, si c'est la psychologie, c'est l'évidence, si c'est la logique, c'est la nécessité. Aucune de ces sciences n'affirme par elle-même une valeur ou une norme, mais elle devient norme et valeur par rapport à la théorie systématique de la connaissance, comme étant ce qu'il convient que la connaissance atteigne. En revanche, la théorie de la connaissance n'est pas elle-même critique de la valeur, mais recherche des moyens de la réaliser.

PLURALITÉ DES LOGIQUES DE LA PHILOSOPHIE

L'intérêt de ce type de logique, c'est de viser à établir qu'une philosophie n'échappe à une règle de systématisation qui la constitue entièrement, qu'il est possible de découvrir l'ensemble de ces règles dans un principe qui en fonde l'unité. Ainsi, l'éventail de toutes les possibilités structurales de la philosophie s'ouvre à partir d'un seul point. Du coup, les rapports entre les diverses philosophies peuvent être *a priori* déterminés rigoureusement. On peut même esquisser d'elles une classification rationnelle qui éclaire d'avance les voies de leur analyse concrète.

Mais cette logique n'est en réalité qu'un système de philosophie parmi d'autres. C'est la théorie d'une faculté transcendantale où sont déduites, indépendamment de l'expérience, des structures abstraites qu'on affirme devoir invinciblement constituer les différentes doctrines. Elle laisse de côté la constitution des philosophies réalisées *in concreto*. Elle s'impose en face d'elles comme normative. Il en résulte qu'il n'y a jamais coïncidence entre les monuments réalisés et les structures immanentes que la théorie leur assigne. Ces monuments ne sont ce qu'ils sont qu'en vertu d'écarts illégitimes à l'égard des structures normalement constituantes. D'où cette conséquence paradoxale que l'originalité de chaque doctrine, c'est-à-dire ce qu'elle offre de plus précieux, a sa source dans les défaillances, *a priori* condamnables, du génie qui l'a créée.

Cet écart radical entre le fait et la théorie a sa source dans la confusion fondamentale qui affecte l'idée même d'une logique de toute philosophie. Elle consiste, au nom des affinités que les philosophies ont avec la science, à envisager la philosophie en général comme une seule science homogène. Or il n'en est rien. Il n'y a pas *la* philosophie, mais *des* philosophies qui, enfermées en elles-mêmes, se présentent chacune comme étant toute la science. Il y a donc comme autant de sciences spéciales qu'il y a de philosophies différentes, et, par conséquent, non pas une logique de toute philosophie, mais autant de logiques qu'il y a de philosophies. La mise au jour de ces logiques et des structures propres à chaque système exclut l'institution d'une logique transcendantale des philosophies déduite *a priori* et valable *a priori* pour tous les systèmes possibles. L'ordre cartésien des raisons ne vaut que pour Descartes, la combinatoire de Malebranche pour Malebranche seul, celle de Leibniz pour Leibniz seul, l'analyse transcendantale pour Kant seul. Fichte, Schelling, Hegel ont chacun leur dialectique qui, dès le principe, les isole des autres. Aussi peut-on dire que chaque philosophie comporte toujours implicitement ou explicitement son *Discours de la méthode*.

La structure du réel que chaque philosophie reconstruit ne fait qu'exprimer les structures constituantes de cette philosophie même. C'est pourquoi chaque philosophie, mettant en question le réel du sens commun pour en assigner et en produire un autre, seul authentique et valable à ses yeux, est contrainte *ipso facto* de mettre en question les modes de pensée, les concepts, le langage et la logique qui font corps avec l'affirmation et la représentation du réel qu'elle récuse. De là vient que la création d'un langage philosophique ne résulte pas seulement d'une considération pédagogique, mais se relie à cette instauration d'un réel inédit, laquelle n'est possible que par une révolution dans la manière de penser et par conséquence de parler.

En conséquence, toute philosophie comporte le plus souvent deux moments distincts. Le premier, c'est celui de la réforme de l'entendement. Là, elle vise à promouvoir la révolution dans la façon de concevoir et de raisonner. Elle s'élève à des structures conceptuelles et à une logique qui lui sont propres. Elle s'efforce de leur conférer une validité absolue, indépendante du point de départ de leur découverte, lequel ne peut être autre que les concepts et la logique de la pensée commune. Dans le second, elle met en œuvre ces nouvelles structures, concepts et rapports, pour instaurer son monument. Une fois mis en place, ces concepts et rapports fondamentaux, qui sont en assez petit nombre, s'insèrent de proche en proche, en subissant les adaptations opportunes, dans les différentes régions que la philosophie prétend gouverner, pour en constituer finalement toute la trame constitutive. Ainsi, dans toute doctrine, sous la diversité des théories et des combinaisons, transparaît toujours une identique constante relationnelle, comme en musique subsiste toujours, mentalement présent derrière les méandres de l'arabesque sonore, même lorsqu'il n'est pas actuellement frappé, l'accord fondamental autour duquel tout gravite. C'est pour cette extension des formes et relations dominantes que chaque philosophie s'engendre ; qu'elle répand en quelque sorte partout son mode propre de démonstrativité ; qu'elle s'avère comme totale, non pas seulement en décrivant le cercle qui circonscrit son

ensemble, mais en informant semblablement jusqu'au
dernier détail la structure de ses moindres éléments, si bien
qu'on peut dire qu'elle est toujours tout entière dans la
plus petite de ses parties.

La tâche d'une philosophie est donc compliquée du
fait qu'étant totale, elle doit résoudre par une méthode
homogène et des principes identiques les problèmes les
plus hétérogènes, tandis qu'elle institue le plus souvent
ses relations et concepts fondamentaux en fonction d'un
seul de ces problèmes s'imposant initialement à elle comme
privilégié. Ainsi Descartes les institue en vue du problème
privilégié de la certitude, mais il doit par eux seuls fonder
ensuite la possibilité de la médecine et de la morale. Kant
les institue en vue de résoudre le problème privilégié de
la possibilité de la science comme condition du problème
de la possibilité de la métaphysique, mais il doit par la
suite avec eux seuls se confronter aux problèmes de la
morale et de l'esthétique. C'est que, de par sa vocation
pour la totalité, la philosophie ne peut laisser hors du champ
de son investigation un certain nombre de problèmes, sous
prétexte que ses principes leur sont hétérogènes, ou bien
elle doit fonder cette exclusion en les déterminant comme
insolubles, ce qui les fait rentrer par cette caractéristique
négative dans le cercle d'une systématisation homogène.
Et d'autre part, si elle découvre pour ces autres problèmes
des principes hétérogènes, elle ne peut de par sa vocation
pour l'unité, les juxtaposer purement et simplement les
uns aux autres. Elle est donc contrainte, ou de traiter tous
les problèmes selon les mêmes formules et les mêmes
principes, ou d'assurer la concordance et la convergence
systématique des divers principes hétérogènes qu'elle
emploie. Elle doit résoudre les problèmes qui définissent
expressément sa fin et en même temps le problème tout

différent d'architectonique interne posé par la nécessité d'accorder entre eux tant les principes que les solutions.

Par cette exigence d'homogénéité s'explique qu'un très grand nombre de philosophies peuvent se caractériser par un concept ou une relation typique dominante, par exemple, chez Platon, l'Idée et le genre de dialectique qu'elle commande ; chez Aristote, le rapport de la puissance à l'acte ; chez Descartes, la nature simple et l'ordre des raisons ; chez Malebranche, le principe d'équilibre entre l'infini créateur et le fini créé avec la combinatoire de compensation qu'il implique ; chez Leibniz, la substance individuelle comme unité de l'infini des prédicats avec la combinatoire d'expression harmonique qu'elle engendre, etc.

Par la même exigence s'explique le rôle capital de l'architectonique. Si l'on entend par systématique la production d'une série homogène par l'enchaînement nécessaire de notions ou raisons à partir d'une relation fondamentale (Cartésiens, Condillac, Adickes, Mannheim, etc.), il semble qu'on doive opposer systématique et architectonique, car celle-ci fait intervenir des concepts (symétrie, correspondances, analogies, dichotomies, trichotomies, etc.) qui n'ont, semble-t-il, rien à voir avec un enchaînement logique [1]. D'où cette opinion de Mannheim que l'architectonique vient contrarier la systématique et se réduit à un moyen d'exposition. Mais pour Mannheim lui-même, le système est bien autre chose que la production d'un tout par l'engendrement successif des parties selon une règle, c'est, au contraire, la position originelle d'un tout par le moyen duquel se conçoivent les parties. Dans ce cas, la systématique se combine avec l'architectonique,

1. *Cf.* à ce sujet, E. Adickes, *Kants Systematik als systembildender Faktor*, Berlin, 1887.

qui, comme l'a dit Kant, est « l'art des systèmes », le
système n'étant qu'une unité des connaissances sous une
Idée qui détermine *a priori* leur position respective comme
les éléments d'un tout dont elle fournit *a priori* le concept
rationnel [1].

L'ARCHITECTONIQUE

D'après ce qui a été précédemment établi, tout système
philosophique ressortirait à l'architectonique, puisqu'il est
une totalité qui à l'intérieur de son concept coordonne
l'ensemble de ses notions fondamentales, de ses problèmes
et de leurs solutions. La diversité et l'hétérogénéité des
régions (connaissance, sciences, art, religion, droit, morale,
etc.) qu'une philosophie doit embrasser dans son problème
total ne lui permettent pas de se développer en une seule
série. Elle doit en entrecroiser plusieurs, de même qu'elle
doit coordonner plusieurs sortes de notions fondamentales.
Un tel entrecroisement, une telle coordination ne sont
possibles que s'il y a homogénéité entre tous les éléments
envisagés. Mais précisément les régions et les problèmes
qui leur sont inhérents, sont hétérogènes. Pour établir entre
ces régions le minimum d'homogénéité requise, l'architectonique intervient avec ses symétries (correspondances,
analogies) et ses extrapolations. Ces procédés n'appartiennent
donc nullement à l'appareil didactique. Ils sont ce qui
permet au philosophe d'engendrer pour lui-même sa doctrine
en la prouvant. C'est, en effet, par la symétrie et
l'extrapolation que peut s'étendre à une nouvelle région
la formule relationnelle typique déjà appliquée à une autre.

---

1. Kant, *Kritik der reinen Vernunft*, Methodenlehre, II, Die
Architektonik der reinen Vernunft, éd. Hartenstein, III, p. 548 *sq.*

Ce procédé n'a rien d'irrationnel. C'est la raison qui est la source des notions de symétrie, de continuité et d'extrapolation. Égalités, équations, proportions, équilibre, qu'il s'agisse de mathématique, de physique, de chimie et de biologie, ne sont que des espèces de symétries. Symétries et correspondances manifestent, de région à région, la permanence profonde d'un même rapport harmonique et l'introduisent partout où elles pénètrent. Enfin, l'application par symétrie à telle région de certaine structure qui a fait ses preuves dans une autre, n'est pas arbitraire, mais commandée par le principe de même raison, estimé comme valable dans le cas considéré en vertu de certaines conditions. Si, par exemple, on sait qu'une même faculté gouverne deux régions très différentes l'une de l'autre, on sera porté à rechercher dans l'une telle constellation de concepts que l'on aura vu dominer dans l'autre. Cette constellation deviendra ainsi dans la seconde investigation un principe euristique et régulateur qui permettra de la retrouver comme constitutive, selon certaines modalités ou altérations dans la nouvelle région considérée. Par exemple, Kant posant le même entendement synthétique au fondement de la connexion mathématique et de la connaissance expérimentale des lois physiques a estimé que les catégories constitutives (mathématiques) devaient avoir leur réplique dans les catégories régulatrices (dynamiques). Ainsi il a *pu produire pour lui-même*, à partir de sa conception transcendantale de la possibilité des intuitions formelles, sa théorie de la constitution transcendantale de notre connaissance possible des rapports entre les existences. De même, ayant d'abord exclu de la philosophie transcendantale la morale parce qu'il n'y apercevait pas de jugements synthétiques *a priori*, mais ayant conçu aussi que la raison pure régissait le domaine de la morale en tant que raison pratique, il a été plus tard amené à penser, en vertu du principe de même raison, qu'on devait retrouver dans ce domaine le même genre de lois universelles et nécessaires que dans l'autre, et par conséquent, là aussi, des jugements synthétiques *a priori*. Il a alors inséré symétriquement dans la région de la raison pratique la notion de jugements synthétiques *a priori* et les catégories découvertes dans la région théorique ; il a pu produire ainsi pour lui-même sa doctrine de l'autonomie de la volonté et de l'objet de la raison pratique. Par là il a pu réintégrer à l'intérieur de la philosophie transcendantale, d'abord confinée par la *Critique de la Raison Pure* au seul domaine spéculatif, la morale qu'il en avait primitivement exclue. Pareillement, Malebranche, concevant la même sagesse divine au principe du monde dans la nature et du monde de la grâce, en conclut à une parfaite symétrie entre les deux, étend en conséquence à l'un la légalité qui règne dans l'autre, institue de proche en proche, parallèlement et symétriquement, la même formule de légalité et d'occasionalisme dans les cinq régions hétérogènes qu'il distingue dans l'univers.

L'architectonique (extrapolation, détermination par symétrie, etc.), loin d'être un moyen d'exposition, apparaît donc bien au contraire comme un procédé probatoire et génétique grâce auquel le philosophe engendre et construit son système. C'est d'ailleurs à ce propos que surgissent les problèmes les plus difficiles : distorsion de notions, due à la nécessité de les assortir aux régions les plus hétérogènes, conflit entre l'homogénéité apparente des formules et la disparate des procédés résolutifs qu'elles recouvrent en fait, selon les problèmes et les régions. Par exemple, chez Kant l'instabilité des définitions du jugement synthétique *a priori* pratique ; chez Malebranche la disparité profonde, selon les régions, des concepts d'occasion ou de loi ; chez Hegel, malgré l'homogénéité de façade affirmée en principe, la disparité des diverses façons dont s'accomplissent les synthèses, selon qu'il s'agit de telle ou telle catégorie de l'Idée, de la Nature ou de l'Esprit, etc. Enfin s'élèvent les querelles sur l'applicabilité ici ou là du principe même de raison : les structures valables pour l'objet, pour le théorique, pour la matière, etc., le sont-elles pour le sujet, pour le pratique, pour la vie, etc. et vice-versa ? D'où la controverse entre les philosophies de l'homogénéité et celles de la spécification[1], controverse qui ne porte d'ailleurs que sur le plus ou sur le moins, puisque par hypothèse toute philosophie met en œuvre le principe d'homogénéité[2].

Puisque toute philosophie se constitue entièrement par la combinaison de procédés de logique pure et d'architectonique mis en œuvre dans des conditions variables et selon des présupposés divers, c'est seulement par l'analyse de ces structures et de leurs intrications que nous pouvons la saisir. Par là se justifie une certaine méthodologie de l'histoire de la philosophie, pour autant que cette histoire est conçue comme devant permettre d'accéder aux réalités spirituelles éternellement vivantes dans les grands monuments philosophiques. Cette méthode commande l'étude monographique, la découverte des structures constitutives et des combinaisons qu'elles entraînent.

Le passage dans cet autre monde à chaque fois différent où nous convie chaque philosophie ne se réalise que par le déclenchement effectif des processus intellectuels qui en imposent la construction dans le même temps qu'ils en déploient la vision. Les négliger pour se borner à exposer assertoriquement leur contenu doctrinal et les rapporter

---

1. *Cf.* Schopenhauer, *Ueber die Vierfache Wurzel des Satzes vom zureichenden Grunde*, § 2.

2. *Ibid.*, § 52.

comme une collection de dogmes, c'est se fermer l'accès de ces mondes ; c'est se figurer qu'on peut *raconter* une philosophie, ce qui serait aussi absurde que de vouloir *raconter* un poème ou *raconter* la géométrie.

Références consultées

Livres

E. LASK, *Die Logik der Philosophie und die Kategorienlehre. Eine Studie über den Herrschaftsbereich der Logischen Form*, Tübingen 1911.

Ét. SOURIAU, *L'Instauration philosophique*, Paris 1940.

Articles

M. GUEROULT, « Histoire et technologie des systèmes philosophiques », Leçon inaugurale, éd. du Collège de France, Paris 1951.

– « Le problème de la légitimité de l'histoire de la philosophie », Archivio di Filosofia, Rome 1954.

VICTOR GOLDSCHMIDT

TEMPS HISTORIQUE ET TEMPS LOGIQUE DANS L'INTERPRÉTATION DES SYSTÈMES PHILOSOPHIQUES [*]

Il semble qu'il y ait deux manières distinctes d'interpréter un système : on peut l'interroger, soit sur sa vérité, soit sur son origine ; lui demander de rendre raison, ou rechercher ses causes [1]. Mais dans les deux cas, on l'envisage surtout comme un ensemble de thèses, de *dogmata*. La première méthode, qu'on peut appeler *dogmatique*, accepte, sous bénéfice d'inventaire, la prétention des dogmes à être vrais, elle ne disjoint pas la *lexis* (A. Lalande) de la croyance ; la seconde qu'on peut appeler *génétique*, considère les dogmes comme des effets, des symptômes, dont l'historien devra écrire l'étiologie (faits économiques et politiques,

---

[*] V. Goldschmidt, « Temps historique et temps logique dans l'interprétation des systèmes philosophiques », *Questions platoniciennes*, Paris, Vrin, 1970, p. 13-21.
[1] L'origine lointaine de cette distinction (et de la critique de ces deux méthodes) pourrait être trouvée chez saint Augustin (V. Goldschmidt, *Exégèse et axiomatique chez saint Augustin*, *Études sur l'histoire de la philosophie en hommage à Martial Gueroult*, Paris, Fischbacher, 1964, p. 39-40) [1969].

constitution physiologique de l'auteur, ses lectures, sa biographie, sa biographie intellectuelle ou spirituelle, etc.). – La première méthode est éminemment philosophique : elle aborde une doctrine conformément à l'intention de son auteur et, jusqu'au bout, garde au premier plan le problème de la vérité ; en revanche, lorsqu'elle s'achève en critique et en réfutation, on peut se demander si elle maintient jusqu'au bout l'exigence de la compréhension. L'interprétation génétique, sous toutes ses formes, est ou peut être une méthode scientifique et, par là, toujours instructive ; en revanche, recherchant les causes, elle risque d'expliquer le système au-delà ou par-dessus l'intention de son auteur ; elle repose sur des présupposés, qui, autrement que dans l'interprétation dogmatique, n'affrontent pas la doctrine étudiée pour se mesurer avec elle, mais s'établissent en quelque sorte par-dessus sa tête et servent, au contraire, à la mesurer. Enfin, la méthode dogmatique, examinant un système sur sa vérité, le soustrait au temps ; les contradictions qu'elle est amenée à constater à l'intérieur d'un système ou dans l'anarchie des systèmes successifs, viennent précisément de ce que toutes les thèses d'une doctrine et toutes les doctrines prétendent être vraies ensemble, « en même temps ». La méthode génétique, au contraire, pose, avec la causalité, le temps ; de plus, le recours au temps et à quelque « évolution » lui permet précisément d'expliquer et de dissoudre ces contradictions. – Or, l'histoire de la philosophie, ainsi que Husserl l'avait exigé de la philosophie même, devrait être tout ensemble « science rigoureuse » et, cependant, demeurer philoso-phique. M. M. Gueroult, commentant l'œuvre d'É. Bréhier, rappela naguère que « l'histoire de la philosophie est avant tout philosophie, mais qu'elle n'a de prix pour la philosophie

que si elle reste intransigeante sur la vérité historique » [1].
– C'est à l'élaboration d'une méthode à la fois scientifique
et philosophique, que voudraient contribuer les remarques
suivantes. La philosophie est explicitation et discours. Elle
s'explicite dans des démarches successives, au cours
desquelles elle produit, dépose et dépasse des thèses, liées
les unes aux autres dans un ordre par raisons. La progression
(*méthode*) de ces démarches donne sa structure à l'œuvre
écrite et s'effectue dans un temps logique. L'interprétation
consistera à ressaisir, conformément à l'intention de l'auteur,
cet ordre par raisons et à ne jamais séparer les thèses, des
démarches qui les ont produites. – Précisons ces différents
points.

La philosophie est *explicitation*. Que cette explicitation
procède d'une « intuition originelle », qu'il y ait, derrière
ce qui est « développé et extériorisé », « un noyau, un,
simple, volontaire et libre qui lui (à l'historien) révélera
un sujet » [2], on peut certes l'accorder. Mais le philosophe
ayant voulu nous donner une pensée développée, l'office
de l'interprète ne peut consister à ramener de force ce
développement à son stade embryonnaire, ni à suggérer
par images une intuition que le philosophe a cru devoir
formuler en raisons. Le premier moteur d'un système,
qu'on l'appelle intuition, sujet, pensée centrale [3], n'est pas
resté dans l'inaction. On l'y réduit, chaque fois, qu'on

1. M. Gueroult, *Revue de Métaphysique et de Morale*, janv.-mars,
1952, p. 114.

2. J. Hersch, *L'illusion philosophique*, Paris, Alcan, 1936, p. 70.

3. Avec quoi l'on peut comparer « l'inexprimé » (« Ungesagtes »),
selon M. Heidegger (*Kant und das Problem der Metaphysik*, Frankfurt,
1951, § 35, p. 182), ou encore, comme certains disent maintenant,
« l'impensé » [1969].

prend ainsi un système à rebours; or l'intuition, si bien nommée « originelle », a tendu, elle, à s'expliciter. De plus, on recourt à une cause intelligible qui aurait ceci de paradoxale que, demeurée cachée, comme de juste, aux yeux du philosophe, elle se livrerait à l'interprète. C'est que, ici comme dans d'autres recherches étiologiques, on se place au-dessus du système et, à l'égard du philosophe, au lieu d'adopter d'abord l'attitude du disciple, on se fait analyste, médecin, confesseur. Le système, cependant, n'est pas écrit pour fournir des symptômes et indices destinés à une dévalorisation radicale, au prix de leur cause productrice cachée qu'ils auraient permis d'inférer, mais, à l'inverse, pour montrer et pour faire comprendre les productions de cette cause, quelle qu'elle soit. Or, les assertions d'un système ne peuvent avoir pour causes, à la fois prochaines et adéquates, que des raisons, et des raisons connues du philosophe et alléguées par lui. Sans doute peut-on, à l'origine d'un système, placer quelque chose comme un caractère intelligible; mais à l'interprète, ce caractère n'est donné que dans son comportement et dans ses actes, c'est-à-dire dans ses démarches philosophiques et les thèses qu'elles produisent. Ce qu'il faut étudier, c'est cette « structure du comportement » et rapporter chaque assertion à sa démarche productrice, ce qui signifie, en fin de compte, *la doctrine à la méthode*.

Doctrine et méthode, en effet, ne sont pas des éléments séparés. La méthode se trouve en acte dans les démarches mêmes de la pensée philosophique, et la principale tâche de l'interprète est de restituer l'unité indissoluble de cette pensée qui invente des thèses en pratiquant une méthode. Quand un auteur a consacré à sa méthode un exposé théorique, il faut se garder d'interpréter celui-ci comme un ensemble de normes dogmatiques, à classer à côté des dogmes proprement dits. On peut à ce sujet généraliser ce que Descartes dit de sa propre méthode, qu'« elle consiste plus en pratique qu'en théorie » (*À Mersenne*, mars 1637) ; et quand, au sujet des « Essais de cette méthode », Descartes précise « que les choses qu'ils contiennent n'ont pu être trouvées sans elle, et qu'on peut connaître par eux ce qu'elle vaut », il faut ajouter que, sans eux, on ne peut même pas connaître ce qu'elle est. À l'inverse, on ne connaît pas davantage les thèses, coupées de la méthode d'où elles résultent.

La recherche, en matière de philosophie, ne précède pas seulement la vérité, mais fait corps avec elle. Aussi, pour comprendre une doctrine, ne suffit-il pas de ne pas disjoindre la *lexis* de la croyance, la règle d'avec sa pratique ; il faut, à la suite de l'auteur, refaire les démarches concrètes appliquant les règles et aboutissant à des résultats qui, non à cause de leur contenu matériel, mais en raison de ces démarches, se prétendent vrais. Or, ces démarches se présentent à nous dans l'*œuvre écrite*.

Ce serait encore séparer méthode et doctrine, que de trouver dans l'œuvre une méthode d'*exposition* seulement, et non de *découverte*. Mais dans l'opposition entre ces deux méthodes, pensée jusqu'au bout, ou bien les deux termes finissent par coïncider, ou alors le dernier se détruit lui-même, car soutenir avec E. Le Roy, que « l'invention s'accomplit dans le nuageux, l'obscur, l'inintelligible, presque le contradictoire », c'est dire qu'elle n'est pas une méthode du tout. Et sans doute peut-on, dans l'exégèse des systèmes, s'attacher à reconstituer une telle « invention », c'est-à-dire abandonner le philosophique pour le psychologique et le biographique, et les raisons pour les causes. Sans doute aussi faut-il accorder qu'un auteur possède, sous une certaine forme, des idées, avant qu'il

puisse songer à les exposer. Mais ces idées n'auront leur
forme certaine, la découverte n'en sera proprement achevée
qu'avec le trait final de l'œuvre. À croire le contraire, on
risque de céder à l'illusion rétrograde dénoncée par Bergson ;
on admet qu'une doctrine préexiste à son exposé, tel un
ensemble de vérités entièrement constituées et indifférentes
à leur mode d'explicitation (et il ne faut pas craindre de
préciser : à leur expression verbale). Mais l'*opinion* ne se
confond pas avec la science ; la thèse simplement
« découverte », c'est-à-dire entrevue et qui flotte librement
devant l'esprit, n'est inventée pour de bon que lorsqu'elle
sera « exposée », c'est-à-dire « enchaînée par un raisonnement » (*Ménon*, 98a). « Cet essai », écrit Condillac, « était
achevé, et cependant je ne connaissais pas encore dans
toute son étendue le principe de la liaison des idées. Cela
provenait uniquement d'un morceau d'environ deux pages,
qui n'était pas à la place où il devait être » (*Essai sur
l'origine des connaissances humaines* II, II, 4).

Les démarches de la pensée philosophique sont inscrites
dans la *structure* de l'œuvre, cette structure, à l'inverse,
n'étant rien d'autre que les articulations de la méthode en
acte ; plus exactement : c'est une même structure qui se
construit tout au long de la progression méthodique et qui,
achevée, définit l'architecture de l'œuvre. Or, parler de
démarches et de progression, c'est, à moins d'en rester à
des métaphores, supposer un temps, et un temps strictement
méthodologique ou, en gardant à ce terme son étymologie,
un *temps logique*[1]. On ne cède nullement par là à quelque
« psychologisme ». Le temps qu'il faut pour écrire un livre

---

1. *Cf.* V. Goldschmidt, « Sur le problème du "ystème de Platon" »,
Rivista Critica di Storia della Filosofia, juill.-sept., 1950, p. 169-178
(voir plus loin, p. 23 *sq.*).

et pour le lire est sans doute mesuré par les horloges, rythmé par des événements de tous ordres, raccourci ou allongé par toute sorte de causes ; à ce temps, ni l'auteur ni le lecteur n'échappent entièrement, pas plus qu'aux autres données (étudiées par les méthodes génétiques) qui conditionnent la philosophie, mais ne la constituent pas. Mais, comme l'écrit M. G. Bachelard, « la pensée rationnelle s'établira dans un temps de totale non-vie, refusant le vital. Que la vie, par ailleurs, se déroule et ramène ses nécessités, c'est sans doute une fatalité corporelle. Mais cela ne retranche pas la possibilité de *se retirer du temps vécu*, pour enchaîner des pensées dans un ordre d'une nouvelle temporalité » [1]. Cette « temporalité » est contenue, à l'état figé, dans la structure de l'œuvre comme le temps musical dans la partition.

Admettre un temps logique, c'est bien moins formuler une théorie à son tour dogmatique, qu'une règle d'interprétation, dont il faut au moins signaler quelques applications.

Cette règle, tout d'abord, concerne l'exégèse même des méthodes. Refaire, à la suite de l'auteur, les démarches dont la structure de l'œuvre garde le tracé, c'est remettre la structure en mouvement et, par là, se placer dans un temps logique. Ainsi, le mouvement initial de la méthode cartésienne donne leur structure aux deux premières *Méditations* ; cette structure, de la manière la plus apparente, s'exprime dans le fait qu'il y en ait deux ; la raison de ce fait est que, pour accomplir ce mouvement, il faut du temps. Sur le doute universel, Descartes écrit : « Je n'ai pu (toutefois) me dispenser de lui donner une Méditation tout entière ; et je voudrais que les lecteurs n'employassent pas

---

1. G. Bachelard, *Le rationalisme appliqué*, Paris, P.U.F., 1949, p. 26.

seulement le peu de temps qu'il faut pour la lire, mais quelques mois, ou du moins quelques semaines, à considérer les choses dont elle traite, auparavant que de passer outre » ; et, sur le moyen de connaître l'esprit : « Il le faut examiner souvent et le considérer longtemps… ce qui m'a semblé une cause assez juste pour ne point traiter d'autre matière en la seconde Méditation » (Sec. Rép., déb.). Ce temps, sans doute, varie selon le lecteur ; il dure « quelques mois » ou « quelques semaines ». Mais la structure des *Méditations* est donnée objectivement, la méthode qui la sous-tend prétend à une valeur universelle, et le temps où se déploie cette méthode est un temps logique, saisi par le lecteur-philosophe, encore que ce lecteur, s'il s'appelle Pierre, puisse y mettre moins de temps physique que s'il s'appelle Paul. La faute d'interprétation que Descartes reproche à Gassendi, consiste à arracher le doute universel au mouvement structural et au temps logique. – Dans la méthode platonicienne, la quatrième et dernière démarche se caractérise non seulement par sa certitude, son aisance, mais encore, d'une façon correspondante, par le peu de temps qu'elle suppose [1]. – Dans certaines philosophies, la méthode en acte, non seulement se meut dans un temps logique, mais soutient des rapports, implicites ou explicites, avec une doctrine du temps en général ; ceci, on essaiera de le montrer ailleurs, a lieu chez Bergson, cela, chez les Stoïciens.

Plus généralement, replacer les systèmes dans un temps logique, c'est comprendre leur indépendance, relative peut-être, mais essentielle, à l'égard des autres temps où les recherches génétiques les enchaînent. L'histoire des

---

1. V. Goldschmidt, *Les dialogues de Platon, structure et méthode dialectique*, Paris, 1947, p. 256, n. 16.

faits économiques et politiques, l'histoire des sciences, l'histoire des idées générales (qui ne sont celles de personne) fournissent un cadre commode, peut-être indispensable, en tout cas non-philosophique, à l'exposé des philosophies ; c'est là, écrit É. Bréhier, « le temps extérieur au système » [1]. La biographie, sous toutes ses formes, suppose un temps vécu et en dernier ressort, non-philosophique, parce que c'est l'auteur de la biographie, non l'auteur du système, qui en commande le déroulement ; mais le système, quel que soit son conditionnement, est une *promotion* ; comme le dit M. M. Gueroult au sujet de Fichte : « On peut (donc) bien transposer dans l'ordre du spéculatif ce qui s'est passé dans l'âme du philosophe » [2] ; à suivre la marche inverse, on fait subir au système une déchéance. – Il est très remarquable que ce soit Bergson, qui ait affirmé l'indépendance essentielle d'une doctrine à l'égard du temps historique où elle apparaît. « De pareilles uchronies font voir que ce qui est essentiel dans une pensée philosophique, c'est une certaine structure » [3].

Mettant au premier plan « la préoccupation de la structure » qui, pour citer encore É. Bréhier, « domine décidément celle de la genèse dont la recherche a causé tant de déceptions » [4], l'interprétation *méthodologique* peut, dans son principe tout au moins, se prétendre « scientifique » ; de plus, tout comme les autres exégèses scientifiques, auxquelles elle ne vise pas à se substituer, elle suppose un devenir, mais qui soit intérieur au système,

---

1. É. Bréhier, *La philosophie et son passé, op. cit.*, p. 40.
2. M. Gueroult, *L'évolution et la structure de la doctrine de la science chez Fichte*, Paris, 1930, t. I, p. 153.
3. É. Bréhier, *loc. cit.*, p. 41.
4. É. Bréhier, *Revue philosophique*, oct.-déc., 1949, p. 388.

et recherche les causes d'une doctrine, celles par lesquelles l'auteur lui-même l'engendre devant nous.

Philosophiquement, elle l'est dans la mesure où elle essaie de comprendre un système conformément à l'intention de son auteur. Au-delà, elle pourrait fournir des indications, au moins pour ce qui concerne le problème de la vérité *formelle* d'une doctrine. – Que les démarches philosophiques s'accomplissent dans un temps propre, cela signifie essentiellement que la philosophie est discours, que la vérité ne lui est pas donnée en bloc et d'un seul coup, mais successivement et progressivement, c'est-à-dire dans des *temps* et à des niveaux différents. Dès lors, il ne semble pas qu'on puisse exiger d'un système l'accord simultané, résultant d'une conspiration intemporelle, de ses dogmes considérés dans leur seul contenu matériel. C'est la même méconnaissance du temps logique qui est à la racine de ces deux exigences, à notre avis illusoires : mesurer la cohérence d'un système par l'accord, effectué dans un présent éternel, des dogmes qui le composent ; et *réaliser* l'effort philosophique par une intuition unique et totale, s'établissant, elle aussi, dans l'éternité.

Le « plérôme » des philosophies ne pourra jamais se constituer par l'accord intemporel des dogmes ; c'est là le contresens fondamental de tout essai d'éclectisme. Pour le constituer valablement, il faudrait unifier les différents temps logiques, mais sans recourir au temps historique (qui ne peut les contenir), ni à un temps universel selon le mode hégélien (qui les dérègle et écrase). Ce temps unique et englobant, on ne peut le concevoir qu'à la manière de l'idée kantienne et tenter seulement, en transposant une indication donnée par Bergson, d'en restituer des fragments communs à deux consciences (philosophiques) « assez rapprochées les unes des autres », pour avoir « le même rythme de durée » (*Durée et Simultanéité*, p. 58) ; de telles comparaisons, l'historien les instituera, sans nécessairement tenir compte du temps historique, entre des penseurs dont le « comportement » philosophique offre des structures parentes. Les recherches sur les « formes de pensée », les études architectoniques[1] vont dans ce sens.

Le problème de la vérité *matérielle* des dogmes pris en eux-mêmes n'est pas résolu pour autant. Au moins semble-t-il qu'il ne puisse pas se poser en soi et à part : toute philosophie est une totalité, où se joignent indissolublement les thèses et les démarches. Ces démarches, s'effectuant dans un temps logique, impliquent mémoire et prévision ; même si elles se présentent comme des ruptures, elles sont faites en connaissance de cause : ce sont des *décisions* (des « batailles », disait Descartes) ; ce qui, à la fois, mesure la cohérence d'un système et son accord avec le réel, ce n'est pas le principe de non-contradiction, mais la *responsabilité philosophique*[2].

C'est ce qui explique le nécessaire recours, de la part de l'historien, à l'*œuvre assumée*. Quel que soit le prix des inédits, ils ne sont pas, conçus dans un temps seulement vécu, élevés dans le temps logique, qui, seul, permet l'exercice de la responsabilité philosophique. Notes préparatoires, où la pensée s'essaie et s'élance, sans encore se déterminer, ce sont des *lexeis* sans croyance et

---

1. *Cf.* E. Souriau, *L'instauration philosophique*, Paris, 1939 ; *cf.* aussi H. Leisegang, *Denkformen*, Leipzig, 1928 ; K. Groos, *Der Aufbau der Systeme*, Leipzig, 1923.
2. Nous avons exposé cette idée dans une conférence, faite en 1950 au Collège philosophique, sur *L'idée de système en philosophie* : elle a été formulée et précisée à un autre point de vue par le Pr. Ch. Perelman, *Études de philosophie des sciences*, en hommage à Ferdinand Gonseth, Neuchâtel, 1950, p. 141.

philosophiquement irresponsables ; elles ne peuvent
prévaloir contre l'œuvre, pour corriger celle-ci, la prolonger,
la couronner ; elles ne servent, bien souvent, qu'à la
gouverner et, par là, à la fausser [1]. Or l'historien n'est pas,
en premier lieu, critique, médecin, directeur de conscience ;
c'est lui qui doit accepter d'être dirigé, et cela, en consentant
à se placer dans ce temps logique, dont l'initiative appartient
au philosophe.

1. Voir les remarques de principe convergentes, présentées par
G.-G. Granger, *Wittgenstein*, Paris, Seghers, 1969, p. 12-13.

FERDINAND ALQUIÉ

INTENTION ET DÉTERMINATION
PHILOSOPHIQUES (1973)*

Nous n'avons pas la prétention de rejeter, cela va sans dire, les méthodes critiques qui expliquent l'œuvre philosophique par son intention ou ses déterminations. Bien au contraire, à l'encontre des interprétations partiales et électives, nous pensons qu'il ne faut négliger ni l'intention de l'auteur, que le critique classique tenait pour référence ultime, ni les déterminations que, sous l'influence du marxisme et de la psychanalyse, nos contemporains tendent à privilégier. Ce que nous déplorons, c'est le durcissement qui conduit les historiens, selon la méthode dont ils se réclament, à séparer intention et détermination, en tenant l'intention pour le fruit d'un libre choix psychologique, et la détermination pour seulement naturelle et causale. Car la critique marxiste, qui prétend refuser une causalité de type mécanique, et se veut dialectique, se contente souvent de schémas explicatifs qui ne sont autres que ceux de la causalité physique.

* F. Alquié, « Intention et détermination philosophiques », *Signification de la philosophie*, Paris, Hachette, 1971, p. 114-127.

Prétendre avec Henri Lefebvre, que le *cogito* cartésien traduit l'ascension de la bourgeoisie, c'est bien partir d'un fait historique que l'on considère comme une cause donnée d'abord et tenir les affirmations du philosophe pour ses effets.

Or, toute intention n'est pas aussi simple, aussi transparente que ne le pensent certains critiques classiques, toute détermination n'est pas aussi mécanique que ne le supposent bien des critiques contemporains. Aux intentions que l'on pourrait dire partiales des philosophes s'ajoute l'intention impartiale qui est celle de la philosophie. Aux déterminations extérieures de l'histoire se joignent les déterminations intérieures de l'esprit. Et l'intention partiale, les déterminations naturelles apparaissent souvent comme ayant joué un faible rôle, pesé un faible poids dans la genèse, sinon de l'œuvre considérée en son ensemble, et comme système, du moins de ce qui, dans l'œuvre, apparaîtra plus tard comme l'essentiel. L'intention consciente explique le choix des arguments et, dans une grande mesure, la cohérence du système. Mais ce qu'elle conditionne ainsi, c'est seulement, en réalité, la force de persuasion propre à l'auteur. Il faut avouer que, sur ce point, l'art de persuader d'un Malebranche ou d'un Berkeley fut médiocre, et leurs intentions mal réalisées. Non que leur influence proprement religieuse ait été négligeable : celle de Malebranche, en particulier, s'est fait sentir, non seulement en France, mais aussi en Angleterre, ainsi sur Norris. Mais il faut envisager aussi, entre autres choses, le rôle de Malebranche dans la formation de la pensée du XVIIIe siècle français, son influence sur Renan, et ce que devient la méthode de Berkeley chez Hume. En considérant de tels effets, on sera conduit à estimer que les intentions apostoliques de Malebranche ou Berkeley ne peuvent plus avoir pour nous qu'un intérêt psychologique, ou anecdotique. C'est sans doute parce qu'elle s'est trop uniquement attachée à ce type d'intention que la critique classique a dû céder le pas à la critique de détermination. Car c'est l'intention superficielle et partiale d'un auteur qui est, entre toutes, justiciable d'explications de type historique ou psychologique.

Critique d'intention et critique de détermination ne s'opposent donc que parce que l'intention considérée est toujours psychologique, et que les déterminations retenues sont toujours des déterminations naturelles et causales. Mais l'opposition entre l'explication d'une œuvre par son intention et son explication par ses déterminations disparaît si l'on considère que l'intention la plus profonde du philosophe fut celle de découvrir la vérité. Car une telle intention, seule proprement philosophique, est inséparable de déterminations spécifiquement intellectuelles, de déterminations intérieures à toute pensée cherchant le vrai. Ces déterminations se confondent avec les exigences de toute enquête objective, de tout effort vers ce qui est : elles constituent ce que, de façon plus précise, on nomme la raison.

Dans l'étude des démarches philosophiques, il est donc tout à fait légitime d'accorder la plus grande place aux déterminations. Et il faut aussi convenir que les déterminations amènent souvent le philosophe à dire autre chose que ce que, d'abord, il avait l'intention de dire. Mais il convient d'ajouter que les déterminations qui conduisent ainsi son esprit sont, pour la plupart, d'ordre purement rationnel, ce en quoi elles sont elles-mêmes au service, non certes de telle ou telle de ses intentions personnelles, historiques ou contingentes, mais de son intention la plus profonde qui est, redisons-le, intention de vérité.

C'est pourquoi les renversements que l'on rencontre si souvent au cours de l'histoire des idées, s'ils paraissent étranges au critique qui ne considère que les intentions psychologiques des auteurs, semblent au contraire, à celui qui se veut attentif à la seule raison, traduire parfois une sorte de progrès continu. Le scepticisme de Hume résulte de l'extension, aux notions d'âme et de Dieu, de la méthode d'examen que Berkeley avait appliquée à la notion de matière. Le but de Berkeley était pourtant d'établir la nécessité d'affirmer l'existence des esprits, seuls soutiens possibles d'un monde incorporel, et, pour cela, de réfuter d'abord le matérialisme, de ruiner l'explication de toutes choses par la matière, explication que proposaient alors les libertins et les athées. Comment y parvenir plus sûrement qu'en établissant que cette matière, où l'on veut voir un principe universel d'explication, nous ne pouvons même pas en former la moindre idée ? Berkeley soumet donc la notion de substance matérielle à la plus implacable des critiques. Mais les arguments de cette critique sont tels que Hume peut les appliquer à toute substance, et donc à l'âme et à Dieu. Berkeley cherchait en vain, derrière les qualités sensibles, un support matériel. Hume cherche en vain derrière la succession de nos états, un moi un et identique. Son incroyance même semble alors résulter des leçons de l'évêque Berkeley. Ce qui étonnera toujours ceux qui ne retiennent d'un philosophe que son intention délibérée et son système. Ce qui, au contraire, paraîtra naturel aux historiens des idées qui tentent de découvrir, dans une doctrine, les éléments proprement philosophiques, à savoir l'intention de vérité, les déterminations rationnelles et, comme nous l'avons dit, non le système, mais la démarche.

Il est pourtant difficile de distinguer des intentions psychologiques et des déterminations causales les intentions et les déterminations proprement philosophiques. L'exemple de Malebranche, comme, du reste, celui de Berkeley, peut ici servir à illustrer notre propos. Au sens psychologique de ce terme, l'intention de Malebranche est de nous convertir et même, comme l'indique la fin des *Conversations chrétiennes*, de nous conduire au couvent[1]. Mais Malebranche ne veut nous convertir que parce qu'il est lui-même convaincu que la religion est vraie, en sorte que son intention apostolique se trouve subordonnée, en sa racine et en son fondement mêmes, à l'intention plus profonde, et cette fois purement philosophique, de dire la vérité. Or, la recherche de la vérité, recherche si chère à Malebranche qu'il a donné son nom à son premier ouvrage, a des exigences propres qui l'on conduit ailleurs que là où, d'abord, il voulait et croyait aller.

Un des ressorts les plus profonds de la conscience chrétienne est assurément l'idée qu'au milieu des malheurs et des déceptions de ce monde nous ne sommes pas abandonnés, et qu'un Dieu personnel pense à nous, veille sur nous. Et sans doute, comme homme et comme chrétien, Malebranche aurait-il voulu, tout comme Arnauld et Bossuet, ses adversaires, être l'objet, de la part de Dieu, d'une dilection particulière. Mais il lui paraît rationnellement évident que Dieu n'a créé le monde que pour sa propre gloire, qu'il aime, avant tout, sa sagesse, qu'il doit préférer un ouvrage moins parfait accompli par des voies simples à un ouvrage plus parfait, mais qu'il n'aurait pu réaliser que par des moyens plus compliqués. La vérité, ou du moins ce que Malebranche croit être la vérité, contraint ici son désir. Il professe donc que Dieu ne peut agir par volontés particulières, qu'il consent à créer des monstres

1. Malebranche, *Conversations chrétiennes*, Xe Entretien, *Œuvres*, IV, p. 214.

pour ne pas violer les lois universelles qu'il a établies, qu'il ne peut accomplir de miracles que de façon tout à fait exceptionnelle, et lorsque l'ordre l'exige, que la distribution même qu'il fait de ses grâces est semblable à celle de la pluie, laquelle abandonne souvent à la sécheresse les terres fertiles, et tombe inutilement sur les océans et les déserts.

Mais faut-il admettre que ce sont vraiment les exigences de la vérité qui conduisent alors Malebranche ? Il est bien difficile d'en décider. Car on peut considérer qu'en suivant de tels chemins Malebranche a fait erreur, et certains trouveront plus de profondeur chez Pascal faisant dire à Jésus : « J'ai versé telles gouttes de sans pour toi »[1]. Arnauld et Bossuet ne se contentent pas de signaler à Malebranche qu'il s'engage en des voies dangereuses, de prévoir que les suites de sa philosophie seront désastreuses pour ce christianisme même qu'il veut sauver. Ils lui signalent des contradictions, des incohérences. En sorte qu'en ce domaine on pourrait discuter indéfiniment pour savoir quelles sortes de détermination, rationnelles ou historiques, ont effectivement pesé sur l'esprit du philosophe. Le principe de la simplicité des voies est-il vraiment établi par raison ? Malebranche ne le tire-t-il pas de son étude de la nature, et n'affirme-t-il pas sans preuve que la structure du monde physique est celle de l'Être tout entier ? Nous pourrions retrouver alors, à la source de ses pensées, un type de détermination extérieure, causale, et peut-être historique et sociale : le naturalisme qui, en cette seconde moitié du XVIIe siècle, s'impose à tant d'esprits divers est peut-être le fruit de telles conditions. On pourrait même, en faisant,

---

1. Pascal, *Pensées*, 502 du classement Anzieu, 553 du classement Brunschvicg.

cette fois, plus de place à la conscience, invoquer l'utilisation, par tous les auteurs d'une époque, d'un certain matériel commun, tiré des idées du temps, et ce que l'on pourrait appeler la concession à ces idées. Les emprunts, les accommodements pourraient expliquer ainsi, chez Malebranche, bien des propositions qu'il n'aurait sans doute pas, de lui-même, formulées. En vain, et peut-être inconsciemment inquiet de ce qu'il affirme, déclare-t-il tenir du Verbe éternel lui-même les vérités qu'il nous enseigne [1]. On peut noter, au contraire, que sa philosophie est tout à fait de son temps : les analogies qu'elle présente avec celles de Spinoza, sa conformité au naturalisme de l'époque, l'usage qu'elle fait d'idées reçues, nous en persuaderaient aisément. Nombreux sont en effet les textes où Malebranche reprend des conceptions physiciennes alors tombées dans le domaine commun, nombreux sont ceux où, souvent pour mieux persuader et convertir, il concède à l'opinion courante, voire à celle des libertins, ce que la stricte raison ne lui demandait en rien d'admettre.

Plus caractéristique nous semble donc, pour illustrer notre propos, la théorie malebranchiste de l'existence et de l'invisibilité des corps. Cette théorie, en effet, est chez lui la conséquence de vérités énoncées par Descartes, dont pourtant, sur ce point, Malebranche condamne les voies. En effet, c'est par le doute et par le *cogito* que Descartes a établi la primauté de la pensée sur la matière : tout objet n'est pensé comme tel que par une conscience dont la certitude devient, de ce fait, absolument première, et l'affirmation d'une réalité extérieure à l'esprit demeure problématique, indirecte, et demande la garantie de la véracité divine. Malebranche, cependant, ne laisse aucune

---

1. Ainsi dans les *Méditations chrétiennes et métaphysiques*, *Œuvres*, X.

place, en sa philosophie, à un doute de type cartésien, et pour lui l'existence de mon esprit n'est pas saisie par idée claire, mais par un sentiment confus. Car je n'ai, ni ne puis avoir, l'idée de mon âme.

L'intention de Malebranche est, en tout cela, facile à découvrir. Il veut établir que je suis, à chaque instant, sous la totale dépendance de Dieu. Un doute, une saisie de moi-même par lesquels s'affirment mon autonomie totale, mon indépendance, mon pouvoir de résister à toute influence extérieure, et même à l'hypothétique action d'un Dieu supposé trompeur, ne peuvent que lui déplaire. Malebranche, pour lequel le moi ne saurait être la source d'aucune initiative, rejette donc tout cela. Est-ce à dire que les vérités cartésiennes, entendons ce que le doute et le *cogito* contiennent de vérité, vont, dans sa philosophie, se trouver oubliées et bannies ? C'est assurément impossible, et nous allons retrouver leur influence, rationnellement déterminante.

Il y a en effet, chez Malebranche, ce que l'on pourrait appeler un doute et un *cogito* implicites. Ils sont ignorés, mais présents, et cela dans la mesure où, une fois pour toutes, Malebranche a compris les raisons de Descartes, raisons qui, désormais, ne vont pas cesser de déterminer, de l'intérieur, les démarches de son esprit. Malebranche affirme donc que les corps sont invisibles, qu'ils ne peuvent, dans leur réalité, être directement atteints, que leur existence ne peut être démontrée, mais seulement supposée, ou révélée.

Et le mot même de révélation voit son sens s'incliner vers celui qu'il prendra dans les analyses kantiennes. De façon générale, Malebranche estime que la seule preuve que nous puissions donner de l'existence des corps est tirée de la révélation surnaturelle : l'Écriture nous apprend que Dieu a créé le Monde. Soyons donc assurés que le

Monde existe. Mais, dans la connaissance d'un corps particulier, il y a aussi révélation. Dans le sixième Entretien, Ariste déclare que les corps nous sont directement connus, et donne comme argument que nous connaissons, de façon directe, l'épine qui nous pique. Théodore, représentant Malebranche, le nie, mais accorde qu'en effet le sentiment de la douleur est une « espèce de révélation », Dieu me révélant, d'une certaine manière, ce qui se passe dans le monde des corps [1].

En cela, il s'agit bien de montrer que la connaissance de l'existence ne saurait avoir le statut de la connaissance des vérités essentielles et hypothético-déductives. Malebranche distingue toujours les sciences qui « considèrent les rapports des idées » et celles qui considèrent « les rapports des choses par le moyen des idées ». Ces dernières sciences ne peuvent être certaines « qu'en supposant que les choses sont semblables aux idées que nous en avons, et sur lesquelles nous en raisonnons » [2]. Mais le sont-elles? C'est bien la question que posait le doute cartésien. Ce sera, chez Kant, tout le problème critique. Chez Descartes, chez Malebranche, chez Kant se trouve ainsi reconnu le caractère particulier de notre affirmation de l'existence, affirmation dont on ne peut découvrir les racines que dans le sens que nous avons de l'Être, et non dans l'ordre propre à l'objet.

Ainsi, sans cesse, la raison philosophique, en dépit des intentions conscientes des auteurs, retrouve et réaffirme les mêmes évidences. Chez Descartes, c'est par le doute et le *cogito* qu'est établie l'affirmation selon laquelle les

---

1. Malebranche, *Entretiens sur la métaphysique et la religion*, *Œuvres*, XII, p. 135.
2. Malebranche, *Entretiens sur la métaphysique et la religion*, *Œuvres*, XII, p. 132.

choses nous sont immédiatement offertes dans leur apparence, mais non dans leur être, puisque, précisément, de cet être, il m'est possible de douter. Mais le doute et le *cogito*, en tant que moments d'une démarche, peuvent eux-mêmes être considérés par rapport à l'intention superficielle qui les appelle, ou par rapport à la vérité profonde qu'ils révèlent. L'intention psychologique de Descartes, c'est, assurément, la volonté de sortir de l'écartèlement intellectuel qui est celui de son époque, de réaliser l'équilibre entre la science et la foi, dont l'opposition déchire et torture alors tant d'esprits. Mais ce projet que, du reste, Descartes semble avoir hérité des jésuites de La Flèche, qui furent ses maîtres, était alors celui de bien des gens, dont aucun ne fut Descartes. Ce qui fait que cette intention devient chez Descartes le point de départ d'une philosophie géniale, c'est qu'elle rencontre une certitude fondamentale, la certitude que l'objet n'est pas l'Être, certitude déjà kantienne et proprement métaphysique. Cette certitude, elle-même issue de l'exigence ontologique de la conscience de Descartes qui, avide d'être, ne trouve à se satisfaire d'aucun objet, c'est celle qui, dès 1630, conduit le philosophe à sa théorie de la création des vérités éternelles, théorie qui affirme, derrière toute vérité pensable et déterminable, l'Être librement créateur qui la dépasse et la fonde. Cette certitude, nous la retrouvons ensuite partout, la métaphysique de Descartes n'étant que son développement, le doute et le *cogito* semblant à son service. Car les démarches métaphysiques de Descartes n'auraient pas été possibles si Descartes n'avait eu, dès l'abord, l'impression que les objets ne s'offrent pas à moi dans leur être, que leur être ne m'est pas donné et livré, ce pourquoi leur existence demeure problématique, alors que je ne saurais douter de ces présences ontologiques que m'offrent le moi et Dieu.

Les intentions de Malebranche sont tout autres. Il veut convertir, nous conduire à la vie spirituelle, nous délivrer de l'orgueil, nous faire sentir notre sujétion à l'égard de Dieu. Ici, donc, le doute et le *cogito* ne sauraient garder leur place. Mais la vérité cartésienne de l'irréductibilité de l'être à une pensée relationnelle, ou seulement scientifique, est maintenue. C'est même par là que Malebranche échappe au spinozisme, auquel le conduiraient tant d'autres tendances de sa pensée. Car Spinoza, livrant l'Être à la raison, tente une unification complète du rationnel et de l'ontologique. Malebranche lui reproche de prendre « les idées des créatures pour les créatures mêmes, les idées des corps pour les corps »[1]. C'est l'objet de sa polémique avec Dortous de Mairan. Parle-t-il alors en chrétien ? Pas nécessairement, puisque saint Thomas ne tenait nullement les corps pour invisibles, et puisque Berkeley, en un tout autre sens que Spinoza il est vrai, refusera de distinguer les corps de leurs idées, et transformera les idées en choses.

Reprenant, non certes une théorie de Descartes, mais ce qu'on pourrait appeler la vérité métaphysique de cette théorie, Malebranche semble de même annoncer Kant. Chez Kant, en effet, la chose en soi est inconnaissable en son essence, et son existence est révélée par la sensation. Quant à l'être de Dieu et à celui de l'âme, ils seront objets de croyance. Malebranche et Kant aperçoivent donc que la voie qui conduit à l'existence ne saurait, d'aucune façon, être celle du concept[2]. Chez Descartes, la véracité divine

1. Malebranche. Correspondance avec J.-J. Dortous de Mairan. *Œuvres*, XIX, p. 855.
2. En tout cela, nous parlons évidemment de l'existence réelle des choses, de ce que l'on pourrait appeler leur existence ontologique, et non de l'existence phénoménale que Kant reconnaît aux objets scientifiques, existence qui se réduit au fait qu'ils appartiennent à une expérience bien liée.

portait à la fois, bien que différemment et au cours de deux méditations distinctes [1], sur l'affirmation de l'essence des choses matérielles et sur celle de leur existence. Chez Malebranche, les essences n'ont plus à être garanties, puisqu'elles sont directement aperçues en Dieu, et, chez Kant, les idées laissent place aux catégories, dont l'usage légitime, se réduit à la science. Mais l'existence ne peut être que supposée ou révélée. Dans le sixième Entretien, les mots « supposition » et « révélation » reviennent toujours quand il s'agit d'existence. Ce pourquoi M. Moreau peut écrire que « plus fidèle que Descartes aux exigences de l'idéalisme critique, Malebranche n'identifie pas à l'étendue géométrique la substance des corps » [2]. Mais, en réalité, Descartes, en instaurant un doute portant sur l'existence des choses, en déclarant que Dieu est conçu et non compris, en séparant les idées scientifiques, qui demandent à être fondées, et les idées métaphysiques, qui fondent les premières en même temps qu'elles se fondent elles-mêmes, avait aperçu la même vérité.

Il faut aller plus loin. Chez Malebranche, Dieu lui-même ne peut connaître a priori, et par raison, l'existence des corps, car la création du monde est contingente et dépend de sa volonté. Dieu connaît l'essence des choses en consultant son Verbe. Il ne connaît leur existence que par la conscience qu'il prend de sa propre action, laquelle crée les corps. Il y a donc, même pour Dieu, une différence entre la connaissance de l'essence et celle de l'existence des corps. Il y a donc, même en Dieu, quelque chose qui correspond à la dualité que nous constatons en nous-mêmes

---

1. Descartes, *Les Méditations* IV et VI.
2. J. Moreau, *Malebranche et le Spinozisme*, Introduction à la correspondance de Malebranche avec Dortous de Mairan, p. 47.

entre l'idée et la sensation. Ainsi, sur tous les plans, l'acte
par lequel nous saisissons une existence comme telle diffère
de l'acte intellectuel par lequel nous comprenons une idée,
ou le rapport de deux idées. Est-il besoin de dire qu'en
tout cela Malebranche, qui accorde pourtant à la raison
tout ce qu'on lui peut accorder, la prive de ce pouvoir
ontologique, de ce pouvoir d'atteindre l'être que lui
reconnaît Spinoza ? Ce en quoi il annonce une conception
de la raison qui dominera tout le XVIIIe siècle, conception
selon laquelle la raison ne sera plus une faculté intuitive,
mais, d'abord, un simple moyen de mettre les objets en
relation, avant de devenir, chez Kant, une faculté synthétique.
Conception qui peut passer pour fort peu malebranchiste,
si l'on songe que Malebranche a voulu voir dans la raison
la faculté d'apercevoir les idées en Dieu lui-même.
Conception, pourtant, qui dérive de Malebranche, puisque
la raison est, chez lui, réduite à la connaissance des seules
idées, l'existence étant toujours autrement atteinte, et ne
l'étant jamais par idée, tant en ce qui concerne l'existence
de Dieu aperçu sans idée, et par simple vue, que celle de
mon âme, révélée sans idée par le seul sentiment, ou celle
des corps, dont nous avons l'idée, mais dont l'existence
ne saurait être prouvée par raison.

On voit ainsi comment une vérité, même non
explicitement affirmée, peut amener un philosophe à
déplacer le centre même de ses perspectives. Malebranche
rejette, chez Descartes, le doute et le *cogito*, signes illusoires
de notre indépendance, pour nous placer sous la totale
dépendance de l'action divine. En cela, il aperçoit mal le
sens profond des premières démarches de Descartes, et
oppose à leur sens superficiel un sens également superficiel,
ces deux sens étant ceux de leurs intentions respectives.
Mais la structure du doute, ce qu'il révèle d'essentiel

demeure chez Malebranche, qui professe, comme Descartes, que l'existence ne peut être démontrée, que l'être échappe aux prises de notre connaissance conceptuelle, et qu'il doit donc, puisqu'il est reconnu, habiter, d'une autre façon, notre pensée.

L'être peut être pressenti, supposé ou révélé. Il ne peut être conceptualisé ni compris. C'est en ce sens que Malebranche affirme, avant Kant, que l'existence ne peut être un attribut essentiel, ou une propriété. Faut-il estimer alors que c'est parce qu'il a d'abord cru à un Dieu créateur que Malebranche estime que le monde est contingent, et, de ce fait, indémontrable ? Bien plutôt, c'est l'impression fondamentale de contingence, ou plutôt de non-suffisance, éprouvée devant l'objet fini, qui le conduit à penser que la création est contingente : nous trouvons ici une expérience métaphysique essentielle. Et la notion de la contingente matière appelant celle de l'Être nécessaire qui l'a créée, tout être se trouve situé soit en deçà, soit au-delà de l'idée. Descartes, Malebranche, Kant témoignent d'une même expérience, d'une même certitude.

Ainsi, mieux que par l'intention consciente de celui qui l'effectue, mieux que par les déterminations externes qu'un psychologue ou un sociologue y pourrait découvrir, la démarche philosophique s'explique par la recherche de la vérité. Cette recherche a ses exigences, qui sont celles de l'esprit. On se demande souvent si la raison doit rendre compte de l'histoire, ou si l'histoire doit rendre compte de la raison. Il y a au moins une histoire qu'on ne peut retracer et comprendre que par une attention presque exclusive portée à la raison, c'est l'histoire de la raison elle-même. La raison, nous l'avons dit en parlant de Hegel, ne construit pas toute l'histoire. Mais elle construit sa propre histoire, et c'est ce que révèle, à qui sait la comprendre, l'histoire de la philosophie. Si on cesse d'y voir l'histoire des systèmes, l'histoire de la philosophie apparaît comme l'histoire même de la raison, ou, plus exactement encore, comme le signe qu'à travers l'histoire des systèmes se retrouve une éternelle raison.

TEXTES, CONTEXTES, CONSTELLATIONS

Dans les *Leçons sur l'histoire de la philosophie*, Hegel disait que le véritable successeur de Platon n'était pas Speusippe, mais Aristote, qui avait repris son interrogation. La véritable réfutation est compréhension. Dans le panthéon philosophique, il n'y a de place que pour les grands esprits spéculatifs.

Heidegger le disait aussi à sa manière : « un penseur ne dépend pas d'un penseur, mais il s'attache, s'il pense, à ce qui donne à penser, à l'être. Et ce n'est que dans la mesure où il s'attache à l'être qu'il peut être ouvert à l'influence de ce qu'ont déjà pensé les penseurs. C'est pourquoi se laisser influencer demeure le privilège exclusif des plus grands penseurs. Les petits au contraire souffrent seulement de leur originalité avortée, et c'est pourquoi ils se ferment à l'influence dont l'origine est lointaine » [1]. Ce qu'il y a d'historique dans la philosophie n'est saisi que dans le philosopher : « dans le philosopher, il n'y a pas d'histoire de la philosophie » [2].

Dans la *Grande chaîne des êtres*, en revanche, John Norris de Bemerton et William King, évêque de Derry et auteur d'un *De origine mali* (1702), ne le cèdent que de peu à Rousseau et à Kant. Ce que Lovejoy nous a appris dans son éblouissante contribution à l'histoire de la

---

1. M. Heidegger, *Qu'appelle-t-on penser?*, trad. A. Becker et G. Granel, Paris, P.U.F., 1992, p. 72.
2. M. Heidegger, *Interprétations phénoménologiques en vue d'Aristote*, trad. P. Arjakovsky et D. Panis, Paris, Gallimard, 2016, p. 155.

philosophie, qui, d'une certaine façon, signe la fin de l'approche spéculative dans ce domaine, c'est que les auteurs mineurs sont souvent aussi importants, voire plus importants, que les auteurs qui ont produit des chefs-d'œuvre. La vie se trouve aussi chez ceux dont l'œuvre est morte en tant que telle. Seuls des travaux précis ouvrent de vastes horizons, quand ils nous dévoilent des logiques de développement insoupçonnées aussi complexes et intéressantes que les logiques structurales et spéculatives l'ont été en leur temps.

Lovejoy nous a aussi appris la valeur de l'inter-disciplinarité et l'importance pour la philosophie de sortir de son isolement. Comme la philosophie n'est qu'un domaine de l'histoire des idées ou de la pensée en général, l'historien peut puiser dans plus d'une discipline et dans plus d'une époque, ou passer de l'une à l'autre au cours de son étude, car ces disciplines et ces époques ont plus de choses en commun qu'on ne le croit.

Grâce à ces jeux d'échelles et ces changements de domaines, Lovejoy pouvait poursuivre l'étude, sur plusieurs siècles et à travers plusieurs branches du savoir, des reconfigurations d'un certain nombre d'idées fondamentales. Il formait ainsi l'idée d'une histoire autonome où des unités sémantiques simples déterminent elles-mêmes les phéno-mènes à travers lesquels elles se manifestent. Ces *unit-ideas* étaient, à ses yeux, les véritables acteurs de l'histoire. Toute la logique de l'histoire des idées reposait sur leur dynamisme. Les idées comme telles ont un devenir et se transforment en passant de système en système suivant leur propre logique de développement. C'est pourquoi il fallait les étudier sur la longue durée, « en regardant chacune d'elles, comme le dit notre texte, comme une unité récurrente au sein de différents contextes ».

On ne saurait assez insister sur la modernité et le caractère non essentialiste de cette pratique de l'histoire intellectuelle, qui ramène le mouvement des idées à un champ anonyme non finalisé. On ne saurait trop non plus admirer le talent de Lovejoy, dont les différents récits paraissent plus riches en événements et en péripéties que la plupart des monographies académiques. Ainsi, l'histoire de la plus célèbre des *unit-ideas* s'achève sur un échec, celui d'une rationalité qui, lorsqu'elle est conçue comme totale, devient une sorte d'irrationalité, ce qui nous éloigne, là aussi, des grandes synthèses de l'idéalisme allemand : « l'histoire de la Chaîne des êtres – dans la mesure où cette idée présuppose une pleine intelligibilité rationnelle du monde – est l'histoire d'un échec ; plus précisément et plus justement, c'est le compte-rendu d'une expérience de pensée, menée pendant des siècles, par de grandes ou moins grandes intelligences, que l'on peut maintenant estimer avoir abouti à un résultat négatif fort instructif »[1].

L'analyse de Lovejoy s'est bien sûr attiré une foule de critiques. Arnaldo Momigliano l'a accusé de décrire un monde quasi-platonicien où l'on pouvait compter les idées[2]. Jaakko Hintikka s'est demandé si les éléments de construction qu'on présente comme unitaires n'étaient pas condamnés à changer de forme sous la pression des structures dont ils devenaient les constituants et si une *unit-idea* aussi emblématique que le principe de plénitude était une idée ou un agrégat d'idées[3]. Malgré une certaine

1. A.O. Lovejoy, *The Great Chain of Being. A Study of the History of an Idea*, Cambridge, Harvard University Press, 1950 (1936), p. 329.
2. A. Momigliano, *Essays in Ancient and Modern Historiography*, Oxford, Oxford University Press, 1977, p. 6.
3. J. Hintikka, « Gaps in the Great Chain of Being : An Exercise in the Methodology of the History of Ideas », *Reforging the Great Chain of Being*, S. Knuuttila (ed.), Dordrecht, Reidel, 1981, p. 1-17.

proximité avec Lovejoy, Leo Spitzer n'a pas non plus caché ses doutes quant à la possibilité de détacher l'idée du « climat spirituel » dans lequel elle s'intègre. En un mot, tous l'ont accusé d'annuler le temps.

À notre époque, il semble de plus en plus difficile de croire à l'autonomie des idées par rapport à leur contexte culturel, et d'adhérer à l'intellectualisme qui sous-tend cette croyance. Comment sans connaissance du contexte, procéder au repérage des innovations ? Comment croire que l'étude des similarités ou la détection de récurrences à travers de longs espaces de temps suffit à établir une véritable connexion historique et, à plus forte raison, à déceler une permanence ?

Aujourd'hui, une tendance forte à retremper les discours canoniques de la philosophie dans le bain des discours ambiants les plus humbles semble avoir définitivement périmé l'idée d'une histoire des idées autonome. À partir du moment où l'on se convainc que la pensée est moins un jeu d'idées qu'une activité sociale, l'idée perd sa prééminence, au même titre que la figure du grand créateur. L'histoire des idées ne peut être que celle de leurs usages en tant qu'arguments, ce qui suppose que l'on reconstitue les contextes ou les différentes matrices dans lesquelles elles ont été forgées et à travers lesquelles elles ont été lues.

L'article de Skinner que nous traduisons ici est la contribution la plus importante de ce chercheur à la réflexion historiographique et il reprend l'ensemble de ces analyses et de ces critiques. Pour lui, la seule logique de l'histoire des idées est une logique pratique.

Contre le fétichisme des grands noms, Skinner rappelle que la pensée n'est jamais l'œuvre d'un individu isolé.

L'article devait initialement s'intituler « The Unimportance of Great Texts », car son but était de destituer, de manière plus wittgensteinienne que foucaldienne, la figure de l'auteur au profit de la circulation des discours[1]. Le nom de philosophe n'y apparaît d'ailleurs pour ainsi dire pas, Skinner lui préférant celui d'auteur, et l'activité philosophique y est elle-même largement désacralisée : « si l'on peut dire qu'un texte constitue toujours et inévitablement une intervention dans la culture à laquelle il s'adresse au départ, il n'y a alors aucune distinction de catégorie à faire entre littérature ou philosophie d'un côté et idéologie de l'autre »[2]. Skinner dit aussi parfois moins brutalement que la tâche de l'historien est de faire voir, au niveau du langage et de la manière dont il réagit aux pressions, aux contraintes ou aux encouragements dont un auteur a fait l'objet, comment coexistent philosophie et pratique, rhétorique et théorie.

Contre la croyance en l'autonomie des idées, il faut dire que ce qui importe n'est pas ce qu'une idée signifie en soi, mais ce qu'elle signifie dans un débat, devant un auditoire. La philosophie est un mode d'action linguistique et, pour ce qui est de la philosophie des XVIe-XVIIe siècles, elle relève d'une culture de l'écrit et d'une capacité rhétorique dont nous n'avons plus idée aujourd'hui.

Le plus déstabilisant dans cette approche est que la philosophie perd cette fois pour ainsi dire toute autonomie. Quand Gueroult insistait pour que l'on n'étudie une pensée que selon ses règles propres, il fallait lui demander dans quelle mesure elles étaient vraiment ses règles. On ne peut

1. Q. Skinner, « Concepts only have histories. Entretien avec E. Tricoire et J. Lévy », *EspacesTemps.net*, http://www.espacestemps.net/articles/quentin-skinner-ldquoconcepts-only-have-historiesrdquo/.

2. Q. Skinner, *La vérité et l'historien, op. cit.*, p. 54.

déchiffrer les intentions complexes d'un auteur qu'en rattachant ses énoncés à un contexte linguistique plus large ou en identifiant les conventions à travers lesquelles elles se réalisent, ce qui suppose d'étudier principalement son langage.

En vérité, c'est à partir d'un ensemble de conventions et de formes d'argumentations particulières que l'intention d'un auteur prend sens : cette intention est foncièrement une intention sociale, ou du moins elle a essentiellement une dimension publique. Notre texte le dit fortement : « la question essentielle à laquelle on se trouve confronté lorsqu'on étudie un texte est la suivante : qu'est-ce que l'auteur, en écrivant à l'époque où il écrivait et compte tenu du public auquel il souhaitait s'adresser, pouvait, concrètement, avoir l'intention de communiquer en énonçant ce qu'il énonçait? ».

Ainsi, ce qui compte est moins ce que l'auteur a dit que ce qu'il voulait dire et, du point de vue d'une approche intentionnaliste qui regarde l'intention comme partie intégrante de l'œuvre, une fois admis que les intentions s'expriment à travers des conventions, il importe de reconnaître une certaine importance à la dimension réflexive de la compréhension que les acteurs ont du contexte rhétorique dans lequel ils sont contraints de parler. Comprendre un texte, nous dit-on ici, c'est « comprendre l'intention d'être compris et l'intention que cette intention soit comprise ».

Là aussi, les critiques n'ont pas manqué. On a dit du contextualisme qu'il dissolvait son propre objet et tendait à faire de toutes les œuvres des œuvres de circonstances. On lui a reproché de tout réduire à des choses essentiellement triviales. On a parlé d'aplatissement contextuel. On a mis en avant que le contexte devait lui-même être interprété

et reconstruit et qu'il ne possédait pas en tant que tel une
évidence plus grande que le texte qu'il était censé éclairer.
Enfin, on s'est demandé quelles limites Skinner imposait
lui-même à ses principes dans ses recherches : parler d'un
moment machiavélien (Pocock) ou d'une voie néoromaine
dans l'Angleterre du XVIIᵉ siècle, ou tout simplement de
« liberté avant le libéralisme », ne doit pas faire passer
sous silence les énormes règles d'exclusion qu'impose ce
pathos, puisqu'on peut, à cette époque, être républicain
par principe et défendre l'esclavage [1].

Un problème plus aigu se pose encore, celui de l'intérêt
même qu'il peut y avoir à étudier l'histoire de la philosophie
quand elle se trouve à ce point réduite à ses déterminants
historiques ou quand la tâche de l'historien n'est plus de
juger ou de « comprendre », mais de documenter,
d'historiciser, de « montrer des choses du passé » [2]. Dans
la première version de son article (1969), Skinner considérait
que son approche des textes permettait « d'investir l'histoire
des idées de sa propre pertinence philosophique » et même
de lui donner sa « valeur philosophique ». Dans la version
de 2002, ces formules disparaissent, car elles pourraient
être comprises comme ouvrant sur un usage anhistorique
de l'histoire. Mais Skinner ne renoncera jamais tout à fait
à dire que « le mode historique est une manière de faire
de la philosophie » [3].

Pour Skinner, le but de l'enquête historique est donc
de comprendre une pensée dans ses propres termes, en

1. D. Losurdo, *Contre-histoire du libéralisme*, trad. B. Chamayou,
Paris, La Découverte, 2013, p. 143-144.
2. K. Flasch, *Prendre congé de Dilthey*, trad. F. Gregorio et C. König-
Pralong, Paris, Les Belles Lettres, 2008, p. 66.
3. Q. Skinner, « Les concepts et l'histoire », *Le Débat*, 1997, n°96,
p. 115-120.

retrouvant les motifs qui l'ont fait naître et en allant jusqu'à utiliser le langage de l'époque pour rester fidèle à l'intention de l'auteur. Toute autre approche relève fondamentalement pour lui d'une « mythologie de la prolepse », c'est-à-dire d'une forme d'explication téléologique qui nous fait croire qu'un événement doit attendre le futur pour apprendre sa signification. Cette illusion nous conduit à interpréter les textes dans des termes que leurs auteurs seraient eux-mêmes incapables de trouver adéquats, comme c'est le cas, semble-t-il, lorsqu'on retraduit les pratiques intellectuelles de la philosophie antique en termes d'exercices spirituels au lieu d'en faire ressortir l'étrangeté [1].

Si donc nous voulons appréhender correctement les rapports de notre présent au passé historique, nous devons revenir sur ce que signifie pour un historien comprendre un auteur aussi bien ou mieux qu'il se comprenait lui-même.

On le sait : c'est Kant qui, pour la première fois, a affirmé que l'on pouvait comprendre Platon mieux qu'il ne se comprenait lui-même. En confrontant les idées d'une philosophie entre elles, on peut aller au-delà de sa lettre, soit que son auteur n'ait pas suffisamment déterminé son concept, soit qu'il ait été amené à parler ou à penser contre son intention. Cette manière de procéder, que les premiers penseurs de l'idéalisme allemand ont popularisée, relève de ce que Hermann Cohen appelait une « interprétation idéalisante », à savoir une interprétation qui consiste à attirer ce que l'on étudie dans son propre système de référence et non à le comprendre dans ses propres termes. À notre époque encore, elle ne manque pas d'adeptes, prêts

---

1. P. Vesperini, *Droiture et mélancolie. Sur les écrits de Marc Aurèle*, Lagrasse, Verdier, 2016, p. 17.

à ériger le forçage herméneutique en principe ou à sanctifier la violence interprétative.

Aujourd'hui, c'est un travail plus humble et plus scrupuleux qui paraît le plus fécond. Comprendre un philosophe mieux qu'il se comprenait lui-même demande de reconstruire l'espace de pensée, le *Denkraum* dans lequel se sont inscrites la ou les constellations à l'intérieur desquelles son œuvre s'est formée. Resituer une pensée au point de rencontre de plusieurs constellations, autrement dit à l'intersection de plusieurs séries de raisons ou de déterminations, faire se croiser les considérations historiques et systématiques, comme le propose par exemple la méthode d'analyse des constellations de Dieter Henrich (*Konstellationsanalyse*), permet de faire apparaître des espaces conceptuels de connexions jusque-là invisibles et de déterminer l'ensemble des options ou des dispositifs d'argumentation possibles à l'intérieur d'un certain horizon, mais aussi d'en dégager l'intérêt pour nous. Enfin, c'est probablement la manière la plus efficace de décrire les dynamiques intellectuelles et d'en identifier les ressorts.

Ainsi, pour Dieter Henrich, comprendre le devenir de Kant, Hölderlin, Jacobi ou Reinhold à la fin du XVIIIe siècle demande non seulement que l'on fasse dialoguer les documents d'archive, les correspondances et les innombrables comptes-rendus que publiaient les journaux savants, mais aussi que l'influence des auteurs mineurs sur les auteurs majeurs apparaisse comme une authentique interaction, une illumination réciproque. Une part essentielle de ce que les grands auteurs ont produit relève du dialogue ou d'une dynamique collective. C'est, à notre avis, autant le cas en phénoménologie, qui est moins une école qu'une famille de pensée, que dans le pragmatisme, qui, dix ans après sa naissance, avait éclaté en au moins treize variétés.

Ce qu'il s'agit de reconstituer, c'est donc davantage qu'une ambiance de pensée, mais un *Denkraum*, un monde intellectuel à part entière, structuré par des logiques complexes et parfois divergentes. Que ce soit entre différentes constellations ou à l'intérieur d'une seule d'entre elles (le Cercle de Milan pour Augustin), les positions intellectuelles se définissent par différenciation à l'intérieur d'un champ. C'est pourquoi la tension entre deux pôles apparaît comme la structure fondamentale de toute « typologie des constellations », chaque réseau constituant en soi une *Di-Kon-Stellation* (plus loin dans notre texte). Par exemple, les lecteurs de Milton en Allemagne sont pris entre deux pôles, Kant et Herder, *Erkennen* et *Empfinden* et c'est à partir de là que se comprend leur évolution [1].

Un historien ne croira jamais que l'on puisse philosopher seul. Il ne dira jamais, comme Jaspers, que Fichte, Schelling et Hegel sont des monades [2]. Il pensera plutôt qu'il fallait, disons, reconstituer le *social web* de Vermeer [3] ou de Newton, le plus isolé et pourtant le moins seul des savants [4], pour commencer à les comprendre. Il se persuadera que la *Symphilosophie* est la norme et non l'exception, en s'attachant par exemple à faire apparaître entre les grands auteurs certains individus qui ont joué le rôle de catalyseurs, comme Immanuel Carl Diez ou Jakob Hermann Obereit pour l'idéalisme allemand [5].

1. S. Budick, *Kant and Milton*, Cambridge, Harvard University Press, 2010, p. 45.
2. K. Jaspers, *Schelling. Größe und Verhängnis*, München, Piper, 1955, p. 281.
3. J.M. Montias, *Vermeer and his Milieu. A Web of Social History*, Princeton, Princeton University Press, 1991.
4. S. Schaffer, *La fabrique des sciences modernes*, Paris, Seuil, 2014, p. 61.
5. *Cf.* H.J. Gawoll, *Hegel-Jacobi-Obereit. Konstellationen im deutschen Idealismus*, Frankfurt, Peter Lang, 2008.

Le recours aux manuscrits, aux archives, aux correspondances, aux témoignages des contemporains ne peut être sans conséquences sur l'image que l'on se fait des courants de pensée que l'on étudie et de leur dynamique interne. Elle impose par exemple de reconnaître qu'une interprétation linéaire des grands auteurs suivant les étapes de leur développement ou l'établissement d'une typologie des paradigmes ou des types de discours ne peuvent qu'être incomplets ou fragmentaires et ne rendent jamais justice à l'évolution réelle de ces « œuvres en devenir » que sont les textes philosophiques[1]. L'idéalisme allemand encore une fois n'est pas le développement homogène d'une seule idée, mais une entreprise non unifiée. Il s'est autant construit dans les livres que dans des lettres, des cours ou des conversations, dont il nous reste de nombreux témoignages (pour Schelling, les précieux *Schelling im Spiegel seiner Zeitgenossen*, pour Fichte les différents tomes du *Fichte im Gespräch*).

Ce qui rend aussi cette approche particulièrement forte et intéressante est qu'elle fait réapparaître toute une gamme d'options oubliées et des auteurs à qui il a souvent manqué peu de choses pour occuper le premier plan, comme, dans la constellation freudienne, Ferenczi et Groddeck[2].

Enfin, la fécondité de l'analyse des constellations apparaît surtout, comme nous l'avons indiqué dans notre Présentation générale, au moment où un grand auteur gagne son autonomie par rapport aux réseaux dans lesquels il se mouvait. Elle n'a même en vérité d'autre but que de mesurer la créativité d'un penseur en fonction de sa prise de distance

1. D. Henrich, *Werke im Werden. Über die Genesis philosophischer Einsichten*, München, Beck, 2011.

2. *Cf.* par exemple R. Lewinter, *Groddeck et le royaume millénaire de Jérôme Bosch*, Paris, Ivréa, 1974 (1993).

par rapport à ses constellations d'origine dans un espace dont il perçoit le plus souvent la dynamique et dont il peut modifier la configuration.

À ce compte-là, on peut être tenté d'ajouter une chose à cette analyse et de dire des contemporains des grands auteurs ce que Borges disait de leurs précurseurs, à savoir que l'auteur génial les crée eux aussi : « dans chacun des morceaux de ses grands précurseurs, se trouve, à quelque degré, la singularité de Kafka, mais si Kafka n'avait pas écrit, personne ne pourrait s'en apercevoir. À vrai dire, elle n'existerait pas. Le poème *Fears and Scruples* de Robert Browning annonce prophétiquement l'œuvre de Kafka, mais notre lecture de Kafka enrichit et gauchit sensiblement notre lecture du poème (…). Chacun écrivain crée ses précurseurs. Son apport modifie notre conception du passé aussi bien que du futur »[1].

---

1. J.L. Borges, « Autres inquisitions », *Œuvres complètes*, éd. J.P. Bernès, Paris, Gallimard, 1993, t. I, p. 753.

ARTHUR O. LOVEJOY

LA GRANDE CHAÎNE DE L'ÊTRE
PRÉFACE (1936) *

Ces conférences ont principalement pour objet d'offrir
une contribution à l'histoire des idées ; et, comme ce dernier
terme s'emploie souvent en un sens plus vague que ce que
j'ai en tête, il me paraît nécessaire, avant d'entrer dans le
vif du sujet, de proposer un rapide aperçu du domaine, du
dessein et de la méthode auxquels se rattache l'enquête à
laquelle j'aimerais réserver ce terme. Par « histoire des
idées », j'entends quelque chose à la fois de plus spécifique
et de moins restreint que l'histoire de la philosophie. Elle
s'en distingue avant tout par le caractère propre aux unités
dont elle s'occupe. Bien que pour l'essentiel elle ait affaire
au même matériel que les autres branches de l'histoire de
la pensée et qu'elle dépende dans une large mesure des
travaux préalablement accomplis par elles, elle distribue
ce matériau d'une manière spécifique, elle établit de
nouveaux regroupements et de nouvelles relations et les
examine à partir d'un dessein qui lui est propre. Sa démarche

* A.O. Lovejoy, *The Great Chain of Being. A Study of the History of an Idea*, Cambridge, Harvard University Press, 1950 (1936), p. 4-23, « The study of the history of ideas ». *Traduction inédite.*

initiale peut être considérée, même si le parallèle a ses
dangers, comme un peu analogue à celle de la chimie
analytique. Lorsqu'elle traite par exemple de l'histoire des
doctrines philosophiques, elle tranche dans les systèmes
individuels figés et les fait éclater, pour ses propres besoins,
en leurs éléments constitutifs, en ce que nous appellerons
leurs idées-unités. La doctrine que défend un philosophe
ou une école est presque toujours entièrement un agrégat
complexe et hétérogène – et souvent en un sens que le
philosophe lui-même ne soupçonne pas. Il ne s'agit pas
seulement d'un composé, mais d'un composé instable,
même si chaque nouveau philosophe oublie d'ordinaire,
à chaque époque, cette triste vérité. Cette quête des idées-
unités dans ces composés aide à rendre plus vif, je crois,
le sentiment que nous avons que la plupart des systèmes
philosophiques ont quelque chose d'original ou de distinctif
dans leurs configurations plutôt que dans leurs composants.
L'étudiant qui examine la vaste séquence d'arguments et
d'opinions qui encombrent nos manuels d'histoire peut
ressentir une certaine perplexité devant la multiplicité et
la diversité apparente des thèmes présentés. Bien que les
manières conventionnelles – et largement trompeuses – de
classer les philosophes par école ou selon des *ismes*
contribuent à simplifier quelque peu la masse du matériau,
celui-ci apparaît encore extrêmement divers et compliqué.
Chaque époque paraît développer de nouvelles manières
de raisonner et de conclure, souvent sur les mêmes vieux
problèmes. Mais, le nombre d'idées philosophiques ou de
motifs dialectiques fondamentalement différents est, à la
vérité, – comme on le dit du nombre de plaisanteries
réellement distinctes – résolument limité, encore qu'il ne
fasse pas de doute que le nombre des idées primaires est
considérablement plus grand que celui des plaisanteries

primaires. La nouveauté apparente d'un grand nombre de systèmes ne tient qu'à une nouvelle manière d'appliquer ou d'arranger les éléments anciens qui entrent en eux. L'histoire en tant que tout doit alors paraître bien plus facile à appréhender. Bien sûr, je ne veux pas dire que des conceptions essentiellement nouvelles, des problèmes nouveaux et de nouvelles façons de raisonner n'apparaissent pas de temps à autre dans l'histoire de la pensée. Mais de tels accroissements de nouveauté absolue me paraissent beaucoup plus rares qu'on ne le suppose parfois. Il est vrai que, de même exactement que les composés chimiques diffèrent dans leurs qualités sensibles des éléments qui les composent, les éléments des doctrines philosophiques ne sont pas toujours clairement reconnaissables dans leurs différentes combinaisons logiques, et un même complexe peut apparaître avant analyse comme n'étant pas identique à travers ses différentes expressions, du fait de la diversité des tempéraments philosophiques et de l'inégalité qui en résulte dans la façon de valoriser telle ou telle partie, ou du fait que des conclusions dissemblables suivent de prémisses identiques. Ce que l'historien des idées indi-viduelles cherche à atteindre, ce sont les ingrédients communs, logiques ou pseudo-logiques, et même affectifs, qui se cachent derrière les différences de surface.

Ces éléments ne correspondront pas toujours, ni même souvent, aux mots dont nous nous servons d'ordinaire pour désigner les grandes conceptions historiques de l'humanité. Certains savants ont écrit des histoires de l'idée de Dieu, et il est effectivement important que l'on écrive de telles histoires. Mais l'idée de Dieu n'est pas une idée-unité. Je n'entends pas simplement par-là l'évidence selon laquelle des hommes différents se sont servi du même nom pour désigner des êtres surhumains de natures tout à fait différentes et tout à fait incongrues; je veux dire aussi que derrière *chacune* de ces croyances on peut habituellement découvrir quelque chose ou même plusieurs choses qui soient plus élémentaires et plus explicatives, sinon plus significatives. Il est vrai que le Dieu d'Aristote n'a presque rien en commun avec celui du Sermon sur la montagne – même si, par un des plus étranges et des plus momentanés paradoxes de l'histoire occidentale, la théologie philosophique du christianisme les a identifiés et a donné pour fin première à l'homme d'imiter l'un et l'autre. Mais il est également vrai que la conception qu'Aristote se faisait de l'être auquel il donnait le nom le plus vénérable qu'il connaissait dérivait simplement d'une manière plus générale de penser, d'une sorte de dialectique (dont je parlerais plus loin) qui ne lui appartenait pas en propre, mais qui était tout à fait caractéristique de l'homme grec et presque entièrement étrangère à l'ancien esprit juif – dialectique qui a manifesté historiquement son influence en éthique et en esthétique, et parfois même en astronomie ou en théologie. Et ce serait, dans ce cas, à la première idée, à la fois plus fondamentale et plus diversement opératoire, que l'historien des idées appliquerait sa méthode d'enquête. Ce qui l'intéresse spécialement, ce sont les facteurs dynamiques persistants, autrement dit les idées qui produisent des effets dans l'histoire de la pensée. Or une doctrine formulée est parfois une chose relativement inerte. La conclusion atteinte par un processus de pensée est souvent la conclusion du processus de pensée lui-même. Le facteur le plus significatif à cet égard est peut-être, non le dogme que certaines personnes proclament – qu'on l'interprète simplement ou pas –, mais les motifs ou les raisons qui les ont conduits à le faire. Des motivations et des raisons en partie identiques peuvent contribuer à la production de conclusions très différentes, et les mêmes conclusions substantielles peuvent, à des périodes différentes ou dans des esprits différents, être produites par des motifs logiques ou autres entièrement distincts.

Il n'est peut-être pas non plus inutile de noter que les doctrines ou les tendances auxquelles renvoient les terminaisons familières en *isme* ou en *ité* ne sont pas le plus souvent, même si elles le sont à l'occasion, les unités que l'historien des idées cherche à isoler. Elles constituent plutôt d'habitude des composés auxquels sa méthode d'analyse doit être appliquée. Idéalisme, romantisme, rationalisme, transcendantalisme, pragmatisme : tous ces termes qui troublent et obscurcissent fréquemment la pensée, que l'on souhaiterait même quelquefois voir disparaître du vocabulaire du philosophe comme de celui de l'historien, sont des noms de choses complexes et non pas simples – et cela en deux sens. Ils correspondent en général non pas à une, mais à plusieurs doctrines distinctes et souvent adverses, étiquetées ainsi ou bien par les individus ou les groupes qui s'en sont réclamés ou bien par la terminologie traditionnelle des historiens. Or chacune de ces doctrines peut à son tour être ramenée à des éléments plus simples, souvent étrangement combinés et dérivant de motifs variés et d'influences historiques différents. Le mot « christianisme » par exemple n'est le nom d'aucune des unités singulières que recherche l'historien des idées spécifiques. Par là je n'entends pas seulement le fait connu de tous qu'au cours de l'histoire, des gens qui ont professé cette religion avec la même force et se sont donné eux-mêmes le nom de chrétiens ont regroupé sous un même nom toutes sortes de croyances distinctes et opposées, mais aussi le fait que chacune de ces personnes ou de ces sectes a généralement appliqué ce nom à une collection d'idées très mêlée, dont la combinaison en un agglomérat portant un seul nom et censé former une unité réelle était bien souvent le résultat de processus historiques éminemment complexes et étranges. Il est bien entendu naturel et nécessaire que les historiens de l'Église consacrent des ouvrages à l'histoire du christianisme et qu'ils examinent à cette fin une série de faits qui, pris ensemble, n'ont pour ainsi dire de commun que le nom : l'endroit du monde où ils sont apparus, l'admiration pour une certaine personne, dont la nature et l'enseignement ont cependant été représentés de la façon la plus variable qui soit, de sorte qu'ici aussi l'unité est dans une large mesure une unité nominale, et l'identité d'une partie de leurs antécédents historiques et d'un certain nombre de causes ou d'influences qui, diversement combinées avec d'autres causes, ont fait de ces systèmes de croyance ce qu'ils sont. Dans l'ensemble des séries de croyances et de mouvements regroupés sous un même nom, et en chacune d'elles isolément, il est nécessaire d'aller derrière l'apparence superficielle de singularité et d'identité, de briser la carapace qui tient la masse ensemble, si nous voulons voir apparaître les vraies unités, les idées agissantes réelles, présentes en chaque cas donné.

En général, ces mouvements, ces tendances à grande échelle ou ces *ismes* que l'on regroupe sous des étiquettes conventionnelles, ne sont pas les plus hauts objets susceptibles d'intéresser l'historien des idées ; ce sont simplement les matériaux dont il part. De quelle nature sont alors les éléments qu'il recherche ? Que sont ces unités primaires persistantes, ces unités dynamiques récurrentes de l'histoire de la pensée ? Ce sont des éléments d'une nature plutôt hétérogène. Je ne chercherai pas à en donner une définition formelle, j'en mentionnerai simplement quelques types principaux.

1) Il y a d'abord les assomptions implicites ou incomplètement explicites ou les *habitudes mentales* plus ou moins *inconscientes* qui sont à l'œuvre dans la pensée d'un individu ou d'une génération. Ce sont des croyances à ce point banales qu'elles sont tacitement présupposées plutôt qu'exprimées et formellement défendues, ou des façons de penser qui paraissent si naturelles et inévitables qu'on ne les examine pas avec l'œil de la conscience de soi logique, alors que ce sont elles qui décident souvent du caractère d'une doctrine philosophique et, plus souvent encore, des tendances intellectuelles qui régissent une époque. Ces facteurs implicites peuvent être de différentes natures. L'une d'elles est la disposition à penser conformément à certaines catégories ou à certains types particuliers d'images. Il y a par exemple une différence pratique très importante entre les *esprits simplistes* (nous n'avons pas en anglais de terme pour les nommer), qui croient qu'il existe des solutions simples aux problèmes dont ils traitent, et les esprits habituellement sensibles à la complexité générale des choses, ou, dans le cas extrême, les natures comme celles de Hamlet, opprimées et terrifiées par la multiplicité des points de vue qui pourraient convenir à chacune des situations auxquelles ils se trouvent confrontés, et par la probable complexité de leurs relations. Par exemple, la présomption de simplicité caractérisait manifestement à un degré particulier les représentants des Lumières du XVII ᵉ et XVIII ᵉ siècles. En dépit de nombreuses exceptions et malgré les puissantes idées en vogue qui œuvraient dans

le sens opposé, cette époque était dans une large mesure
celle des *esprits simplistes*, ce qui ne manquait pas d'avoir
les conséquences pratiques les plus importantes.
L'assomption de simplicité se mêlait dans certains esprits,
il est vrai, à un certain sens de la complexité de l'univers
et à une diminution conséquente des pouvoirs de
l'entendement humain, lequel pouvait sembler à première
vue totalement inadapté à cette complexité, mais ne l'était
pas en réalité tant que cela. L'écrivain typique du début
du XVIIIe siècle était pour le moins conscient que, d'un
point de vue physique, l'univers en tant que tout est une
chose démesurément complexe et étendue. Un des plus
beaux morceaux de rhétorique édifiante de l'époque est la
mise en garde de Pope contre la présomption intellectuelle :

Celui qui peut l'immensité percer,
Voir en berceau tous les mondes s'étager,
Marquer comment les systèmes se sont joints,
Quelle neuve planète, quel nouveau soleil ceint,
Quel être varié sur chaque étoile vit,
Peut dire pourquoi Ciel nous a faits ainsi.
Mais l'ordre de la structure, ses unions,
Ses fines dépendances, puissantes connexions,
Gradations justes, l'âme en vient-elle à bout ?
La partie peut-elle contenir le tout ?

Vous trouverez beaucoup de choses de cette nature
dans la philosophie populaire du XVIIIe siècle. Cette
modestie intellectuelle affectée était en réalité une
caractéristique presque universelle à cette époque, depuis
que Locke, plus qu'aucun autre peut-être, l'avait mise à
la mode. L'homme doit se rendre constamment attentif
aux limitations de ses pouvoirs mentaux et se satisfaire de
cet « entendement relatif et pratique » qui est le seul organe
de connaissance qu'il possède. « Les hommes, dit Locke

dans un fameux passage, peuvent trouver de quoi occuper leur pensée et employer leurs mains de manière variée, agréable et sâtisfaisante, aussi longtemps qu'ils ne s'en prennent pas effrontément à la façon dont ils sont faits et qu'ils ne rejettent pas les bienfaits dont leurs mains sont pleines sous prétexte qu'elles ne sont pas assez grandes pour tout saisir ». Nous ne devons pas « laisser nos pensées divaguer dans le vaste océan de l'*être*, comme si cette étendue sans limite était la propriété naturelle et incontestée de notre entendement, que rien n'y échappait à ses décisions ni à sa saisie. Nous n'aurons guère de raison de nous plaindre de l'étroitesse de notre esprit si nous l'employons exclusivement pour ce qui peut nous être utile, car il en est pleinement capable… Un serviteur paresseux et indocile qui manquerait à ses devoirs à la lueur de la lampe ne pourrait invoquer pour excuse l'absence de grand soleil. La lampe placée en nous brille suffisamment pour tous nos projets. Les découvertes qu'elle nous permet de faire doivent nous satisfaire, et nous ferons alors bon usage de notre entendement si nous abordons tous les objets selon l'aspect qui les met dans le rapport convenable avec nos facultés ».

Mais, bien que cette timidité apparente, cette manière ostensiblement modeste d'admettre la disproportion de l'intelligence humaine et de l'univers étaient l'une des modes intellectuelles les plus répandues au XVIIIᵉ siècle, elle s'accompagnait souvent d'une extrême présomption quant à la simplicité des vérités *nécessaires* à l'homme dans son domaine, tant l'on croyait en l'existence d'une « méthode courte et facile » à même de résoudre non seulement les difficultés du déisme, mais presque tous les problèmes qui pouvaient légitimement occuper les hommes. « La simplicité est le plus noble ornement de la vérité », disait John Toland, ce qui suggère que pour lui et pour la plupart des hommes de son époque et de son tempérament, la simplicité était en fait non pas simplement un ornement extrinsèque, mais pour ainsi dire un attribut nécessaire de toute conception des choses ou de toute doctrine qu'ils étaient enclins à accepter comme vraies ou même seulement à examiner. Quand Pope, dans ses vers les plus connus, exhortait ses contemporains en ces termes :

Connais-toi toi-même, ne va pas Dieu toiser,

L'homme est de tout homme le souci premier,

il voulait dire que les problèmes de la théologie et de la métaphysique spéculative étaient trop grands pour la pensée humaine; mais il suggérait en même temps à ses contemporains que, puisque l'homme est une espèce d'entité relativement simple, en sonder la nature était à la portée des pouvoirs indiscutablement limités et simples qui étaient les siens. En supposant que la nature humaine était simple, les Lumières admettaient également que les problèmes politiques sont globalement des choses simples et par conséquent faciles à résoudre. Délivrez l'esprit humain de quelques erreurs anciennes, purgez-le des croyances et des complications artificielles que véhiculent les « systèmes » de la métaphysique et les dogmes de la théologie, rendez à ses relations sociales quelque chose de la simplicité de l'état de nature, et son excellence naturelle, pensait-on, trouvera à s'épanouir, de sorte que l'humanité vivra heureuse à jamais. Les deux tendances dont j'ai fait état pouvaient probablement se ramener à une racine commune. Limiter l'intérêt de l'activité humaine et même la portée de son imagination était en soi une manière d'afficher sa préférence pour les schèmes d'idées simples et la modestie intellectuelle était dans une large mesure une façon de montrer son aversion pour tout ce qui est incompréhensible, mystérieux, complexe. Quand, en revanche, on passe à la période romantique, ce qui est simple devient objet de suspicion, voire de détestation, et ce que Friedrich Schlegel appelait de manière caractéristique *eine romantische Verwirrung*, une confusion romantique, devient la qualité que l'on recherche prioritairement dans les tempéraments, les poèmes et les univers.

2) Ces assomptions endémiques, ces habitudes intellectuelles sont souvent d'une nature si vague et si générale qu'elles peuvent influencer le cours des réflexions humaines sur presque tous les sujets. On peut donner à une classe d'idées analogues le nom de motifs dialectiques. Ainsi, vous pouvez trouver que l'une ou l'autre de ces façons de raisonner, ces tours logiques ou ces assomptions méthodologiques qui, une fois explicitées, constitueraient une proposition logique ou métaphysique ample et importante, et peut-être hautement discutable, dominent et déterminent bien davantage que la pensée d'un individu, une école ou même une génération. Une chose, par exemple, qui réapparaît constamment est le motif nominaliste – la tendance, presque instinctive chez certaines personnes, à réduire la signification de toute notion générale à une énumération des particularités concrètes et sensibles contenues dans ces notions. Ce motif apparaît dans des champs très éloignés de la philosophie technique et il joue en philosophie même un rôle déterminant pour bien d'autres doctrines que celles que nous avons coutume d'étiqueter sous le nom de nominalisme. L'essentiel du pragmatisme de William James témoigne de l'influence que cette façon de penser a eue sur lui, tandis qu'elle n'a, je crois, qu'un rôle réduit dans le pragmatisme de Dewey. On peut

également mentionner le motif organiciste, celui de la fleur dans le recoin du mur, c'est-à-dire l'habitude de penser que, s'il existe un complexe quelconque, aucun élément de ce complexe ne peut être compris, ni même être ce qu'il est, hors de ses relations avec l'ensemble des autres éléments du système auquel il appartient. On peut aussi voir ce motif à l'œuvre dans la façon caractéristique qu'ont certaines personnes de réfléchir sur les sujets non philosophiques, aussi bien que dans les systèmes de philosophie qui n'érigent pas en dogme formel le principe de l'essentialité des relations.

3) Un autre type de facteur qui intervient en histoire de la philosophie est la sensibilité à différentes sortes de pathos métaphysique. Cette cause importante pour la détermination des modes philosophiques et des tendances spéculatives a été si peu prise en considération que je ne connais aucun nom qui la désigne et ai été contraint d'en inventer un dont le sens n'est peut-être pas parfaitement clair. On trouve un exemple de ce « pathos métaphysique » dans toute description de la nature des choses, toute caractérisation du monde auquel on appartient en des termes qui, tels les mots d'une poésie, éveillent, par association et par l'empathie qu'ils font naître, une attitude ou un sentiment agréable chez le philosophe ou ses lecteurs. Pour un grand nombre de personnes – pour la plupart des laïcs, je pense –, la lecture d'un livre de philosophie n'est d'ordinaire qu'une forme d'expérience esthétique, même dans le cas d'ouvrages qui paraissent extérieurement dénués de tout charme esthétique ; nul besoin de proposer une image définie pour que de puissantes répercussions émotionnelles d'une nature ou d'une autre s'éveillent chez le lecteur. Il existe cependant de nombreuses sortes de

pathos métaphysique et chacun y est inégalement sensible.
Il y a, en premier lieu, le pathos de l'obscurité même, le
charme de l'incompréhensible, qui s'est révélé, je le crains,
fort utile à plus d'un philosophe dans son rapport avec son
public, quand bien même il ne cherchait pas un tel effet.
La phrase *omne ignotum pro mirifico* exprime en quelques
mots une part considérable de la vogue qu'ont connue un
grand nombre de philosophies, dont certaines ont bénéficié,
même à notre époque, d'un grand engouement populaire.
Le lecteur ne sait pas exactement ce que les mots signifient,
mais ils paraissent d'autant plus sublimes ; un sentiment
agréable, un mélange de respect craintif et d'exaltation
l'envahit lorsqu'il contemple ces pensées d'une profondeur
sans mesure. Leur profondeur est évidente, puisqu'il n'en
découvre pas lui-même le fond. Le pathos de l'ésotérique
lui est apparenté. Quoi de plus excitant, quoi de plus
merveilleux que de se sentir initié aux mystères cachés ?
Et combien de philosophes n'ont pas manqué – tels Schelling
et Hegel il y a un siècle ou Bergson à notre époque – de
répondre à cette attente, en représentant l'intuition centrale
de leur philosophie comme quelque chose que l'on peut
atteindre, non par une progression graduelle des pensées
et la logique ordinaire, mais par un saut brutal jusqu'à un
niveau d'intuition totalement différent dans ses principes
de celui de la simple intelligence ! Certaines expressions
des disciples de M. Bergson illustrent parfaitement la place
qui revient au pathos de l'ésotérique dans cette philosophie
ou du moins dans la réaction qu'elle fait naître. M. Rageot
déclare par exemple qu'on ne peut acquérir cette *intuition
philosophique* qui est le secret de la nouvelle doctrine à
moins d'être né pour ainsi dire une deuxième fois, et M. Le
Roy écrit : « un voile interposé entre le réel et nous, qui

tombe soudain comme si un enchantement se dissipait, et qui laisse ouvertes devant l'esprit des profondeurs de lumière jusque-là insoupçonnées, où se révèle, semble-t-il, pour la première fois contemplée face à face, la réalité elle-même, voilà le sentiment qu'avec une intensité singulière éprouve, presque à chaque page, le lecteur de M. Bergson ».

Ces deux sortes de pathos ne s'attachent pas tant aux attributs qu'une philosophie donnée prête à l'univers qu'aux attributs qu'elle se prête à elle-même – ou que lui prêtent ses adeptes. Voici quelques exemples de pathos métaphysique au sens strict du mot. Un pathos puissant est le pathos éternitaire, autrement dit le plaisir esthétique que procure l'idée abstraite d'immutabilité en tant que telle. Les grands poètes philosophes savent l'éveiller. Pour ce qui est de la poésie anglaise, les vers célèbres de l'*Adonais* de Shelley, dont nous avons tous, à un moment ou à un autre, ressenti la magie, le font admirablement sentir :

L'Un demeure, le multiple change et passe,

La lumière céleste brille à jamais, les ombres de la Terre s'enfuient...

Il ne va pas de soi que le fait de demeurer à jamais inaltéré doive être regardé comme une excellence ; pourtant, une philosophie qui nous dit qu'il existe une réalité au cœur des choses que n'affectent ni la variabilité ni l'ombre projetées par le devenir, est assurée de trouver un répondant dans notre nature émotionnelle, à tout le moins dans certaines phases de l'expérience individuelle ou collective, du fait des associations et des images à moitié informes que fait naître la simple conception de l'immutabilité, – et avant tout, le sentiment de repos que son *innere Nachahmung* fait naître dans nos esprits fatigués. Les vers de Shelley illustrent aussi une autre sorte de pathos métaphysique, souvent lié au pathos éternitaire : le pathos moniste ou panthéiste. Comme l'a remarqué une fois William James, que tant de gens trouvent une satisfaction particulière à dire que tout est un est une chose plutôt étrange. Le chiffre *un* a-t-il quelque chose de plus beau et de plus vénérable qu'un autre nombre ? À un certain degré, cependant, la force du pathos moniste se comprend d'un point de vue psychologique si l'on considère la nature des réactions implicites que provoque l'unité. Elle éveille par exemple ce sentiment plaisant de liberté qui naît du triomphe sur les scissions pénibles qui disjoignent les choses les unes des autres, ou de leur absolution. Reconnaître que les choses que nos esprits ont jusque là séparées forment pour ainsi dire une seule et même réalité – constitue normalement par soi une expérience agréable pour tous les êtres humains (rappelez-vous l'essai de James « Sur quelques hégélianismes » et celui sur le livre de Benjamin Paul Blood *La révélation anesthésique*). Ainsi, une fois encore, lorsqu'une philosophie moniste déclare ou suggère que l'on est soi-même une partie de l'Unité universelle, tout un complexe de réponses émotionnelles obscures est mis en branle. Par exemple, la déliquescence du sens souvent si fatiguant de la personnalité séparée, qui se ressent à différentes occasions (comme dans ce que l'on appelle l'esprit de la foule), peut donc aussi être amplifiée, et de façon vraiment très puissante, par un simple théorème métaphysique. Le début du sonnet de Santayana « J'aimerais pouvoir oublier que je suis moi » exprime presque à la perfection l'état d'esprit pour lequel l'individualité consciente devient en elle-même un fardeau. Les philosophies monistes donnent parfois à nos imaginations ce sentiment d'évasion hors des limites du soi particulier. Le pathos volontariste est quant à lui distinct du pathos moniste – encore que Fichte et consorts aient trouvé le moyen de les unir. Ce qui est attribué à l'ensemble de l'univers, auquel nous nous sentons consubstantiels, stimule la réaction de notre nature active et volontaire et peut-être même, comme on dit, de notre sang plein d'ardeur. Cela n'a certes rien à voir avec la philosophie en tant que science, mais beaucoup avec la philosophie en tant que facteur historique, étant donné que ce n'est pas d'abord comme science que la philosophie est intervenue dans l'histoire. La sensibilité à divers types de pathos métaphysique contribue grandement, j'en suis convaincu, non seulement à former les systèmes philosophiques en dirigeant secrètement une grande part de la logique des philosophes, mais aussi à produire dans une certaine mesure l'engouement et l'influence que les différentes philosophies obtiennent auprès des groupes ou des générations qu'elles affectent. Aussi une part du travail de l'historien des idées consiste-t-elle dans la tâche délicate de mettre au jour ces différentes sensibilités et de montrer comment elles contribuent à la formation d'un système ou comment elles permettent à une idée de devenir crédible et de se diffuser.

4) Un autre aspect du travail de l'historien, quand il cherche à découvrir les facteurs qui sont effectivement à l'œuvre dans de plus amples mouvements de pensée, consiste dans ce que nous pourrions appeler une enquête de sémantique philosophique, à savoir l'étude des mots et des phrases sacrés d'une époque ou d'un mouvement, avec, afin de dissiper leurs ambiguïtés, la liste de leurs diverses nuances de sens et l'examen de la façon dont les confuses associations d'idées que font naître ces ambiguïtés ont influé sur le développement de certaines doctrines ou précipité la transformation insensible d'un mode de pensée dans un autre, qui peut être son exact opposé. Un mot, une phrase, une formule, qui deviennent familières ou suscitent

l'adhésion parce que l'une de leurs significations ou des pensées qu'ils inspirent s'accorde avec les croyances en vigueur, les normes, les valeurs ou les goûts d'une certaine époque, peut contribuer à modifier ces croyances, ces normes, ces valeurs ou ces goûts pour autant que d'autres significations ou les implications qu'ils suggèrent, même si elles ne sont pas clairement distinguées par ceux qui les utilisent, sont progressivement devenus les éléments dominants de sa signification. Le mot « nature », il est à peine besoin de le dire, en est le plus extraordinaire exemple, et l'objet d'investigation privilégié de la sémantique philosophique.

5) Le type d'« idée » qui va nous occuper est cependant plus délimité et plus explicite, et donc plus facile à isoler et à identifier avec certitude que ceux dont j'ai parlé jusqu'à présent. Ces idées consistent en une proposition singulière spécifique ou un « principe » énoncé expressément par les plus influents philosophes européens des premiers siècles, en lien avec des propositions plus modernes, qui sont, ou doivent être, ses corollaires. Cette proposition était, comme nous le verrons, la réponse inévitable à une question philosophique que l'homme devait naturellement soulever – ou que la pensée réfléchie pouvait difficilement, tôt ou tard, omettre de poser. Il s'est avéré qu'une telle proposition avait une affinité logique naturelle avec quelques autres principes avancés à l'origine à propos de questions très différentes et qui se sont dès lors agglomérés à elle. Il n'est pas besoin de caractériser plus avant ce type d'idées et les processus qui constituent leur histoire puisque toute la suite l'illustrera.

Deuxièmement, l'historien doit suivre chaque idée-unité qu'il isole ainsi à travers plusieurs – et finalement à travers

tous – les domaines de l'histoire où elle apparaît dans
quelque mesure que ce soit, peu importe si ces domaines
se nomment philosophie, politique, littérature, religion,
art ou science. Une telle étude repose sur le postulat selon
lequel l'effet d'une conception donnée ou d'une présupposition explicite ou bien tacite, d'un type d'habitude
mentale ou d'une thèse ou d'un argument spécifiques,
réclame, si l'on veut pleinement en comprendre la nature
et le rôle historique, à être suivie à travers toutes les phases
de la vie réfléchie dans lesquelles ils se manifestent eux-
mêmes ou à travers autant de phases que les ressources de
l'historien permettent de parcourir. Un tel postulat suppose
de croire que ces domaines *ont* beaucoup plus de choses
en commun qu'on ne le croit habituellement et qu'une
même idée apparaît souvent, parfois considérablement
transformée, dans les régions les plus différentes du monde
de la pensée. La mode du paysagisme par exemple paraît
bien éloignée de la philosophie ; l'histoire du paysagisme
trouve pourtant à s'intégrer jusqu'à un certain point dans
une histoire proprement philosophique de la pensée
moderne. La vogue de ce que l'on a appelé le « jardin
anglais », qui s'est si rapidement répandue en France et
en Allemagne après 1730, était, comme M. Mornet et
quelques autres l'ont montré, le signe avant-coureur du
romantisme ou de l'une de ses variétés. Cette mode elle-
même – en partie sans doute l'expression d'un revirement
naturel du goût en réaction à l'excès de formalisme de l'art
des jardins du XVIIe siècle – était aussi pour une part une
conséquence accidentelle de l'engouement général pour
toutes sortes de modes anglaises, que Voltaire, Prévost,
Diderot et les *journalistes* huguenots de Hollande avait
popularisées. Ce changement de goût dans l'art des jardins
devait cependant être le commencement et, certes pas *la*

cause, mais la préfiguration, ou une des causes secondaires, d'un changement de goût dans tous les arts, voire d'un changement de goût dans tous les domaines. Sous l'un de ses aspects, on peut définir de manière assez exacte ce phénomène à plusieurs facettes que l'on appelle le romantisme comme la conviction que le monde est un *englischer Garten* à grande échelle. Comme les jardiniers, le Dieu du XVII e siècle géométrisait constamment ; le Dieu du romantisme était un Dieu qui permettait que les choses du monde croissent de façon sauvage, dans toute la diversité de leurs formes naturelles. Le goût pour l'irrégularité, l'aversion pour ce qui est entièrement intellectualisé, l'aspiration à *s'échapper* dans de nébuleux lointains, – tout ce qui était finalement sur le point d'envahir la vie intellectuelle européenne à tous les niveaux, a fait sa première apparition à grande échelle, au cours de l'époque moderne, au début du XVIII e siècle sous la forme d'un engouement nouveau pour les jardins d'agrément, et il est tout à fait possible de reconstituer les différentes phases de leur croissance et de leur diffusion.

Que l'histoire des idées – si tant est que l'on puisse en parler au présent et à l'indicatif – constitue un essai de synthèse historique ne veut pas dire qu'elle soit un pur conglomérat, moins encore qu'elle aspire à rendre possible l'unification compréhensive, des autres disciplines historiques. Elle ne s'occupe que d'un ensemble particulier de facteurs historiques, et pour autant seulement que ces derniers sont à l'œuvre dans ce qui constitue le plus souvent des divisions séparées du monde intellectuel, et elle étudie en particulier le processus qui fait que des influences passent d'un domaine à l'autre. La réalisation, même partielle, d'un tel programme contribuerait beaucoup, je le crois, à donner à plusieurs faits non encore connectés et, par conséquent, à peine compris, l'unité d'ensemble dont ils ont besoin. Elle aiderait à jeter des ponts par-dessus les clôtures qui, du fait d'une spécialisation et d'une division du travail méritoires en elles-mêmes, se sont dressées, dans la plupart de nos universités, entre des départements dont les travaux auraient dû être constamment mis en rapport. Je pense en particulier aux départements de philosophie et de littérature moderne. La plupart des professeurs de littérature admettraient peut-être volontiers qu'il convient d'abord de l'*étudier* – je ne dis pas : de l'apprécier – pour les pensées qu'elle contient et que l'intérêt de l'histoire littéraire consiste dans une large mesure à rendre compte du mouvement des idées qui ont marqué les imaginations, les émotions et les comportements. Et les idées que renferme la littérature sérieuse et réfléchie sont, bien sûr, pour une bonne part des idées philosophiques en dilution – ou pour proposer une autre image, les pousses de graines éparpillées par de grands systèmes philosophiques qui ont peut-être eux-mêmes cessé d'exister. Mais, par manque d'une formation adéquate en philosophie, les étudiants en littérature et même souvent certains historiens confirmés ne reconnaissent pas, je le crois, une telle idée quand ils la rencontrent ou, du moins, ne reconnaissent pas sa lignée historique, sa portée logique et ses implications, ou les différentes apparences qu'elle peut revêtir dans la pensée humaine. Dieu merci, cette situation évolue vite, et dans le bon sens. D'un autre côté, ceux qui étudient ou qui enseignent l'histoire de la philosophie manifestent souvent peu d'intérêt pour une idée qui ne porte pas la parure ou les peintures de guerre de la philosophie, et ont tendance à ne tenir aucun compte des effets qu'elle peut avoir par la suite sur les esprits non philosophiques. Mais l'historien des idées, si c'est dans une théorie scientifique ou dans un système religieux ou philosophique particulier qu'il cherchera le plus souvent à apercevoir la première émergence d'une conception ou d'une présupposition, en recherchera les manifestations les plus significatives dans l'art, et en premier lieu en littérature. Car, comme l'a dit M. Whitehead, « c'est en littérature que la vision concrète de l'humanité trouve à s'exprimer. En conséquence, c'est vers la littérature qu'il nous faut nous tourner, et en particulier vers ses formes les plus concrètes, si nous voulons mettre au jour le fond de la pensée d'une génération »[1]. Et, comme je le pense – bien que ce ne soit pas le moment de défendre une telle opinion –, c'est d'abord en distinguant et en analysant les idées principales qui apparaissent successivement, et en regardant chacune d'elles comme une unité récurrente au sein de différents contextes, que l'on peut le mieux éclairer l'arrière-plan philosophique de la littérature.

Troisièmement, l'histoire des idées s'élève, en même temps que ce que l'on appelle la littérature comparée, contre les conséquences qui ont souvent résulté de la division traditionnelle des études littéraires et autres recherches historiques par nationalité ou par langue. Ce n'est pas sans raison si l'histoire des institutions et des mouvements politiques, qui doit en quelque sorte se ramifier en unités plus fines, se répartit en subdivisions nationales ; ces branches de l'enquête historique ont même récemment acquis une plus grande précision et une plus grande fécondité quand on a mieux compris la nécessité d'étudier les événements, les tendances et les réalités politiques d'un pays si l'on voulait découvrir les causes réelles d'un grand nombre d'événements, de tendances ou de réalités politiques

---

1. A.N. Whitehead, *La science et le monde moderne*, trad. P. Couturiau, Paris, Éditions de Rocher, 1994, p. 97.

d'un autre. Et il n'est pas du tout évident que, dans l'étude de l'histoire de la littérature, pour ne rien dire de celle de la philosophie, où cette manière de faire a été généralement abandonnée, la division en fonction des langues soit la meilleure manière de faire droit à la nécessité de la spécialisation. Le schème suivant lequel s'effectue cette division est en partie un accident de l'histoire, une survivance du temps où la plupart des professeurs de littérature étrangère étaient essentiellement des professeurs de langue. Dès lors que l'on s'est mis à concevoir l'étude historique de la littérature comme une analyse approfondie de chaque processus causal – même celui, relativement trivial, de la migration des histoires –, cela impose de ne tenir aucun compte des frontières linguistiques et nationales, car il ne fait aucun doute qu'une bonne part de ce que l'on étudie relativise la pertinence de tels découpages. Et si c'est en fonction de l'affinité des esprits pour certains sujets ou certains modes de pensée que se déterminent la nature des enseignements ou la formation des étudiants avancés, on peut finalement se demander si, à la place des enseignements de littérature anglaise, française ou allemande, nous ne devrions pas plutôt avoir des enseigne-ments dédiés à la Renaissance, au Moyen Âge tardif, aux Lumières, à la période romantique, etc. Car, dans l'ensemble, du point de vue des idées fondamentales, des goûts et du tempérament moral, un Anglais éduqué et un Français ou un Italien de la fin du XVIe siècle avaient sans doute davantage de choses en commun qu'un Anglais de cette époque et un Anglais des années 1730 ou 1830 ou 1930, de même qu'un habitant de la Nouvelle Angleterre moyen et un Anglais de 1930 avaient à l'évidence davantage de choses en commun qu'un habitant de la Nouvelle Angleterre de 1630 et ses descendants actuels. Si une compréhension de l'intérieur du sujet qu'il traite est donc souhaitable de la part du spécialiste des sciences historiques, une division de ces études en fonction des périodes ou des groupes à l'intérieur de ces périodes, serait, on peut l'affirmer, plus adaptée qu'une répartition par pays, par races ou langues. Je n'appelle pas sérieusement de mes vœux une telle réorganisation des départements d'humanité des universités ; d'évidentes difficultés pratiques se présentent dans ce domaine. Mais ces difficultés ne correspondent guère à de réels clivages à l'intérieur des faits étudiés – et moins encore quand ces faits relèvent de l'histoire des catégories dominantes, des croyances, des goûts ou des modes intellectuelles. Comme le disait Friedrich Schlegel il y a longtemps : « si les composantes régionales de la poésie moderne sont arrachées à leur cohérence et examinées comme des touts individuels existant pour eux-mêmes, alors elles sont inexplicables. Elles ne prennent leur position et leur signification que les unes des autres »[1].

Quatrièmement : une autre caractéristique de l'étude de l'histoire des idées telle que je souhaiterais la définir, est qu'elle s'occupe particulièrement des différentes manifestations des idées-unités spécifiques dans la pensée collective de groupes humains importants, et pas seulement des doctrines et opinions défendues par quelques penseurs profonds ou quelques écrivains éminents. Elle cherche à établir comment les facteurs qu'elle a isolés – au sens que ce mot a pour le bactériologiste – agissent sur les croyances, les préjugés, les formes de piété, les goûts, les aspirations en vigueur dans les classes éduquées à l'échelle, pourquoi pas ?, d'une voire plusieurs générations entières. En un

---

1. F. Schlegel, *Sur l'étude de la poésie grecque*, trad. M.L. Monfort, Paris, Les éditions de l'éclat, 2012, p. 69.

mot, elle s'intéresse d'abord aux idées qui bénéficient d'une plus large diffusion et deviennent partie intégrante du patrimoine commun de nombreux esprits. C'est là un trait caractéristique de l'histoire des idées littéraires qui intrigue souvent les étudiants – même les plus avancés – des départements de littérature contemporaine de nos universités. Mes collègues dans ces départements me disent fréquemment que certains de ces étudiants ont pour le moins un mouvement de rejet quand on les incite à étudier des auteurs dont l'œuvre est maintenant morte *en tant qu'*œuvre littéraire, ou qui n'a plus tout au moins qu'une valeur extrêmement réduite du point de vue de notre esthétique actuelle et de nos normes intellectuelles. Pourquoi ne pas se limiter aux chefs-d'œuvre, demandent-ils, ou du moins aux chefs-d'œuvre *plus* les classiques mineurs –, autrement dit à des livres que l'on peut encore être lire avec plaisir ou avec l'impression que les idées ou les sentiments qu'ils expriment signifient encore quelque chose pour les hommes de notre époque ? C'est là une attitude assez naturelle, à moins que l'on regarde l'histoire littéraire comme quelque chose qui inclut dans son domaine l'étude de l'histoire des idées et des sentiments qui ont ému les hommes du passé, et des processus par lesquels s'est formée ce que l'on peut appeler une opinion publique littéraire et philosophique. Mais, si l'on croit vraiment que l'histoire littéraire doit s'occuper elle-même de ces questions, les auteurs mineurs sont aussi importants et peuvent même, de ce point de vue, être plus importants que les auteurs auxquels on attribue maintenant des chefs d'œuvre. Le professeur Palmer a dit avec bonheur autant que vérité que « les tendances d'une époque apparaissent plus nettement chez les auteurs de rang inférieur que chez les génies qui donnent le ton de leur époque. Les génies nous parlent du passé et du futur aussi bien que de l'époque dans laquelle ils vivent. Ils appartiennent à tous les temps. Mais les idéaux qui ont la faveur d'une époque s'enregistrent eux-mêmes avec clarté sur les âmes sensibles moins créatives ». Et il est certes à chaque fois exact que même les grands écrivains d'une époque ne peuvent se comprendre historiquement sans que l'on connaisse leur environnement global dans la vie intellectuelle et la morale commune, de même que les évaluations esthétiques de cet âge. Quant à ce qui caractérise cet environnement, une véritable enquête historique sur la nature des idées alors généralement en vigueur et leurs relations réciproques doit l'établir.

L'histoire des idées a donc aussi finalement pour tâche d'appliquer sa méthode analytique distinctive afin que l'on comprenne comment de *nouvelles* croyances s'introduisent et se diffusent. Elle doit aider à expliquer quel caractère psychologique ont revêtu les processus qui ont changé la mode et l'influence des idées et contribuer à clarifier, si c'est possible, la façon dont les conceptions dominantes ou largement répandues à travers une génération perdent leur emprise sur les esprits et laissent la place à d'autres. La méthode d'étude que j'expose ne peut être qu'une contribution parmi d'autres à cette vaste et difficile entreprise, un apport particulier à cette branche importante de l'interprétation historique ; mais c'est, j'ose le croire, une contribution nécessaire. Car on peut difficilement rendre ce processus intelligible tant que les natures des idées séparées qui interviennent en lui ne sont pas isolées et observées séparément dans leur effet historique global.

Ces conférences visent donc à expliciter quelque peu la nature de l'enquête historico-philosophique dont je viens simplement d'esquisser les objectifs généraux et la méthode.

J'isolerai en fait d'abord non pas une idée simple et particulière, mais trois idées qui ont, durant la plus grande partie de l'histoire occidentale, été si étroitement et si constamment associées qu'elles ont souvent fonctionné comme une unité et ont, ainsi prises ensemble, produit l'une des plus importantes conceptions de la pensée occidentale, laquelle a fini par recevoir un nom unique, celui de « Grande Chaîne de l'Être ». Nous observerons les effets de cette idée à la fois séparément et en conjonction. L'exemple sera nécessairement inadéquat, même pour traiter du thème particulier que nous avons choisi, du fait non seulement du temps qui nous est imparti, mais des connaissances insuffisantes du conférencier. Nous essaierons toutefois, autant que ces limitations le permettent, de ramener ces idées à leurs sources historiques dans l'esprit d'un certain nombre de philosophes, d'observer leur fusion, de relever quelques-unes de leurs plus importantes ramifications à travers plusieurs périodes et différents champs : la métaphysique, la religion, certaines phases de l'histoire de la science moderne, les théories relatives au but de l'art et le critère d'excellence qui les sous-tend, les évaluations morales et même, bien que dans une mesure relativement limitée, les tendances politiques. Nous verrons ensuite comment les générations suivantes en ont tiré des conclusions que leurs prédécesseurs n'avaient pas désirées ni même imaginées, nous nous arrêterons sur certains de leurs effets sur les émotions humaines et l'imagination poétique, pour finir peut-être par esquisser une morale philosophique de l'histoire.

Mais il me faut, semble-t-il, finir ce préambule sur trois mises en garde. La première porte sur le programme dont je viens d'exposer les grandes lignes. L'étude de l'histoire des idées ne manque pas de dangers et de pièges, elle a ses excès caractéristiques. Précisément parce qu'elle vise l'interprétation et l'unification et qu'elle cherche à mettre en corrélation des choses qui souvent ne paraissent pas avoir de lien, elle peut facilement se dégrader en une forme de généralisation historique fondée sur la seule imagination, et puisque l'historien d'une idée est contraint par la nature de son entreprise à récolter des matériaux dans plusieurs champs du savoir, il est, au moins, dans certaines parties de sa synthèse, inévitablement sujet aux erreurs qui guettent le non-spécialiste. Je veux seulement dire que je n'ignore rien de ces dangers et que j'ai fait tout mon possible pour les éviter ; il serait présomptueux de croire que j'y ai réussi à chaque fois. Malgré la probabilité, voire la certitude d'échecs partiels, il semble qu'il vaille la peine de se lancer dans une telle entreprise.

Les autres mises en garde s'adressent à mes auditeurs. Le plan que nous allons suivre nous oblige à n'aborder qu'une partie de la pensée de chaque philosophe ou de chaque époque. Aussi la partie ne doit-elle jamais être prise pour le tout. En réalité, nous ne devrons pas limiter notre examen aux trois idées reliées entre elles qui forment le thème de cet exposé. Car leur signification philosophique et leur façon d'opérer à travers l'histoire ne peuvent être comprises que par contraste. L'histoire qu'il nous faut raconter est dans une large mesure l'histoire d'un conflit, d'abord latent, et finalement ouvert, entre ces idées et une série de conceptions antagonistes, qui, pour certaines d'entre elles, ne sont rien de moins que leur progéniture. Nous devons donc regarder ces idées à chaque fois à la lumière de leurs antithèses. Mais rien de ce qui va être dit ne doit être interprété comme une exposition compréhensive de chaque système doctrinal ou des tendances qui animent chaque époque. Il est évident en fin de compte que si quelqu'un entreprend de raconter de cette façon la biographie ne serait-ce que d'une idée, on exige fortement de ses auditeurs un certain éclecticisme dans leurs intérêts intellectuels. Pour reconstituer l'influence qu'ont eue les conceptions qui sont l'objet de cet exposé, nous aurons à tenir compte, comme cela a été annoncé, d'épisodes qui ont marqué l'histoire de plusieurs disciplines qui sont habituellement supposées avoir peu de rapports entre elles et sont d'ordinaire étudiées de manière relativement séparée. L'histoire des idées n'est donc pas l'affaire d'esprits hautement spécialisés, et ce n'est pas sans peine qu'on la poursuit à une époque où les esprits se spécialisent. Elle présuppose en outre un intérêt pour ce que l'esprit humain a produit par le passé, alors même que ces produits sont ou paraissent être mal conçus, confus ou même absurdes à une si grande partie de notre génération. L'histoire de la philosophie et de l'ensemble des étapes que la réflexion humaine a parcourues *est* dans une large mesure celle de la confusion des idées et le chapitre de cette histoire dont nous allons nous occuper ne fait pas exception à la règle. Pour ce qui nous concerne, cela ne le rend pas moins intéressant, ni moins instructif à ce point de vue. Comme, pour le meilleur ou pour le pire, l'homme est par nature et en vertu de ses tendances les plus marquantes, un animal qui réfléchit et interprète, qui cherche toujours *rerum cognoscere causas*, qui veut trouver dans les données brutes de l'expérience plus que l'œil ne peut voir, l'inventaire des réactions de son intelligence devant les faits bruts de son existence sensible constitue, c'est le moins que l'on puisse dire, une part essentielle de l'histoire naturelle de l'espèce ou de la sous-espèce qui s'est nommée, de manière par trop flatteuse, *homo sapiens* ; et je n'ai jamais pu comprendre pourquoi ce qui est distinctif dans l'histoire naturelle de cette espèce devrait apparaître, en particulier à l'un de ses membres, moins digne d'intérêt que l'histoire naturelle des *paramécies* et du rat blanc. Il ne fait aucun doute que souvent, pour l'homme, la quête de l'intelligibilité dans la nature et en lui-même et la recherche des diverses satisfactions émotionnelles conditionnées par son sens de l'intelligibilité, n'aboutissent pas plus que la recherche de nourriture d'un rat en cage errant dans un labyrinthe sans issue. Mais, quoique l'histoire des idées soit une histoire d'essais et d'erreurs, même les erreurs illuminent la nature particulière, les désirs, les dons et les limites de la créature qui les commet, ainsi que la logique des problèmes de réflexion à l'occasion desquels elles sont nées ; et ils peuvent aussi nous aider à nous rappeler que les modes de pensée de notre époque, que certains d'entre nous tendent à tenir pour clairs et cohérents, solidement fondés et concluants, sembleront probablement aux yeux de la postérité n'avoir aucun de ces attributs. L'inventaire précis des confusions commises par nos prédécesseurs peut même aider, non seulement à les clarifier, mais à remettre heureusement en doute la conviction que nous avons d'être pleinement immunisés contre d'autres confusions tout aussi dommageables. Car, bien que nous disposions d'un plus grand nombre d'informations empiriques, nos esprits ne sont ni différents ni meilleurs ; après tout, c'est l'action de l'esprit sur les faits qui construit la philosophie aussi bien que la science, et même dans une large mesure les « faits » eux-mêmes. En toute justice, je dois cependant prévenir ceux qu'indiffère l'histoire naturelle de l'esprit humain engagé dans l'activité la plus caractéristique de son espèce, ou qui n'ont ni la curiosité ni la patience d'examiner

l'activité d'autres esprits, sous prétexte que ces derniers
raisonnent sur la base de prémisses qu'ils ne partagent pas,
ou s'empêtrent dans ce qui leur paraît constituer, et constitue
en effet souvent, d'étranges confusions, ou s'engagent
dans des entreprises spéculatives qu'ils peuvent regarder
comme dénuées d'espoir, que l'essentiel de ce que je vais
raconter ne présentera pas d'intérêt pour eux. Je crois en
revanche nécessaire d'avertir ceux que l'histoire que nous
allons raconter indiffère, qu'ils ne comprendront rien au
mouvement de la pensée en Occident, dans la plupart de
ses grands domaines, s'ils ne savent rien de cette histoire.

QUENTIN SKINNER

SIGNIFICATION ET COMPRÉHENSION
EN HISTOIRE DE LA PHILOSOPHIE
(1969, 2002) *

I

La tâche de l'historien des idées est d'étudier et
interpréter un canon de textes classiques[1]. L'importance
de ce type d'histoire tient à ce que les textes classiques de
la morale, de la politique, de la religion et des autres modes
de pensée renferment une « sagesse intemporelle »[2] sous
forme d'« idées universelles »[3]. Nous pouvons par
conséquent espérer nous enrichir et tirer immédiatement

* Q. Skinner, « Meaning and Understanding in the History of Ideas »,
Visions of Politics, Cambridge, Cambridge University Press, 2002,
p. 57-89. *Traduction inédite.*

1. Pour les différentes façons dont cette proposition apparemment
indiscutable a été utilisée, voir M. Mandelbaum, « A Note on History as
Narrative », *History and Theory*, 1967, 6, p. 413-419. Ce texte est une
version abrégée et entièrement révisée d'un article publié sous le même
titre dans *History and Theory*, 1969, 8, p. 3-53.

2. G.E.G. Catlin, *A History of Political Philosophy*, London, 1950,
p. x.

3. W. Bluhm, *Theories of Political System*, Englewood Cliffs, 1965,
p. 13.

profit de la découverte de ces « éléments intemporels »,
puisqu'ils possèdent une valeur éternelle[1]. Cela veut dire
que la meilleure manière d'aborder ces textes est de se
concentrer sur ce que chacun *énonce*[2] à propos des
« concepts fondamentaux »[3] et des « questions éternelles »
de la moralité, de la politique, de la religion et de la vie
sociale[4]. En d'autres termes, nous devons nous apprêter
à lire les textes classiques « comme s'ils avaient été écrits
par un contemporain »[5]. Les aborder de cette manière, en
nous concentrant uniquement sur les arguments qu'ils
développent ou examiner ce qu'ils ont à nous dire sur les
problèmes éternels, est quelque chose de vraiment essentiel.

1. P.H. Merkl, *Political Continuity and Change*, New York, 1967,
p. 3.

2. K. Jaspers, *The Great Philosophers*, London, vol. I; L. Nelson,
« What is the Hitory of Philosophy? », Ratio, 1962, 4, p. 122-135, p. 132.
Cf. N.R. Murphy, *The Interpretation of Plato's Republic*, Oxford, 1951,
p. V sur la nécessité de se concentrer sur « ce que dit Platon »; A. Ryan,
« John Locke and the Dictatorship of the Bourgeoisie », *Political Studies*,
1965, 13, p. 219-230, p. 219 sur la nécessité de se concentrer sur « ce
que dit Locke ».

3. R.N. McCoy, *The Structure of Political Thought*, New York, 1963,
p. 7.

4. Sur ces questions « éternelles » et « intemporelles », voir
H.J. Morgenthau, *Dilemmas of Politics*, Chicago, 1958, p. 1, M.Q. Sibley,
« The Place of Classical Theory in the Study of Politics », *Approaches
to the Study of Politics*, R. Young (ed.), Chicago, 1958, p. 133, L. Strauss
et J. Cropsey, *The History of Political Philosophy*, Chicago, 1963, Préface.
Sur les questions intemporelles comme (seule) garantie de l'« importance »
des textes classiques, voir A. Hacker, « Capital and Carbuncles. The
"Great Books" Reappraised », *American Political Science Review*, 1954,
48, p. 775-786, R.G. McCloskey, « American Political Thought and the
Study of Politics », *American Political Science Review*, 1957, 51, p. 115-
129. Pour l'exposé plus récent d'une position similaire, voir M. Bevir,
« Are there any Perennial Problems in Political Theory? », *Political
Studies*, 1994, 42, p. 662-675.

5. A. Bloom, « The Study of Texts », *Political Theory and Political
Éducation*, M. Richter (ed.), Princeton, 1980, p. 113-138, p. 128.

En revanche, si nous nous arrêtons à examiner les conditions sociales ou les contextes intellectuels dont ils sont issus, nous perdons de vue leur sagesse intemporelle et ne voyons plus l'importance et les raisons qu'il y a de les étudier[1]. Voilà les idées que j'entends mettre en question, critiquer et, si possible, disqualifier dans les pages qui vont suivre. La croyance selon laquelle on peut attendre des théoriciens classiques qu'ils commentent un ensemble déterminé de « concepts fondamentaux », a produit, me semble-t-il, une série de confusions et d'absurdités exégétiques qui ont depuis trop longtemps entaché l'histoire des idées. Ce que cette croyance a d'erroné n'est cependant pas aisé à déterminer. Il est facile de la dénoncer comme une « erreur fatale »[2], mais, en même temps, il est difficile de nier que l'histoire des différentes entreprises intellectuelles a toujours été caractérisée par l'usage d'un vocabulaire relativement stable et spécifique[3]. Même si nous acceptons l'affirmation assez vague selon laquelle c'est seulement en vertu d'un certain air de famille que nous pouvons définir ces diverses activités et les distinguer les unes des autres, nous sommes à chaque fois conduits à accepter *un certain* critère et *certaines* règles d'usage, de manière à ce que certains résultats puissent à bon droit être donnés ou non comme des exemples d'une certaine activité. Autrement, nous ne disposerions en fin de compte d'aucun moyen – pour ne pas dire d'aucune justification – pour définir les contours de l'histoire de la pensée éthique et politique, par exemple, et en parler comme d'une histoire d'activités reconnaissables

1. *Cf.* A. Hacker, « Capital and Carbuncles. The "Great Books" Reappraised », *op. cit.*; W. Bluhm, *Theories of Political System*, *op. cit.*, en particulier, p. 13.

2. A. MacIntyre, *A Short History of Ethics*, London, 1966, p. 2.

3. Voir S. Wolin, *Politics and Vision*, Boston, 1961, p. 11-17 à propos du « vocabulaire de la philosophie politique ».

entre toutes. C'est en fait la vérité, et non l'absurdité, de la thèse selon laquelle toutes ces activités doivent se rapporter à des concepts caractéristiques, qui semble être la principale source de confusion. Car s'il doit finalement y avoir un air de famille qui rapproche les différentes manifestations de cette activité et s'il nous faut d'abord le saisir pour pouvoir reconnaître cette activité telle qu'elle est, il n'est plus possible de la considérer, elle ou ses différentes manifestations, sans posséder de préconceptions de ce que nous pouvons nous attendre à découvrir.

L'importance de ce dilemme pour l'histoire des idées – et en particulier pour la thèse qui veut que les historiens aient à se concentrer sur ce que les textes classiques *énoncent* au sujet des thèmes canoniques – est désormais avérée. Il ne sera jamais simplement possible d'étudier ce qu'a *énoncé* tel ou tel auteur (notamment s'il est issu d'une culture autre que la nôtre) sans faire intervenir nos propres attentes et pré-jugements relativement à ce qu'il est censé énoncer. C'est un dilemme familier pour les psychologues, qui le regardent comme le facteur déterminant de la *structure* mentale de l'observateur. Notre expérience passée « nous détermine à apercevoir certains détails d'une certaine manière », et une fois ce cadre de référence fixé, « ce processus nous *prépare* à percevoir ou réagir d'une certaine façon »[1]. Pour préciser encore le dilemme qui en résulte, je dirai, pour ce qui concerne mon propos, que les modèles et préconceptions à partir desquels nous organisons et ajustons nécessairement nos perceptions et nos pensées tendront eux-mêmes à agir comme les déterminants de ce que nous pensons et percevons. Nous devons classer les choses afin de les comprendre et c'est seulement à partir

1. F.H. Allport, *Theories of Perception and the Concept of Structure*, New York, 1955, p. 239-240.

de ce qui est familier que nous pouvons comprendre ce qui ne l'est pas[1]. Le danger que nous courrons à chaque fois que nous entreprenons d'élargir notre compréhension historique est donc que nos attentes concernant ce que quelqu'un doit dire ou faire nous poussent à croire que l'agent fait quelque chose qu'il n'aurait pas – ou pas même pu – admettre comme une explication de ce qu'il *faisait*.

L'idée de la priorité des paradigmes a déjà été fructueusement discutée en histoire de l'art[2], domaine où elle a conduit une approche essentiellement historiciste du développement de la théorie artistique à céder la place à une histoire qui se borne à décrire un certain nombre d'intentions et de conventions variables. On a récemment mené, avec le même profit, une étude comparable en histoire des sciences[3]. Je vais essayer d'appliquer ici quelques considérations du même ordre à l'histoire des idées. Ma

1. Qu'une telle conclusion doive en résulter lorsqu'on conçoit l'histoire en fonction de nos propres intérêts et de nos propres critères philosophiques (et de qui d'autre ?) est parfaitement mis en évidence par J. Dunn, *Political Obligation in its Historical Context. Essays in Political Theory*, Cambridge, 1980, p. 13-28.

2. Voir E.H. Gombrich, *Art and Illusion. A Study in the Psychology of Pictorial Representation*, London, 1962, p. 55-78, dont j'adopte l'explication qu'il donne du mot « paradigme ». On doit aussi à Gombrich ce judicieux épigramme : « là seulement où se trouve un chemin, se trouve aussi un vouloir » (p. 75).

3. Voir T. Kuhn, *The Structure of Scientific Revolutions*, Chicago, 1962, p. 43-51, où il reprend à son compte la notion de « priorité des paradigmes ». *Cf.* R.G. Collingwood, *An Essays on Metaphysics*, Oxford, 1940, p. 11-48, qui insiste de la même manière sur le fait que la pensée s'organise à chaque époque en fonction d'un certain nombre de « constellations de présuppositions absolues ». Pour une analyse importante de la théorie kuhnienne de la science et de ses implications pour l'histoire intellectuelle, voir D. Hollinger, *In the American Province. Studies in the History and Historiography of Ideas*, Bloomington, 1985, p. 105-129.

méthode consistera à établir dans quelle mesure la façon
habituelle d'étudier l'éthique, la politique, la religion et
les autres formes de pensée est contaminée par l'application
inconsciente d'un certain nombre de paradigmes, dont
l'aspect familier dissimule, du point de vue de l'historien,
leur inapplicabilité essentielle au passé. Bien sûr, je ne nie
pas que la méthodologie que je critique ait parfois donné
de brillants résultats. J'aimerais cependant montrer comment
l'étude de ce qu'un écrivain classique *énonce* court
inévitablement le risque de sombrer dans diverses formes
d'absurdité historique, et énumérer en même temps ce qui
fait que ces approches relèvent non de l'histoire, mais de
la mythologie.

II

La mythologie la plus tenace est l'œuvre des historiens
qui s'attachent à prouver que chaque auteur classique a
énoncé une doctrine sur chacun des sujets constitutifs de
sa discipline (par exemple l'histoire de la théorie morale
ou de la théorie politique). On s'expose alors dangereusement
à subir (quoique inconsciemment) l'influence d'un tel
paradigme et à « découvrir » effectivement ces doctrines
sur chacun des thèmes obligés. Il en résulte un type d'analyse
que l'on pourrait appeler la mythologie des doctrines.

Cette mythologie prend différentes formes. Il y a d'abord
le risque de transformer les remarques dispersées ou
incidentes d'un théoricien classique en une « doctrine »
portant sur l'un des thèmes attendus. Cette mythologie a
ensuite pour effet de produire deux types particuliers
d'absurdité historique. L'une caractérise plutôt les
biographies intellectuelles et les histoires de la pensée
synoptiques dans lesquelles les penseurs individuels (ou

leur cortège) viennent au premier plan. L'autre est plus représentative de « l'histoire des idées » en tant qu'elle met l'accent sur le développement d'une certaine « idée-unité ».

Le danger inhérent à la biographie intellectuelle est celui de l'anachronisme. On peut « découvrir », en se fondant sur une similarité terminologique imprévue, qu'un auteur a épousé tel ou tel point de vue à propos d'un thème auquel, en principe, il ne pouvait songer à contribuer. Marsile de Padoue, par exemple, dans un passage de son *Defensor Pacis*, propose des analyses typiquement aristotéliciennes sur le rôle exécutif des souverains par opposition au rôle législatif du peuple [1]. Un interprète moderne qui aborde ce passage aura en tête la doctrine, importante pour la théorie et la pratique constitutionnelles depuis la Révolution américaine, selon laquelle la liberté politique a pour condition la séparation des pouvoirs exécutif et législatif. On peut faire remonter cette doctrine aux historiographes qui ont suggéré (près de deux siècles après la mort de Marsile) que la chute de la République romaine et l'avènement de l'Empire montrent à quel point il est dangereux pour la liberté des sujets de confier à une autorité quelconque un pouvoir politique centralisé [2]. Marsile de Padoue ignorait tout de cette historiographie et des leçons qu'il y avait à en tirer (sa propre analyse provient du Livre IV de la *Politique* d'Aristote et n'aborde pas une seule seconde le thème de la liberté politique).

1. Marsile de Padoue, *The Defender of Peace* (1324), A. Gewirth (ed.), New York, 1951-1956, 2, p. 61-67.
2. J.G.A. Pocock, « Machiavelli, Harrington and English Political Ideologies in the Eighteenth Century », *William and Mary Quaterly*, 22, p. 549-583 ; B. Bailyn, *The Ideological Origins of the American Revolution*, Cambridge, 1967.

Cela n'a nullement empêché que l'on débatte vivement de savoir si Marsile avait développé une « doctrine » de la séparation des pouvoirs et si l'on pouvait « voir en lui le fondateur de cette doctrine »[1]. Même ceux qui refusent que l'on attribue cette doctrine à Marsile de Padoue ont tendance à fonder leurs conclusions sur son texte[2], plutôt qu'à montrer l'absurdité qu'il y a à supposer que Marsile ait *pu* avoir l'intention de prendre part à un débat dont les termes n'avaient aucune valeur pour lui.

La même forme d'anachronisme affecte la manière dont on analyse la maxime de Sir Edward Coke à propos du cas Bonham, selon laquelle le droit coutumier anglais supplante parfois les statuts établis. Les interprètes modernes (en particulier américains) prêtent à cette maxime les résonances bien plus tardives de la doctrine du contrôle juridictionnel. Coke lui-même ignorait tout d'une telle doctrine (le contexte de son analyse est celui d'un homme de parti affirmant à Jacques Ier que ce qui définit essentiellement la loi est la coutume et non, comme ce dernier semble l'avoir soutenu, la volonté du souverain[3]). Aucune de ces précautions historiques n'a cependant suffi à empêcher qu'une question insensée revienne sans cesse : « Coke voulait-il effectivement promouvoir le contrôle juridictionnel ? »[4], ou que l'on insiste sur le fait que Coke

---

1. Marsile de Padoue, *The Defender of Peace, op. cit.*, 1, p. 232.

2. Pour une bibliographie, voir Marsile de Padoue, *The Defender of Peace, op. cit.*, 1, p. 234 n. Pour une réfutation purement textuelle de cette affirmation, voir A.P. D'Entrèves, *The Medieval Contribution of Political Thought*, Oxford, 1939, p. 58.

3. J.G.A. Pocock, *The Ancient Constitution and the Feudal Law. A Study of English Historical Thought in the Seventeenth Century. A Reissue with a Retrospect*, Cambridge, 1987, p. 30-55.

4. W.B. Gwyn, *The Meaning of the Separation of Powers*, New Orleans, 1965, p. 50 n.

était censé formuler cette « nouvelle doctrine » et offrir
de ce fait une « remarquable contribution à la science
politique » [1]. Une fois encore, les experts qui ont nié que
Coke ait pu avoir une telle clairvoyance ont largement
fondé leurs conclusions sur cette réinterprétation de son
texte, sans voir d'abord à quel point cette explication
implicite de ses intentions était étrange logiquement [2].

Derrière la croyance naïve selon laquelle on peut prêter
à un auteur l'intention de signifier quelque chose qu'il ne
pouvait songer à exprimer, il y a le risque plus insidieux
de trouver trop facilement dans les textes classiques les
doctrines que l'on s'attendait à y découvrir. Pensons par
exemple aux analyses aristotéliciennes sur la sociabilité
naturelle que Richard Hooker propose au livre I de ses
Lois de politique ecclésiastique [3]. Il peut bien nous sembler
que l'intention de Hooker était simplement – comme pour
beaucoup de juristes scolastiques de son époque – de
trouver un moyen de distinguer les origines divines de
l'Église des origines plus mondaines des associations
civiles. L'interprète moderne, cependant, qui place Hooker
au sommet d'une « série descendante » qui va « de Hooker
à Locke et de Locke aux *Philosophes* » n'hésitera pas à
transformer les analyses de Hooker en « théorie du contrat

1. T. Plucknett, « Bonham's Case and Judicial Review », *Harvard
Law Review*, 1926-7, 40, p. 30-70, p. 68. Pour l'affirmation selon laquelle
Coke avait pour « intention » de formuler la doctrine « que les tribunaux
américains appliquent aujourd'hui », voir aussi E. Corwin, « "Higher
Law". Background of American Constitutional Law », *Harvard Law
Review*, 1928, 42, p. 148-185, 365-409, p. 368 et E. Corwin, *Liberty
against Government*, Baton Rouge, 1948, p. 42.

2. Pour une réfutation purement textuelle, voir S.E. Thorne,
« Dr Bonham's Case », *Law Quaterly Review*, 1938, 54, p. 543-552.

3. R. Hooker, *Of the Laws of Ecclesiastical Polity* (1594),
A.S. MacGrade (ed.), Cambridge, 1989, 1, 10.4, p. 89-91.

social » [1]. Songeons de la même manière aux analyses sur la tutelle politique (*trusteeship*) que John Locke propose à un ou deux endroits de ses *Deux traités du gouvernement* [2]. Il peut bien nous sembler que Locke est simplement en train de se servir d'une des analogies juridiques les plus courantes dans les écrits politiques de son temps. Cependant, une fois encore, l'interprète moderne qui place Locke à la tête d'une tradition de « gouvernement par consentement » n'hésitera pas à recouper des « passages dispersés à travers » son œuvre pour en faire surgir la « doctrine » lockéenne de « la confiance politique » [3]. Pensons aussi aux remarques de James Harrington dans *Oceana* sur la place des hommes de loi dans la vie politique. L'historien qui étudie la conception de la séparation des pouvoirs que l'on prête aux républicains anglais des années 1650 peut être déconcerté un instant en découvrant qu'Harrington (« curieusement ») ne parle pas à ce moment-là des officiers publics. Mais un historien qui « sait » qu'il peut s'attendre à trouver cette doctrine à cet endroit aura bien du mal à dire qu'« il ne s'agit manifestement là que d'une vague approximation" [4]. À chaque fois qu'un auteur semble suggérer l'existence de cette « doctrine », nous nous trouvons renvoyés à la même question. Si l'auteur entendait vraiment former sa doctrine avec les idées qu'on lui prête, comment se fait-il qu'il ait si manifestement échoué à le

1. C. Morris, *Political Thought in England. Tyndale to Hooker*, Oxford, 1953, p. 181-197.

2. J. Locke, *Two Treatises of Government* (1690), P. Laslett (ed.), Cambridge, 1988, II. 149, p. 367 ; II. 155, p. 370.

3. Voir J.W. Gough, *John Lockes Political Philosophy. Eight Studies*, Oxford, 1950, p. 47-72 (gouvernement par consentement) et p. 136-71 (tutelle politique).

4. W.B. Gwyn, *The Meaning of the Separation of Powers, op. cit.*, p. 52.

faire, au point que l'historien se trouve obligé de reconstruire les intentions qu'il lui prête sur la base de conjectures et d'allusions ?

De la même façon, on peut illustrer ce que j'entends par mythologie des doctrines en renvoyant à « l'histoire des idées » au sens strict. Ici, le but est de retracer (pour reprendre les termes d'Arthur Lovejoy, le pionnier de cette approche) la morphologie d'une doctrine « à travers tous les domaines de l'histoire où elle apparaît » [1]. On commence pour cela par établir le type idéal d'une doctrine – que ce soit celle d'égalité, de progrès, de raison d'État, de contrat social, de grande chaîne de l'être, de séparation des pouvoirs, etc. Le danger inhérent à cette approche est que l'on finit vite par hypostasier ladite doctrine en une entité véritable. Rien n'est plus facile, quand l'historien se met, comme il se doit, à la recherche de l'idée ainsi caractérisée, que de faire comme si la forme développée de la doctrine avait toujours été en quelque sorte immanente à travers l'histoire, peu importe alors si tel ou tel penseur a échoué à « l'atteindre » [2], s'il l'a maintes fois « perdue de vue » [3], ou si toute une époque a échoué à « en prendre conscience » [4]. L'historien s'empresse alors d'adopter le langage qui convient à la description d'un organisme en croissance. Le fait que les idées présupposent des agents disparaît aussitôt, comme si les idées s'affrontaient elles-mêmes pour leur propre compte. On nous dit par exemple que la

1. A.O. Lovejoy, *The Great Chain of Being. A Study of the History of an Idea*, New York, Torchbook, 1960, p. 15.

2. J.B. Bury, *The Idea of Progress*, London, 1932, p. 7.

3. C.C. Weston, *English Constitutional Theory and the House of Lords*, London, 1965, p. 45.

4. F. Raab, *The English Face of Machiavelli. A Changing Interpretation 1500-1700*, London, 1964, p. 2.

« naissance » de l'idée de progrès allait de soi, car elle « transcendait » ce qui, au XVIᵉ siècle, « faisait obstacle à son apparition »[1], ce qui « lui donna une assise » pour les cent années à venir[2]. Mais l'idée de la séparation des pouvoirs eut beaucoup plus de mal à apparaître. Bien qu'elle ait presque réussi à « émerger » durant la Guerre civile anglaise, elle « ne parvint jamais à se matérialiser tout à fait », si bien qu'il fallut un autre siècle, « entre la Guerre civile anglaise et la seconde moitié du XVIIIᵉ siècle, pour que cette séparation des trois pouvoirs émerge véritablement et finisse par s'imposer »[3].

Des réifications de ce genre donnent lieu à deux sortes d'absurdités historiques, lesquelles ne sont pas simplement courantes dans ce type d'histoire, mais semblent plus ou moins inévitables quand on adopte cette approche[4]. La tendance à rechercher des approximations du type idéal produit une forme d'histoire presque exclusivement vouée à repérer les « anticipations » des doctrines promises à apparaître et à louer de ce fait les auteurs pour l'étendue de leur clairvoyance. Marsile de Padoue est remarquable pour son « étonnante anticipation » de Machiavel[5]. Machiavel est remarquable parce qu'il « pose les bases sur lesquelles s'appuiera Marx »[6]. La théorie lockéenne

1. J.B. Bury, *The Idea of Progress, op. cit.*, p. 7.

2. R.V. Sampson, *Progress in the Age of Reason*, Cambridge, 1956, p. 39.

3. M.J.C. Vile, *Constitutionalism and the Separation of Powers*, Oxford, 1967, p. 30.

4. Mais pour une défense intéressante de l'approche de Lovejoy, voir F. Oakley, *Omnipotence, Covenant and Order. An Excursion in the History of Ideas from Abelard to Leibniz*, Ithaca, 1984, p. 15-40.

5. F. Raab *The English Face of Machiavelli, op. cit.*, p. 2.

6. W.T. Jones, « Machiavelli to Bentham », *in* ed. E.M. Sait, *Masters of Political Thought*, London, George G. Harrap & Co, 1963, vol. II, p. 50.

de la signification est remarquable « en tant qu'anticipation de la métaphysique de Berkeley »[1]. La théorie de la causalité de Joseph Glanvill est remarquable pour « la manière dont il a anticipé Hume »[2]. La manière dont Lord Shaftesbury aborde le problème de la théodicée est remarquable puisqu'« en un certain sens, il a anticipé Kant »[3]. Parfois même, l'impression qu'il s'agit d'histoire disparaît et les auteurs du passé sont simplement loués ou blâmés pour l'intensité avec laquelle ils semblent avoir voulu être nous-mêmes. Montesquieu « a anticipé les idées de plein emploi et d'État-Providence », ce qui révèle son « esprit lumineux, incisif »[4]. Machiavel concevait la politique essentiellement comme nous le faisons : c'est là son « importance à long terme ». Mais pas ses contemporains, ce qui rend leurs conceptions politiques « totalement irréalistes »[5]. Shakespeare (« cet éminent penseur politique ») ne croyait pas « qu'une société interraciale et multiconfessionnelle soit possible » : cela montre la valeur de son œuvre pour ce qui est de « l'éducation politique et morale »[6]. Et ainsi de suite.

C'est une absurdité similaire qui alimente les débats interminables sur la question de savoir si l'on pouvait dire

1. R.L. Armstrong, « John Lockes Doctrine of Signs. A New Metaphysics », *Journal of the History of Ideas*, 1965, 26, p. 368-382, p. 382.

2. R.H. Popkin, « Joseph Glanvill. A Precursor of David Hume », *Journal of the History of Ideas*, 1953, 14, p. 292-303, p. 300.

3. E. Cassirer, *The Philosophy of the Enlightenment*, trad. F. Koelln, Boston, Beacon, 1955, p. 151.

4. C. Morris, « Montesquieu and the Varieties of Political Experience », *Political Ideas*, D. Thomson (ed.), London, 1966, p. 79-94, p. 89-90.

5. F. Raab, *The English Face of Machiavelli*, *op. cit.*, p. 1, 11. Pour une critique voir S. Anglo, « The Reception of Machiavelli in Tudor England. A Reassessment", *Il politico*, 1966, 31 1966.

6. A. Bloom et H. Jaffa, *Shakespeares Politics*, *op. cit.*, p. 1-2, 4, 36.

qu'une « idée-unité » est « réellement apparue » à un moment donné ou si elle est « réellement présente » dans l'œuvre d'un auteur précis. Revenons à l'histoire de la séparation des pouvoirs. Cette idée est-elle déjà « présente » dans l'œuvre de George Buchanan ? Non, car il ne « l'a pas entièrement clarifiée », bien qu'à cette époque, « personne ne s'en soit autant approché »[1]. Est-elle alors « présente » dans les projets constitutionnels proposés par les royalistes pendant la Guerre civile anglaise ? Non, une fois encore, car ce n'est « pas la pure doctrine »[2]. Ou bien pensons à l'histoire du contrat social. Cette doctrine est-elle déjà « présente » dans les pamphlets publiés en France par les Huguenots durant les guerres de religion ? Non, car leurs idées ne sont « pas complètement développées ». Mais peut-être est-elle « présente » dans les écrits de leurs adversaires catholiques. Non, car leurs énoncés sont une fois encore « incomplets », bien qu'ils « soient incontestablement plus avancés »[3].

La première forme de cette mythologie des doctrines consiste donc, d'une manière ou d'une autre, à faire passer les remarques éparses ou incidentes qu'un théoricien classique consacre à l'un des thèmes que l'historien est *déterminé* à attendre pour sa « doctrine ». La seconde forme, vers laquelle je me tourne maintenant, implique l'erreur opposée. Un théoricien classique qui échoue à formuler une doctrine reconnaissable sur l'un des thèmes imposés passe pour ne pas être à la hauteur de sa tâche.

L'étude historique de la théorie morale et politique se heurte fréquemment à une version démoniaque, mais très

1. W.B. Gwyn, *The Meaning of the Separation of Powers*, p. 9.
2. M.J.C. Vile, *Constitutionalism and the Separation of Powers*, 1967, p. 46.
3. J.W. Gough, *The Social Contract*, Oxford, 1957, p. 59.

influente, de cette erreur. Cette discipline, nous rappelle-
t-on, porte ou est censée porter sur les « vraies normes »
éternelles ou, du moins, sur les normes traditionnelles [1].
On s'imagine alors que la meilleure manière d'étudier
l'histoire de ces normes est de le faire en prenant acte de
« l'incontestable baisse de niveau » censée caractériser la
réflexion moderne « sur la vie et les buts de l'existence »
et de placer au centre de cette histoire ce que l'on pense
d'un tel effondrement [2]. C'est ainsi que Thomas Hobbes
et parfois Nicolas Machiavel se trouvent accusés du péché
originel [3] et que leurs contemporains sont loués ou blâmés
en fonction de l'attitude qu'ils adoptent à l'égard de cette
« vérité » [4]. Ainsi, Leo Strauss, le principal défenseur de
cette approche, « n'hésite pas à affirmer », quand il aborde
les œuvres politiques de Machiavel, qu'on est en droit de
les dénoncer comme « immorales et irréligieuses » [5]. Il
n'hésite pas non plus à affirmer que ce ton accusateur est
en tout point conforme à l'objectif qu'il s'est fixé, qui est

1. L. Strauss, *What is Political Philosophy?*, Glencoe, 1957, p. 12.
2. A. Bloom et H. Jaffa, *Shakespeares Politics,* New York, 1964,
p. 1-2. Pour une critique de l'idée selon laquelle la philosophie politique
serait la clarification ou la redécouverte d'un certain nombre de « vérités
ultimes », voir A.S. Kaufman, « The Nature and Function of Political
Theory », *Journal of Philosophy*, 1954, 51, p. 5-22. Pour une défense de
ce point de vue, voir J. Cropsey, « A Reply to Rothman », *American
Political Science Review*, 1962, 56, p. 353-359.
3. Pour ce jugement sur Hobbes voir L. Strauss, *Natural Right and
History*, Chicago, 1953, sur Machiavel voir L. Strauss, *Thoughts on
Machiavelli*, Glencoe, 1958.
4. Voir par exemple l'attaque dont Anthony Ascham est l'objet et la
manière dont on défend le comte de Clarendon dans I. Coltman, *Private
Men and Public Causes. Philosophy and Politics in the English Civil
War*, London, 1962, p. 69-99, 197-242.
5. L. Strauss, *Thoughts on Machiavelli, op. cit.*, p. 11-12.

de « comprendre » ces œuvres [1]. C'est ce paradigme qui détermine la direction que suit l'enquête historique dans son ensemble. Pour pouvoir interpréter différemment l'histoire, il faut que ce paradigme soit lui-même abandonné.

Toutefois, la principale version de cette mythologie des doctrines consiste à prêter aux théoriciens classiques les doctrines qui, à ce que l'on prétend, se rattachent nécessairement à leur sujet, alors qu'ils n'ont manifestement pas été à même de les énoncer. Souvent, pour leur prêter les croyances adéquates, on n'hésite pas à extrapoler à partir de ce que disent ces grandes figures. Thomas d'Aquin peut n'avoir rien dit au sujet de l'idée « absurde » de « désobéissance civile », mais nous pouvons être certains qu'il « ne l'aurait pas approuvée » [2]. Marsile de Padoue aurait certainement approuvé la démocratie, puisque « la conception de la souveraineté qu'il défend se réfère au peuple » [3]. Mais Richard Hooker « n'aurait pas été entièrement satisfait », puisque « la conception noble, religieuse et assez large qu'il se faisait de la loi s'est desséchée en simple *fiat* de la volonté populaire » [4]. De tels exercices peuvent sembler simplement pittoresques, mais ils peuvent avoir à l'occasion une connotation plus inquiétante, comme ces exemples le suggèrent peut-être : un moyen de plaquer ses propres préjugés sur les noms les plus célèbres sous prétexte d'une spéculation historique anodine. L'histoire est alors une série de tours que l'on joue aux morts.

1. L. Strauss, *Thoughts on Machiavelli*, *op. cit.*, p. 14.
2. M. Cranston, « Aquinas », *Western Political Philosophers*, M. Cranston (ed), London, 1964, p. 29-36, p. 34-35.
3. Marsile de Padoue, *The Defender of Peace*, *op. cit.*, vol. I, p. 312.
4. F.J. Shirley, *Richard Hooker and Contemporary Political Ideas*, London, 1949, p. 256.

La stratégie la plus courante, cependant, est de se saisir d'une doctrine qu'un théoricien aurait dû mentionner, bien qu'il ait manifestement échoué à le faire, et de le critiquer pour son incompétence. La preuve peut-être la plus remarquable de l'emprise qu'exerce cette manière d'aborder l'histoire est qu'elle n'a pas été remise en question en tant que méthode d'analyse de l'histoire des idées politiques, même par le théoricien politique le plus anti-essentialiste, T.D. Weldon. La première partie de son *États et morales* dresse la liste des différentes « définitions de l'État » que les théoriciens politiques « ou bien formulent ou bien tiennent pour acquises ». Nous apprenons ainsi que toutes les théories de l'État se regroupent en deux principaux ensembles : « certains penseurs le définissent comme une sorte d'organisme, d'autres comme une sorte de machine ». Armé de cette découverte, Weldon entreprend alors « d'examiner les principales théories de l'État », mais trouve que même « les auteurs que l'on regarde en général comme les principaux théoriciens en ce domaine » nous abandonnent assez froidement et que peu d'entre eux parviennent à développer leur théorie sans « inconsistance, voire sans contradiction ». Hegel se trouve être le seul théoricien « entièrement fidèle » à l'un des deux modèles spécifiés, que chaque théoricien, redisons-le, a pour « finalité première » d'exposer. À ce stade, un auteur moins convaincu se serait demandé si la façon qu'il a eue d'emblée de caractériser les choses était vraiment la bonne. Mais le seul commentaire que propose Weldon est qu'il paraît « plutôt étrange qu'après plus de deux cents ans de pensée persévérante », un tel degré de confusion se soit à ce point généralisé [1].

1. T.D. Weldon, *States and Morals*, London, 1946, p. 26, 63-64.

La littérature exégétique regorge d'exemples de cette mythologie des doctrines. Pensons à la place qui revient en théorie politique aux questions du vote et de la prise de décision, et plus généralement au rôle de l'opinion publique. Aujourd'hui, ces questions sont d'une importance cruciale pour la théorie politique à l'âge démocratique, alors qu'elles n'intéressaient guère les théoriciens qui vivaient avant la fondation des systèmes représentatifs modernes. Rappeler les historiens à la prudence semblait à peine nécessaire, mais cela n'a guère empêché les interprètes de déplorer que la *République* de Platon ait « négligé » l'« influence de l'opinion publique »[1] ou de critiquer les *Deux traités* de Locke pour avoir omis « toute référence à la famille et à la race » et ne pas avoir réussi à être « parfaitement clairs » pour ce qui est du suffrage universel[2]. Il est stupéfiant, nous dit-on, qu'aucun des « grands auteurs qui ont réfléchi à la nature de la loi et de la politique » n'ait songé à analyser le processus de décision[3]. Pensons ainsi à la manière dont les plus avantagés socialement manipulent le pouvoir politique. C'est évidemment là aussi un sujet d'anxiété pour les théoriciens démocrates, mais une question sans intérêt pour ceux qui n'ont que peu d'égards pour la souveraineté populaire. Une fois encore, la prudence historique reste de mise, bien qu'une fois encore, cela n'ait jamais empêché les interprètes de déplorer que Machiavel, Hobbes et Locke n'aient apporté aucune

1. G.H. Sabine, *A History of Political Theory*, London, 1951, p. 67.
2. R.I. Aaron, *John Locke*, Oxford, 1955, p. 284-285.
3. C.J. Friedrich, « On Re-reading Machiavelli and Althusius. Reason, Rationality and Religion », *Rational Decision*, C.J. Friedrich (ed.), New York, 1964, p. 178.

« contribution véritable » à un débat presque exclusivement moderne[1].

Une forme plus répandue encore de cette mythologie consiste à critiquer les auteurs classiques en posant *a priori* pour principe qu'ils voulaient nécessairement donner à travers chacun de leurs écrits la contribution la plus systématique possible à leur discipline. Si l'on suppose d'entrée de jeu, par exemple, que Richard Hooker entendait rendre compte dans les *Lois* de « ce qui se trouve à la base de l'obligation politique », c'est sans aucun doute une « lacune dans les théories politiques qu'il développe » que de ne pas avoir songé à réfuter la théorie de la souveraineté absolue[2]. De même, si l'on suppose d'entrée de jeu que, dans le *Prince*, Machiavel se souciait avant tout de définir « la caractéristique des hommes en politique », il n'y a rien de plus facile à un spécialiste actuel des sciences politiques que de prouver que son maigre apport est « en tout point unilatéral et n'est en rien systématique »[3]. Une fois encore, si l'on suppose d'entrée de jeu que les *Deux traités* contiennent tout ce que Locke avait à dire sur « la

1. Voir J. Plamenatz, *Man and Society*, London, 1963, vol. 1, p. 43 sur cette « considérable omission » imputée à Machiavel, B. Russell, *History of Western Philosophy*, New York, 1946, p. 578 sur l'incapacité de Hobbes à « prendre la mesure du conflit qui oppose les différentes classes », A. Hacker, *Political Theory. Philosophy, Ideology, Science*, New York, 1961, p. 192, 285, qui relève cette « considérable omission » aussi bien dans la pensée de Locke que dans celle de Machiavel, M. Lerner, Introduction à *Machiavelli, The Prince and The Discourses*, New York, 1950, p. XXX sur l'absence chez Machiavel de « véritable compréhension de l'organisation sociale sur laquelle repose la politique ».

2. E.T. Davies, *The Political Ideas of Richard Hooker*, London, 1964, p. 80.

3. R. Dahl, *Modern Political Analysis*, Englewood Cliffs, 1963, p. 113.

loi naturelle et la société politique », « on peut sans doute
se demander » pourquoi il n'a pas su « défendre l'idée
d'un État mondial »[1]. Et, une nouvelle fois, si l'on suppose
d'entrée de jeu que, dans *L'esprit des lois*, Montesquieu
avait entre autre but de développer une sociologie de la
connaissance, sans doute « est-ce une faiblesse » qu'il ait
échoué à en définir les déterminations majeures, et sans
doute aussi « devons-nous lui reprocher » de n'avoir pas
su appliquer sa propre théorie[2]. Mais, avec tous ces
prétendus « échecs », comme avec la forme opposée de
mythologie, nous nous trouvons à nouveau face à la même
question : ces auteurs ont-ils jamais eu et pouvait-il même
avoir l'intention de faire ce qu'on leur reproche de ne pas
avoir fait ?

III

Je voudrais maintenant aborder un deuxième type de
mythologie qui naît de ce que les historiens sont
nécessairement *déterminés* par quelque chose quand ils
abordent les idées du passé. Il pourrait sembler que certains
auteurs classiques ne soient pas entièrement cohérents ou
même qu'ils soient incapables de rendre compte systématiquement de leurs croyances. Supposons pourtant que le
paradigme qui oriente notre enquête soit encore celui
d'approfondir les doctrines de chaque auteur classique sur
chacun des thèmes les plus caractéristiques d'un sujet. Il
est alors dangereusement facile pour l'historien d'imaginer
que sa tâche est d'apporter à ces textes la cohérence qui

1. R. Cox, *Locke on War and Peace*, Oxford, 1960, p. xv, 189.
2. W. Stark, *Montesquieu. Pioneer of the Sociology of Knowledge*,
London, 1960, p. 144, 153.

leur manque. Un tel danger se trouve accru par la difficulté qu'il y a, comme on le sait, à conserver l'accent et le ton d'une œuvre quand on la paraphrase et par la tentation qui en résulte de chercher un « message » qui puisse en être abstrait et que l'on puisse communiquer plus facilement [1].

La manière que nous avons d'écrire l'histoire de la philosophie morale et politique est imprégnée par cette mythologie de la cohérence [2]. Quand bien même « l'opinion savante actuelle » ne découvre aucune cohérence dans les *Lois* de Richard Hooker, notre devoir est d'aller voir plus loin, car cette cohérence doit bien se trouver quelque part [3]. Si un doute peut naître quant aux « thèmes les plus centraux » de la philosophie morale de Hobbes, c'est la tâche de l'exégète que de faire apparaître la « cohérence interne de sa doctrine » en parcourant inlassablement le *Léviathan*, jusqu'à ce qu'au détour d'une phrase révélatrice, sa démonstration « acquière une certaine cohérence » [4]. S'il n'est pas facile à celui qui étudie Hume de découvrir dans ses écrits politiques un système cohérent « aisément accessible », la tâche de l'exégète sera d'« explorer une œuvre après l'autre » jusqu'à ce que l'on introduise comme

1. Pour une discussion récente de certains problèmes en lien avec celui-ci, voir M.C. Lemon, *The Discipline of History and History of Thought*, London, 1995, p. 225-237.

2. John Pocock a dit quelque chose de semblable sur la difficulté qu'il y a à accommoder les différents « niveaux d'abstraction » (J.G.A. Pocock, « The History of Political Thought. A Methodological Enquiry », *Philosophy, Politics and Society*, P. Laslett (ed.), Oxford, 1962, p. 183-202). Pour une critique de ses conceptions et des miennes relatives à la mythologie de la cohérence, voir M. Bevir, « Mind and Method in the History of Ideas », *History and Theory*, 1997, 36, p. 167-189.

3. A. McGrade, « The Coherence of Hooker's Polity. The Books on Power », *Journal of the History of Ideas*, 1963, 24, p. 163-182, p. 163.

4. H. Warrender, *The Political Philosophy of Hobbes. His Theory of Obligation*, 1957, Oxford, p. VII.

il se doit, « à n'importe quel prix » (selon, encore une fois, une expression révélatrice), un « haut degré de cohérence » à l'intérieur « du corpus dans son ensemble »[1]. Si les idées politiques de Herder ne sont « guère élaborées systématiquement » et se trouvent « dispersées à travers ses écrits, parfois dans les contextes les plus inattendus », l'exégète doit quant à lui « exposer ces idées de manière cohérente »[2]. Rien n'est plus révélateur quant à la nature de ce que l'on répète sur la tâche du chercheur que les métaphores habituellement utilisées de l'effort et de la quête. L'ambition est toujours de « parvenir » à proposer « une interprétation unifiée », de « se donner » une « vision cohérente du système d'un auteur »[3].

Cette façon de procéder donne une cohérence et souvent l'apparence d'un système fermé aux pensées des grands philosophes, lesquels peuvent ne jamais avoir atteint ni même songé à atteindre un tel état. Si on suppose d'entrée de jeu, par exemple, que, pour interpréter la philosophie de Rousseau, il faut chercher à découvrir sa « pensée la plus fondamentale », nous n'attacherons plus guère d'importance au fait qu'il ait contribué pendant plusieurs décennies à différents champs de recherche[4]. Si on suppose d'entrée de jeu que chacun des aspects de la pensée de Hobbes a été conçu comme une contribution à un système « chrétien » global, on pourra suggérer de se servir de son autobiographie pour élucider un point aussi crucial que le

1. J.B. Stewart, *The Moral and Political Philosophy of David Hume*, New York, 1963, p. v-vi.
2. F.M. Barnard, *Herders Social and Political Thought*, Oxford, 1965, p. xix, 139.
3. J.W.N. Watkins, *Hobbes's System of Ideas*, London, 1965, p. 10.
4. E. Cassirer, *The Question of Jean-Jacques Rousseau*, trad. P. Gay, Bloomington, 1954, p. 46, 62.

rapport de la vie éthique à la vie politique [1]. Si on suppose d'entrée de jeu qu'une « philosophie morale cohérente » sous-tend tout ce qu'a écrit Edmund Burke, on ne verra plus ce qu'il y a de problématique à traiter « le corpus de ses écrits publiés » comme un « complexe particulier de pensées » [2]. On voit jusqu'où peuvent aller ces analyses quand on pense que, dans une étude influente de la pensée sociale et politique de Marx, on s'est senti obligé de préciser, pour justifier l'exclusion des contributions d'Engels, que lui et Marx étaient « deux êtres humains différents » [3].

Il arrive bien sûr parfois que les buts qu'un auteur se donne et les succès qu'il rencontre diffèrent à ce point qu'ils excèdent les efforts que sont capables de déployer nos exégètes pour extraire un système cohérent de leurs pensées. Cela produit pourtant fréquemment une forme opposée d'absurdité historique : manquer à ce point de système devient matière à reproche. On imagine par exemple qu'en raison d'une certaine urgence idéologique, voire d'une certaine commodité exégétique, les différentes prises de position de Marx doivent être regroupées sous certains intitulés systématiques. Malgré les efforts des critiques, un tel système reste difficile à trouver. On pourrait rattacher cela au fait que Marx s'est intéressé, au fil du temps, à un grand nombre de problèmes sociaux et économiques différents. Au lieu de quoi, on le critique régulièrement au motif qu'il n'aurait développé ce que l'on regarde comme « sa » théorie fondamentale que de « manière

1. F.C. Hood, *The Divine Politics of Thomas Hobbes*, Oxford, 1964, p. 28.

2. C. Parkin, *The Moral Basis of Burke's Political Thought*, Cambridge, 1956, p. 2, 4.

3. S. Avineri, *The Social and Political Thought of Karl Marx*, Cambridge, 1968, p. 3.

fragmentaire »[1]. Ces critiques se multiplient même dès lors que l'on classe les auteurs d'après le modèle qu'ils sont censés vouloir suivre. Si on suppose d'entrée de jeu que tous les penseurs conservateurs doivent se réclamer d'une conception « organique » de l'État, il ne fait aucun doute que Lord Bolingbroke « devait défendre » un tel point de vue et qu'il est surprenant qu'il n'ait pas songé à organiser ses pensées en ce sens[2]. Si on suppose d'entrée de jeu que l'on est en droit d'attendre d'un philosophe qui développe une théorie de la justice qu'il « contribue » à l'une des trois conceptions « fondamentales » qui existent à ce sujet, on a alors tout lieu de croire que, si Platon et Hegel ne l'ont pas fait, c'est qu'ils « semblent rechigner à adopter une position claire » sur ce problème[3]. Dans tous les cas de ce genre, la cohérence ou le manque de cohérence qui sont découverts cessent aussitôt de rendre compte historiquement de pensées que personne n'a jamais eues.

Il en résulte une objection évidente, mais qui, dans la pratique, ne s'est pas montrée assez forte pour empêcher la mythologie de la cohérence de se développer. Elle l'a cependant fait suivant deux directions qu'on appellera métaphysiques au pire sens du terme. On a d'abord cru qu'il conviendrait, pour dégager le message le plus cohérent

1. G.H. Sabine, *A History of Political Theory, op. cit.*, p. 642.

2. F.J.C. Hearnshaw, "Henry St John, Viscount Bolingbroke", *The Social and Political Ideas of Some English Thinkers of the Augustan Age A.D. 1650-1750*, London, 1928, p. 210-247, p. 243.

3. M.J. Adler, Postface à O. Bird, *The Idea of Justice*, New York, 1967, p. xi ; O. Bird, *The Idea of Justice, op. cit.*, p. 22. M.J. Adler, Postface, *op. cit.*, p. ix-xi promet (dans son Avant-propos à Bird 1967) que l'Institut pour la Recherche Philosophique s'attachera à « transformer » le « chaos des opinions concurrentes » sur un certain nombre d'objets « en un ensemble cohérent de thèmes clairement définis ». Parmi les thèmes qu'il s'agit de rendre cohérents figurent le progrès, le bonheur et l'amour.

possible, d'écarter certains énoncés d'intention que les
auteurs émettent à propos de ce qu'ils font, voire de laisser
de côté des œuvres entières qui pourraient affaiblir la
cohérence de leurs systèmes de pensée. La littérature
exégétique consacrée à Hobbes et à Locke peut servir à
illustrer ces deux tendances. On sait maintenant que, dans
ses tout premiers écrits de théorie politique, Locke entendait
défendre une position manifestement conservatrice, voire
autoritaire[1]. Il est pourtant apparemment possible, même
en sachant cela, de regarder la politique de Locke comme
un ensemble de conceptions typiques d'un théoricien
politique « libéral », en laissant de côté le fait que les idées
que Locke défendait à cinquante ans étaient celles qu'il
aurait rejetées à trente[2]. À trente ans, bien sûr, Locke n'était
pas encore « Locke », – car il soutenait un paternalisme
que même Sir Robert Filmer ne défendait pas.

Pour ce qui est de Hobbes, ses propres déclarations
nous disent quel caractère il souhaitait donner à sa théorie
politique. Son *Léviathan*, ainsi qu'il l'affirme dans sa
Révision et conclusion, a été écrit « sans autre dessein »
que de montrer que « le droit civil des souverains, ainsi
que le devoir autant que la liberté des sujets » peuvent se
fonder « sur les inclinations naturelles connues de
l'humanité », qu'une théorie ainsi fondée doit placer « la
relation mutuelle qui existe entre la protection et
l'obéissance » au centre de ses considérations[3]. Certains
ont néanmoins cru qu'il était encore possible d'affirmer

1. P. Abrams, Introduction à John Locke, *Two tracts on Government*,
Ph. Abrams (ed), Cambridge, 1967, p. 3-111, p. 7-10, 63-83.

2. M. Seliger, *The Liberal Politics of John Locke*, London, 1968,
p. 209-210.

3. T. Hobbes, *Leviathan, or The Matter, Forme and Power of a
Commonwealth Ecclesiasticall and Civill* (1651), R. Tuck (ed.), Cambridge,
1996, p. 489, 491.

que cette « partie scientifique » de la pensée de Hobbes
n'était rien de moins qu'une partie assez maladroitement
détachée d'un « ensemble religieux » transcendant. Le fait
que Hobbes ne paraisse pas lui-même conscient de cet
ordre de cohérence supérieur ne provoque par ailleurs
aucune rétractation, mais fait surgir un contre-argument.
Hobbes « échoue » simplement « à faire apparaître en toute
clarté » que sa réflexion sur la nature humaine obéit « en
réalité » à un dessein d'ordre religieux. Les choses « auraient
été plus claires » s'il « s'était exprimé en termes d'obligations
morales et civiles » et s'il avait laissé transparaître l'« unité
réelle » et le caractère fondamentalement religieux de son
« système » tout entier [1].

Intéressons-nous maintenant à l'autre tendance
métaphysique que produit la mythologie de la cohérence.
Puisque l'on est en droit d'attendre des textes classiques
qu'ils possèdent une « cohérence interne », que l'interprète
aura la charge de faire apparaître, tout ce qui s'oppose
manifestement à cette révélation, toutes les contradictions
apparentes que ces textes contiennent, ne peuvent représenter
un obstacle réel, ne peuvent constituer une contradiction
réelle. Ce que l'on nous dit, en d'autres termes, c'est que
la question à poser dans un cas si douteux n'est pas de
savoir si notre auteur était incohérent, mais plutôt de savoir
« comment il convient d'expliquer ses contradictions (ou
contradictions apparentes) » [2]. Une explication qui se
plierait au principe du rasoir d'Occam (à savoir qu'une
contradiction apparente peut *être* une contradiction) est

1. F.C. Hood, *The Divine Politics of Thomas Hobbes, op. cit.*, p. 64,
116, 136.
2. W. Harrison, « Texts in Political Theory », *Political Studies*, 1955,
3, p. 28-44.

expressément écartée. De telles incompatibilités entre les énoncés, nous dit-on, ne devraient pas rester sans solution, mais devraient ouvrir la voie à « une pleine compréhension de la théorie dans sa globalité »[1], – théorie par rapport à laquelle ces contradictions ne constituent bien entendu qu'une partie peu élaborée. L'idée même que l'on pourrait conclure des « contradictions et divergences » d'un auteur « que sa pensée a changé » a été rejetée par un penseur faisant autorité comme une des illusions qui ont abusé les savants du XIXe siècle[2].

Une telle conception des choses conduit l'historien des idées à s'engager sur la voie scolastique de la « résolution des antinomies ». On nous dit, par exemple, que, lorsque nous étudions la pensée politique de Machiavel, nous ne devons pas nous limiter à quelque chose d'aussi banal que de suivre les développements de sa pensée entre le moment où il a achevé le *Prince* en 1513 et les *Discours* de 1519. Au lieu de quoi, on se figure que nous avons à faire entrer les doctrines du *Prince* dans un schème de croyances suffisamment large pour qu'il puisse être *aufgehoben* dans les *Discours* et que toute contradiction apparente soit levée[3]. Une même tendance anime l'historiographie de la pensée sociale et politique de Marx. On ne permet pas à

1. C.B. Macpherson, *The Political Theory of Possessive Individualism. Hobbes to Locke,* Oxford, 1962, p. VIII.

2. L. Strauss, *Persecution and the Art of Writing,* Glencoe, 1952, p. 30-31.

3. Pour un aperçu de cette approche, voir E. Cochrane, « Machiavelli. 1940-1960 », *Journal of Modern History,* 1961, 33, p. 113-136. Une telle idée apparaît chez Federico Chabod, ainsi que chez Friedrich Meinecke. Pour une critique, voir H. Baron, « Machiavelli. The Republican Citizen and the Author of *The Prince* », *English Historical Review,* 1961, 76, p. 217-253.

ce dernier d'avoir évolué et changé d'optique entre les tendances humanistes des *Manuscrits économiques et philosophiques* et le système apparemment plus mécaniste esquissé, quelque vingt années plus tard, dans les premiers volumes du *Capital*. On nous dit même parfois que l'historien doit se lancer dans une « analyse structurale globale de la pensée de Marx », afin que les points de vue divergents que ce dernier soutient manifestement puissent apparaître comme les parties d'un « seul et même corpus »[1]. On soutient même parfois que l'existence des textes de jeunesse prouve que Marx était constamment « obnubilé par une vision morale du monde » et qu'une telle obsession jette un doute sur les ambitions scientifiques qu'il développera plus tard, car il « apparaît non comme le scientifique qu'il prétendait être, mais plutôt comme un moraliste ou une sorte de penseur religieux »[2].

L'idée qu'il serait souhaitable de résoudre ces antinomies a même fait l'objet d'une défense explicite. On la trouve sous la plume de Leo Strauss, quand il affirme que nous disposons d'un indice pour comprendre tous les « faux pas » apparents que commettent certains « maîtres en l'art d'écrire » : il suffit de tenir compte des persécutions qui les menaçaient et des risques que celles-ci faisaient peser

1. S. Avineri, *The Social and Political Thought of Karl Marx*, *op. cit.*, p. 2.
2. R. Tucker, *Philosophy and Myth in Karl Marx*, Cambridge, 1961, p. 7, 11, 21. Cela justifie la conclusion pratique selon laquelle l'« importance » habituellement reconnue aux textes classiques ne s'étend pas jusqu'à Marx, sous prétexte que son obsession religieuse implique qu'il « a très peu de choses à nous dire » sur le capitalisme (p. 233) et que « non seulement il n'a apporté aucune contribution positive, mais qu'il nous a fait beaucoup de tort » en disant ce qu'il a dit sur la liberté (p. 243).

sur l'expression de leurs pensées [1]. Pendant une « époque de persécution », il est impératif de cacher les croyances les moins orthodoxes « entre les lignes » de l'œuvre publiée (« cette expression », apprend-on avec intérêt, « est bien évidemment métaphorique »). Il s'ensuit que, dans pareille situation, si « un écrivain habile » paraît se contredire quand il énonce ses idées, « nous pouvons raisonnablement soupçonner » que ces contradictions apparentes ont délibérément été plantées là pour signaler à ses lecteurs « intelligents et dignes de foi » qu'il est formellement opposé aux conceptions orthodoxes auxquelles il paraît souscrire.

La difficulté à laquelle on se heurte avec ce type de justification est qu'elle dépend de deux hypothèses *a priori* qui, bien qu'elles soient peu plausibles, ne sont pas simplement affirmées sans preuves, mais sont présentées comme des « faits ». La recherche part d'abord de l'idée selon laquelle être original, *c'est* être subversif. Car sans cela nous ne pourrions savoir dans quels textes chercher les doctrines à lire entre les lignes. Deuxièmement, toute interprétation consistant à lire entre les lignes est virtuellement immunisée contre la critique par le « fait » que « les hommes irréfléchis sont des lecteurs inattentifs ». Ne pas « voir » quel message est écrit entre les lignes, c'*est* donc être irréfléchi, tandis que le « voir », c'*est* être intelligent et digne de foi. Mais supposons que nous cherchions un moyen pour tester si, oui ou non, nous avons affaire à l'une de ses fameuses « époques de persécution » et s'il nous faut par conséquent chercher à lire entre les lignes. On nous répond en utilisant deux arguments manifestement

1. L. Strauss, *Persecution and the Art of Writing, op. cit.*, p. 24-25, 30, 32.

circulaires. À quoi reconnaître les époques de persécution ? Ce sont celles où les auteurs hétérodoxes sont obligés de développer cette « technique d'écriture particulière ». Dirons-nous que cette technique est à chaque fois à l'œuvre ? Nous ne l'affirmerons pas « dans tous les cas où cela n'apporte pas une exactitude plus grande que si l'on s'en abstient ». Ainsi, malgré cette défense explicite, on ne voit guère comment l'incitation à rechercher la « cohérence interne » des pensées d'un auteur peut nous conduire à autre chose qu'à des explications mythologiques de ce qu'ils pensent vraiment.

IV

Les différentes mythologies que j'ai analysées trouvent leur origine dans le fait que les historiens des idées veulent à chaque fois être *déterminés*, lorsqu'ils abordent un auteur, par un certain nombre de pré-jugements quant aux caractères fondamentaux de la discipline à laquelle ce dernier est censé avoir contribué. Or il peut sembler que, si les mythologies prolifèrent à ce niveau d'abstraction, elles n'apparaîtront guère – ou seront bien plus faciles à détecter et à écarter –, si, à un autre niveau, l'historien se borne à simplement décrire l'économie et l'argumentation internes de chaque œuvre prise séparément. En effet, on dit souvent qu'il n'y a rien de bien gênant à disséquer les contenus et les arguments des textes classiques. On peut donc dire pour le moins que, même à ce niveau, nous nous heurtons encore à de nouveaux dilemmes engendrés par la question de la priorité des paradigmes et que nous voyons une nouvelle fois l'exégèse historique se renverser en mythologie.

Quand on examine la signification qu'un texte particulier est susceptible de revêtir à nos yeux, rien ne paraît plus simple au premier abord que de décrire l'œuvre et lui attribuer une valeur en ne faisant aucune place à l'analyse de ce que son auteur peut avoir eu en tête. Cette confusion donne lieu habituellement à un type d'approche que l'on peut appeler mythologie de la prolepse, si l'on entend par là la mythologie qui tend à apparaître quand on s'intéresse davantage à la signification rétrospective d'un événement qu'au sens qu'il revêt, à un moment donné, pour l'agent lui-même. Par exemple, on a souvent suggéré que la Renaissance est née avec l'ascension du mont Ventoux par Pétrarque. On pourrait croire, d'un point de vue romantique, que cela rend réellement compte du sens qu'avait l'action de Pétrarque et de son intérêt pour nous. Mais, si l'on en reste à cette description, on ne pourra jamais vraiment expliquer l'action que Pétrarque entendait accomplir, et donc la signification que cet acte avait pour lui[1]. La mythologie de la prolepse résulte ainsi de la convergence de deux réalités asymétriques : la signification qu'un observateur peut légitimement prêter à un événement historique et la signification que possède cet événement lui-même.

Une prolepse qui a constamment été démasquée, mais est constamment réapparue est celle qui a consisté à critiquer les conceptions politiques que Platon expose dans la *République* comme celle d'un « politicien de parti totalitaire »[2]. Une autre prolepse a consisté à affirmer non

1. Pour de telles considérations et d'autres exemples de ce genre, voir A. Danto, *Analytical Philosophy of History*, Cambridge, 1965, p. 149-181.

2. K.R. Popper, *The Open Society and Its Enemies*, London, 1962, vol. I, p. 169 ; trad. fr. J. Bernard, Ph. Monod, *La Société ouverte et ses enemis*, 2 tomes, Paris, Seuil, 1979.

seulement que les idées politiques de Rousseau « justifient philosophiquement l'État totalitaire aussi bien que l'État-nation démocratique »[1], mais que cette « réserve » que l'on pouvait formuler à son endroit était si importante qu'« une *responsabilité* particulière pour l'essor du totalitarisme » devait lui être attribuée[2]. Dans l'un et l'autre cas, une explication plausible de la signification historique que peut avoir une œuvre converge avec une explication de ce que l'auteur faisait, qui, par principe, ne saurait être vraie.

Ces versions grossières de la mythologie de la prolepse peuvent être (et ont été) très facilement démasquées. Mais cela n'a pas suffi à empêcher le même genre de prolepses de réapparaître, sans qu'il soit facile de les repérer, dans les analyses d'autres théoriciens politiques considérés comme influents. Pensons par exemple à Locke et Machiavel. Machiavel, on l'a souvent dit, « a été l'inspirateur de l'orientation politique moderne »[3]. Avec Machiavel, « nous nous tenons sur le seuil du monde moderne »[4]. Cela peut certes nous donner une idée juste de l'importance historique de Machiavel (encore que cela suppose, semble-t-il, une conception quelque peu naïve de la causalité historique). Mais cette affirmation sert fréquemment de

---

1. J. Bronowski and B. Mazlish, *The Western Intellectual Tradition*, London, 1960, p. 303.

2. J.W. Chapman, *Rousseau – Totalitarian or Liberal ?*, New York, 1956, p. VII. Les italiques sont de moi. Pour les jugements analysés ici, voir par exemple A. Cobban, *The Crisis of Civilization*, London, 1941, p. 57 et surtout J.L. Talmon, *The Origins of Totalitarian Democracy*, London, 1952, qui affirme (p. 43) que Rousseau « a donné le jour à une démocratie totalitaire ».

3. W. Winiarski, « Niccolo Machiavelli », *History of Political Philosophy*, L. Strauss (ed.), Chicago, 1963, p. 247-276, p. 247.

4. E. Cassirer, *The Myth of the State*, New Haven, 1946, p. 140.

prélude à l'analyse des éléments spécifiquement
« modernes » de la pensée de Machiavel et elle a même
servi à expliquer « l'*intention* qui préside à son enseignement
politique » [1]. Ici, le danger n'est pas seulement de « voir »
trop facilement apparaître les éléments « modernes » que
l'interprète est désormais disposé à découvrir. Il y a aussi
le risque que des interprétations de cette nature se détachent
de tout ce qui pourrait constituer en principe une explication
plausible de ce que les écrits politiques de Machiavel
avaient pour but d'accomplir.

Un problème comparable a embrouillé l'analyse de la
philosophie politique de Locke. On nous dit fréquemment
(sans doute à bon droit) que Locke a été l'un des fondateurs
de l'école empirique et libérale moderne de pensée politique.
Mais, bien trop souvent, cette caractérisation se change en
l'idée selon laquelle Locke aurait lui-même été un théoricien
politique « libéral » [2]. Cela change une affirmation plausible
sur la signification de l'œuvre de Locke en une affirmation
relative à son contenu qui l'est moins. Car Locke ne peut
guère avoir voulu apporter sa contribution à une école de
philosophie politique qu'il a eu le grand mérite, comme
on le suggère, d'avoir rendu possible [3]. Ainsi, le signe le
plus évident que nous avons affaire à la mythologie de la

1. W. Winiarski, « Niccolo Machiavelli », *op. cit.*, p. 273. Les italiques
sont de moi.

2. Ainsi que l'affirment J.W. Gough, *John Lockes Political Philosophy*,
op. cit. ; J.W. Gough, *The Social Contract*, *op. cit.* ; J. Plamenatz, *Man
and Society*, *op. cit.* et M. Seliger, *The Liberal Politics of John Locke*,
op. cit., 1968.

3. Pour une analyse de cette confusion et une rectification voir
J. Dunn, *The Political Thought of John Locke*, Cambridge, 1969, p. 29-31,
204-206. Voir aussi J. Tully, *An Approach to Political Philosophy. Locke
in Contexts*, Cambridge, 1993, p. 2, 6, 73-79.

prolepse est que cette analyse s'expose à la critique la plus grossière que l'on puisse formuler contre les formes téléologiques d'explication : l'événement doit attendre le futur pour apprendre sa signification.

Une fois même ces mises en garde prises en compte, l'objectif apparemment simple de décrire le contenu d'un texte classique peut encore faire naître des difficultés de cette nature. Car il est encore possible que l'observateur puisse mal rendre compte, par un raccourci historique, de la signification que le texte était censé transmettre. Ce danger ne peut manquer d'apparaître quand on cherche à comprendre une culture étrangère ou un schème conceptuel peu familier. Puisqu'il est possible que l'observateur introduise une telle compréhension à l'intérieur de sa propre culture, il est manifestement dangereux, mais tout aussi inévitable, qu'il mette en œuvre ses propres critères familiers de classification et de discrimination. Le danger inhérent à une telle entreprise est que l'observateur croie « apercevoir » quelque chose qui donne l'apparence de la familiarité lorsqu'il étudie un argument peu familier et qu'il propose dès lors une description faussement reconnaissable.

Deux formes particulières de ce provincialisme affectent l'histoire des idées. On court d'abord le risque de se laisser égarer par le point de vue que l'on occupe quand on croit voir *à quoi se réfère* tel ou tel énoncé d'un texte classique. Un argument qui apparaît dans une œuvre peut rappeler un argument d'une œuvre plus ancienne, ou peut sembler le contredire. À chaque fois, l'historien peut imaginer que l'intention de l'auteur était de se référer à son prédécesseur et il en arrive à parler, de manière erronée, de l'« influence » de l'œuvre antérieure.

Je ne dis pas que le concept d'influence soit dénué de toute valeur explicative. Mais le risque est qu'il est facile de s'en servir en croyant expliquer les choses, sans se demander si les conditions suffisantes, ou au moins nécessaires, qui rendent possible son application, sont réunies. Il en résulte assez souvent un récit qui rappelle les chapitres d'ouverture du Premier livre des *Chroniques*, mais sans la justification génétique. Pensons par exemple à ce que l'on décrit comme la généalogie des idées politiques de Burke. Ses *Pensées sur la cause des mécontentements présents* auraient eu pour objectif de « contrebalancer l'influence de Bolingbroke »[1]. Bolingbroke aurait lui-même été influencé par Locke[2]. Quant à Locke, ou bien l'on dit de lui qu'il a été influencé par Hobbes[3], qu'il est censé avoir « vraiment » eu à l'esprit quand il rédigeait les *Deux traités*, ou bien qu'il avait en tête de contrebalancer l'influence de Hobbes[4] et Hobbes lui-même est censé avoir

1. Voir M. Mansfield, *Statesmanship and Party Government. A Study of Burke and Bolingbroke*, Chicago, 1965, p. 86 et également p. 41, 66, 80. Pour l'affirmation correspondante selon laquelle Bolingbroke « anticiperait » Burke, voir J.P. Hart, *Viscount Bolingbroke, Tory Humanist*, London, 1965, p. 95, 149 et *passim*.

2. Voir M. Mansfield, *Statesmanship and Party Government, op. cit.*, 1965, p. 49 et *passim*. Certains manuels consacrés à la pensée du XVIII e siècle voient dans « la tradition lockéenne » le moyen indispensable pour expliquer certains des principaux traits de l'époque. Voir, par exemple, H. Laski, *Political Thought in England. Locke to Bentham*, Oxford, 1961, p. 47-53, 131.

3. Pour cette hypothèse, voir L. Strauss, *Natural Right and History*, *op. cit.* et R. Cox, *Locke on War and Peace, op. cit.*, 1960.

4. C'est une théorie largement diffusée. Même S. Wolin, *Politics and Vision, op. cit.*, p. 26 affirme qu'« un lecteur soigneux ne peut manquer de voir » que Locke entendait réfuter Hobbes. Cette hypothèse figure dans la plupart des manuels consacrés à la pensée politique du début de la période moderne. Voir par exemple M. Martin, *French Liberal Thought in the Eighteenth Century*, London, 1962, p. 120.

été influencé par Machiavel[1], qui, lui, a, semble-t-il, influencé tout le monde[2].

La plupart de ces explications relèvent de la pure et simple mythologie, comme on s'en persuade aisément lorsqu'on voit quelles conditions étaient requises pour expliquer l'apparition d'une doctrine chez un auteur B en invoquant l'« influence » d'un auteur A, plus ancien. Parmi ces conditions, il fallait au moins inclure celles-ci : (i) que l'on sache que B a étudié les œuvres de A, (ii) que B n'ait pas été en mesure de découvrir les doctrines en question chez un auteur autre que A, et (iii) que B ne soit pas parvenu aux doctrines en question indépendamment. Reprenons maintenant les exemples que j'ai proposés plus haut à partir de ce modèle. On peut dire que la prétendue influence de Machiavel sur Hobbes et de Hobbes sur Locke, ne passe même pas le test (i). De toute évidence, Hobbes n'a jamais discuté explicitement les thèses de Machiavel et Locke les thèses de Hobbes. On peut aussi prouver que la prétendue influence de Hobbes sur Locke et de Bolingbroke sur Burke, ne passe pas le test (ii). Burke pourrait aussi bien avoir découvert les doctrines de Bolingbroke, dont on prétend qu'il a subi l'influence, chez toute une série de pamphlétaires du début du XVIIIe siècle hostiles au gouvernement de Walpole[3]. Locke pourrait avoir lui-même

1. Voir par exemple L. Strauss, *What is Political Philosophy?*, *op. cit.*, p. 48 pour l'idée que Hobbes « acceptait » la critique machiavélienne de la philosophie politique traditionnelle.

2. Voir F. Raab, *The English Face of Machiavelli*, *op. cit.*, A. Cherel, *La pensée de Machiavel en France*, Paris, 1935 ; et G. Prezzolini, *Machiavelli*, trad. G. Savini, London, 1968.

3. Pour une analyse plus complète des problèmes qui ont trait à l'« influence », voir Q. Skinner, « The Limits of Historical Explanations », *Philosophy*, 1966, 41, p. 199-215. Pour le reproche que l'on m'a fait d'avancer un argument exagérément sceptique et même préjudiciable à la recherche, voir F. Oakley, *Politics and Eternity. Studies in the History*

découvert ces doctrines prétendument hobbesiennes dans toute une série d'écrits politiques *de facto* des années 1650 – puisqu'on est au moins certain que Locke les a lus, alors qu'il n'est pas sûr qu'il ait lu Hobbes avec soin [1]. Enfin, il est évident qu'aucune de ces hypothèses ne passe le test (iii), et, pourrions-nous ajouter, on ne voit même pas vraiment comment quelqu'un pourrait jamais réussir ce test.

L'autre forme répandue de provincialisme tient à ce que les interprètes abusent inconsciemment de leur point de vue particulier lorsqu'ils analysent le *sens* d'une œuvre donnée. Le risque est toujours présent que l'historien conceptualise un argument de telle façon que ses éléments exotiques disparaissent en une familiarité trompeuse. Deux exemples évidents suffisent à l'illustrer. Imaginons par exemple un historien qui déciderait (peut-être très justement) qu'un trait fondamental de la pensée politique radicale qui a vu le jour pendant la Révolution anglaise de la première moitié du XVIIe siècle a été le projet d'étendre plus largement le droit de vote. Cet historien peut en arriver alors à reformuler conceptuellement cette revendication propre aux Niveleurs comme un argument en faveur de la démocratie. Le danger apparaît quand on se sert du concept de « philosophie de la démocratie libérale » [2] comme d'un

of Medieval and Early-Modern Political Thought, Leiden, 1999, p. 138-187. Je ne nie toutefois pas que ce concept puisse se montrer fécond (je m'en sers moi-même de temps à autre). Je dis simplement que nous pouvons être sûrs qu'invoquer ce concept aide en quelque façon à passer les tests que j'ai proposés.

1. Voir A. Foord, *His Majestys Opposition. 1714-1830*, Oxford, 1964, p. 57-109, 113-159.

2. Pour les théoriciens de la souveraineté *de facto* des débuts des années 1650 et leur rapport à Hobbes voir ci-dessous, vol. 3, chap. 9 et 10. Sur la lecture de Locke voir P. Laslett, *The Library of John Locke*, J. Harrison (ed.), Oxford, 1965.

paradigme pour décrire et comprendre le mouvement des Niveleurs. Ce paradigme nous complique inutilement la tâche quand nous cherchons à rendre compte des traits les plus caractéristiques de l'idéologie de ces derniers. Si par exemple nous sommes enclins à nous représenter leur leadership comme une forme de « sécularisme républicain », il n'y a pas lieu de s'étonner si leurs angoisses au sujet de la monarchie et leurs appels au sentiment religieux finissent par paraître déconcertants [1]. Le paradigme « démocratie » orientera aussi la recherche historique dans de mauvaises directions. On cherchera à découvrir dans la pensée des Niveleurs le concept anachronique d'« État Providence » et cette fois dans le suffrage universel qu'ils n'ont jamais partagée [2].

Imaginons, dans la même veine, un historien qui déciderait (peut-être encore très justement) que la réflexion que Locke mène dans les *Deux traités* sur le droit de résister à un gouvernement tyrannique se rattache à son analyse de la place qui revient au consentement dans toute communauté politique légale. Cet historien peut alors se servir de la notion de « gouvernement par consentement » comme d'un paradigme pour rendre compte de l'argument de Locke [3]. Le même danger réapparaît. Quand nous parlons de gouvernement par consentement, nous pensons le plus souvent à une théorie portant sur les conditions à mettre

1. Voir H.N. Brailsford, *The Levellers and the English Revolution*, London, 1961, p. 118 et *cf.* D. Wootton, Préface et Introduction à *Divine Right and Democracy*, Harmondsworth, 1986, p. 9-19, p. 22-86, p. 38-58 sur l'émergence de la « démocratie » dans l'Angleterre du XVIIe siècle.

2. H.N. Brailsford, *The Levellers and the English Revolution, op. cit.*, p. 233, A.S.P. Woodhouse, *Puritanism and Liberty*, London, 1938, p. 83.

3. Comme, par exemple, chez J.W. Gough, *John Lockes Political Philosophy, op. cit.*, p. 47-72.

en œuvre si les dispositifs légaux de l'association civile doivent être regardés comme légitimes. Dès lors, il est naturel de se tourner vers le texte de Locke avec cette conceptualisation à l'esprit et de juger, comme il se doit, qu'une telle théorie est mal établie. Mais quand Locke parle de gouvernement par consentement, cela ne semble pas du tout être ce qu'il avait à l'esprit. Ce qui l'intéressait dans le concept de consentement se rattache à son projet de rendre compte des *origines* des sociétés politiques légitimes [1]. Ce n'est pas vraiment ce que l'on pourrait appeler un argument en faveur de l'idée de consentement. Mais tel était bien, semble-t-il, son argument, et le seul résultat auquel on parvient quand on refuse de partir de là est de décrire incorrectement sa théorie et de l'accuser d'avoir bâclé ce qu'en réalité, il n'était pas en train d'écrire.

Le problème sur lequel j'ai insisté tout au long de cet exposé est donc qu'il est dangereux, mais inévitable, pour l'historien des idées d'aborder les objets dont il s'occupe avec des paradigmes préconçus. Il est désormais évident que ces dangers apparaissent là où l'historien choisit d'ignorer un certain nombre de considérations d'ordre général qui s'appliquent à la formulation et à la compréhension des énoncés. Une analyse de ces questions me permettra de récapituler les leçons méthodologiques sur lesquelles j'ai insisté jusqu'ici.

Remarquons ainsi qu'il est parfaitement impossible d'attribuer à un agent des intentions et des actes qu'il ne saurait reconnaître pour des descriptions correctes de ce qu'il a voulu dire ou faire. Cette autorité spéciale que les agents ont sur leurs intentions n'interdit pas qu'un

---

1. Voir J. Dunn, *Political Obligation in its Historical Context, op. cit.*, p. 29-52.

observateur puisse être en position de mieux ou plus
pleinement rendre compte des actions d'un agent qu'il ne
le pourrait lui-même (la psychanalyse se fonde sur cette
possibilité). Mais elle exclut bel et bien qu'une description
acceptable du comportement d'un agent puisse jamais
résister à la démonstration qu'elle dépendait d'un critère
de description et de classification dont ce dernier ne disposait
pas. Car si un agent affirme ou fait délibérément une chose
et si cette parole ou cette action a une signification pour
lui, toute tentative pour rendre compte de façon plausible
de ses intentions doit nécessairement entrer dans le cadre
des descriptions dont l'agent pouvait en principe se servir
pour décrire et catégoriser ce qu'il disait ou faisait. Sans
quoi, la description qui en résulte ne pourra être, aussi
intéressante qu'elle puisse paraître, une description de ce
que dit ou fait l'agent.

C'est évidemment ce point que l'on ignore chaque fois
que les historiens des idées reprochent aux théoriciens
classiques d'avoir été incapables de donner à leurs doctrines
une expression cohérente ou de former une théorie sur un
des thèmes que l'on se plaît à regarder comme éternels.
Car ce n'est pas la bonne façon d'apprécier l'action d'un
agent que de dire qu'il a échoué à accomplir quelque chose,
à moins qu'il soit clair d'entrée de jeu qu'il avait eu et, en
réalité même, qu'il avait l'intention d'accomplir ladite
action. Effectuer ce test, c'est reconnaître qu'à strictement
parler, beaucoup des questions que je viens d'analyser
(comme celle de savoir si Marsile de Padoue a formulé
une théorie de la séparation des pouvoirs, etc.) sont vides
de sens faute de référence. Il n'y a pas moyen de formuler
ces questions dans des termes qui, en principe, auraient
pu avoir un sens pour les agents concernés. Le même test
montre manifestement que ce que l'on dit des « anticipations »

que j'ai examinées – par exemple que « nous pouvons voir dans la théorie lockéenne » des signes « une anticipation de la métaphysique de Berkeley » – est tout aussi dénué de sens[1]. Il n'y a pas lieu d'aborder ainsi la théorie de Locke si notre but est d'énoncer quelque chose sur cet auteur (il ne peut guère avoir eu l'intention d'anticiper la métaphysique de Berkeley). Nous pouvons, si cela nous chante, raconter des histoires de ce genre, mais (malgré une attitude en vogue chez les philosophes) écrire l'histoire ne veut pas simplement dire raconter des histoires : un autre aspect de l'histoire des historiens est qu'elle est supposée chercher à atteindre la vérité[2].

Une dernière remarque qui mérite d'être soulignée porte sur l'acte même de la pensée. Il faut reconnaître que penser est un effort actif, pas simplement la manipulation d'un kaléidoscope d'images mentales[3]. L'analyse de problèmes, en tant qu'elle ressortit de l'introspection commune et de l'observation, ne me paraît pas prendre la forme ou être réductible à une activité réglée par des modèles ou même entièrement conforme à nos intentions. Nous nous lançons plutôt dans une lutte souvent insupportable avec les mots et les significations, nous touchons du doigt les limites de notre intelligence et sombrons dans la confusion, pour finir souvent par voir apparaître, quand nous cherchons à faire la synthèse de nos conceptions, au moins autant de désordres conceptuels que de doctrines cohérentes. Mais c'est précisément ce que les interprètes s'interdisent de voir lorsqu'ils mettent en avant la nécessité

---

1. R.L. Armstrong, « John Lockes Doctrine of Signs. A New Metaphysics », *op. cit.*
2. Voir M. Mandelbaum, « A Note on History as Narrative », *op. cit.*
3. *Cf.* J. Dunn, *Political Obligation in its Historical Context, op. cit.*, p. 13-28, qui contient une analyse plus poussée de ce problème.

de rassembler les pensées malheureusement « éparpillées » d'un auteur classique et de les présenter systématiquement, ou d'atteindre un certain niveau de cohérence, libre de toutes passions, où toutes les difficultés et confusions qui grèvent habituellement l'acte de penser sont amenées à disparaître.

V

On pourrait maintenant soulever une objection évidente et l'opposer à l'ensemble des arguments que j'ai avancés. J'ai énuméré les dangers que l'on rencontre quand on aborde les textes classiques de l'histoire de la philosophie comme des objets d'étude autonomes et qu'on se focalise sur ce que chaque auteur *énonce* au sujet des doctrines canoniques, en cherchant à reconstituer la signification et le sens de leurs œuvres. On pourrait répondre qu'il était possible d'échapper, avec un minimum de soin et d'érudition, à de tels dangers. Mais, si c'est le cas, que reste-t-il de mon affirmation initiale selon laquelle il y a quelque chose de foncièrement erroné dans cette approche ?

Pour répondre à cette question, je dois avancer une nouvelle thèse, plus forte que celle j'ai défendue jusqu'ici. L'approche que j'ai analysée ne nous permet pas, en principe, de comprendre comme il le faudrait l'histoire de la pensée. La raison en est principalement que, si nous souhaitons comprendre un texte, nous devons être capables d'expliquer non seulement la signification de ce qui a été dit, mais aussi de ce que l'auteur avait l'intention de communiquer en énonçant ce qu'il énonçait. Une étude qui se concentrerait uniquement sur ce qu'un auteur *a énoncé* sur un certain thème non seulement serait inadéquate, mais pourrait en certains cas nous induire positivement en erreur si nous voulons qu'elle nous mette sur la voie de ce que l'auteur voulait dire ou faire.

Partons d'une remarque évidente : les mots que nous utilisons pour formuler nos concepts changent parfois de sens à travers le temps, de sorte qu'une description de ce qu'un auteur énonce au sujet d'un concept peut potentiellement nous tromper sur la signification de son texte. Rappelons-nous par exemple comment la doctrine de l'immatérialisme de l'évêque Berkeley a été reçue par ses critiques contemporains. Andrew Baxter, aussi bien que Thomas Reid, constatent l'« égoïsme » de son point de vue et c'est sous cet intitulé que son œuvre est discutée dans l'*Encyclopédie* [1]. Il n'est donc important de savoir que, si les contemporains de Berkeley avaient voulu l'accuser de ce que nous appelons égoïsme, ils se seraient beaucoup plus probablement référés à son « hobbisme ». En parlant de son égoïsme, ils voulaient dire quelque chose qui s'apparentait bien davantage à ce que nous appellerions le solipsisme [2].

Une autre raison que nous avons de croire que ce qu'un auteur dit à propos d'une doctrine peut nous induire en erreur quant à ce qu'il voulait dire est que les auteurs utilisent souvent en toute connaissance de cause ce que l'on peut appeler des stratégies rhétoriques indirectes. La plus évidente d'entre elles est l'ironie, qui a pour résultat de nous faire apprécier séparément ce qui est dit et ce que l'on veut dire. Prenons par exemple la doctrine de la tolérance religieuse telle qu'elle s'imposait aux intellectuels

1. A. Baxter, *An Enquiry into the Nature of the Human Soul*, London, 1745, vol. 2, p. 280 ; T. Reid, *Essays on the Intellectual Powers of Man*, A.D. Woozley (ed.), London, 1941, p. 120.

2. H. Bracken, *The Early Reception of Berkeleys Immaterialism. 1710-1773*, The Hague, 1965, p. 1-25, 59-81.

anglais à l'époque de l'Acte de tolérance de 1689. Nous avons de bonnes raisons de croire que les contributions que l'on a faites à ce débat exprimaient essentiellement un point de vue commun. Mais il faudrait se lancer dans une enquête historique très sophistiquée pour arriver à établir, par exemple, que le *Plus court moyen pour en finir avec les dissidents* de Daniel Defoe, la *Lettre* de Benjamin Hoadly au pape sur les pouvoirs de l'Église et la *Lettre sur la tolérance* de John Locke cherchent tous à transmettre un même message de tolérance à l'égard de la dissidence religieuse. En rester à ce que chaque auteur *énonce* sur ce problème est la garantie de nous tromper du tout au tout pour ce qui est de Defoe et de commettre d'immenses confusions dans le cas d'Hoadly. Seul Locke semble dire quelque chose qui ressemble à ce qu'il voulait dire, mais même là nous voudrions pouvoir nous rassurer sur le fait que ses propos ne recèlent aucune ironie (souvenons-nous de Swift). Autrement dit, il n'est pas facile de savoir combien de fois il faudra lire nos textes « encore et encore », comme on nous exhorte à le faire [1], avant de passer de ce qui a été dit à une compréhension de ce que l'on voulait dire.

Un problème plus difficile encore naît facilement de ces stratégies indirectes. On peut se demander s'il est « plus crédible historiquement » de dire d'un auteur, comme l'a fait un expert, qu'il « croyait ce qu'il écrivait » que de supposer qu'il était insincère. Voyons par exemple comment ce problème apparaît dans l'interprétation des philosophies de Thomas Hobbes ou de Pierre Bayle. Quand Hobbes décrit les lois de la nature, la doctrine qu'il énonce inclut l'idée que ces lois sont les lois de Dieu et que nous sommes

---

1. J. Plamenatz, *Man and Society*, *op. cit.*, vol. 1, p. x.

obligés de leur obéir. Ses dires explicites ont traditionnellement été rejetés comme l'œuvre d'un sceptique qui entendait faire un usage hétérodoxe d'un vocabulaire familier. Mais certains interprètes révisionnistes n'ont pas manqué de dire (la façon de l'exprimer est révélatrice) qu'après tout, Hobbes doit avoir « pensé très sérieusement ce qu'il dit si souvent, à savoir que la "loi naturelle" est le commandement de Dieu et qu'il faut lui obéir parce qu'elle est le commandement de Dieu ». Le scepticisme de Hobbes est alors regardé comme un déguisement ; quand le masque tombe, cet auteur apparaît comme le défenseur d'une déontologie chrétienne [1]. De même pour Bayle, dont le *Dictionnaire* contient la plupart des doctrines dont se réclame la théologie calviniste la plus rigoureuse et la plus stricte. Là encore, on a fréquemment récusé ses dires explicites en affirmant que Bayle ne pouvait pas avoir été sincère. Mais, à nouveau, certains interprètes révisionnistes n'ont pas manqué de dire que Bayle, loin d'être le prototype du *philosophe* sarcastique, était un homme de foi, un penseur religieux dont les déclarations devaient être prises pour argent comptant si l'on voulait comprendre ses arguments [2].

---

1. A.E. Taylor, « The Ethical Doctrine of Hobbes », *Philosophy*, 1938, 13, p. 406-424, p. 418. H. Warrender, *The Political Philosophy of Hobbes, op. cit.* adopte une position comparable, tandis que F.C. Hood (*The Divine Politics of Thomas Hobbes, op. cit.*) propose un énoncé plus radical. Pour une version plus rigoureuse de l'argument voir A.P. Martinich, *The Two Gods of Leviathan. Thomas Hobbes on Religion and Politics*, Cambridge, 1992, p. 71-135.

2. Voir P. Dibon, « Redécouverte de Bayle », *Pierre Bayle. Le philosophe de Rotterdam*, P. Dibon (ed.), Amsterdam, 1959, p. VII-XVII, p. XV et E. Labrousse, *« Pierre Bayle »*, *Hétérodoxie et rigorisme*, La Haye, 1964, p. 346-386, qui analyse les articles de Bayle sur David et le manichéisme.

Je ne cherche pas à savoir quel type d'interprétation il faut préférer dans le cas de Hobbes et de Bayle. Mais je tiens à ce que l'on sache que la méthodologie sur laquelle s'appuient ces interprétations révisionnistes est inadéquate. On nous dit qu'une « analyse fidèle des textes », une focalisation sur les textes « eux-mêmes » suffiront à établir en chaque cas le bien-fondé de l'approche révisionniste [1]. On ne s'est pas rendu compte, semble-t-il, qu'accepter de telles interprétations conduit à faire siennes un certain nombre d'hypothèses très particulières au sujet de Hobbes, de Bayle et de l'époque à laquelle ils vivaient. Ces deux penseurs ont été reconnus par les *philosophes* comme leurs grands prédécesseurs en matière de scepticisme et ont été perçus comme des sceptiques aussi bien par leurs critiques contemporains que par leurs partisans, aucun d'eux n'ayant jamais douté qu'ils entendaient s'attaquer aux orthodoxies religieuses de leur temps. Bien sûr, il est toujours possible de réfuter cette objection en disant que les critiques contemporains de Hobbes et de Bayle se sont autant trompés les uns que les autres, et de la même manière, sur la nature des intentions qui sous-tendent leurs textes. Mais une telle hypothèse, en plus d'être improbable, pose à nouveau problème quant à l'attitude de Hobbes et Bayle eux-mêmes. L'un et l'autre avaient de bonnes raisons de croire que l'hétérodoxie religieuse était un engagement dangereux. Selon John Aubrey, Hobbes vécut pendant un temps dans la crainte que les évêques ne décident « d'envoyer le vieux gentilhomme sur le bûcher comme n'importe quel hérétique » [2]. Bayle perdit sa chaire de professeur à Sedan

1. F.C. Hood, *The Divine Politics of Thomas Hobbes, op. cit.*, p. VII; E. Labrousse, « *Pierre Bayle* », *op. cit.*, p. x.

2. J. Aubrey, « *Brief Lives* », *chiefly of Contemporaries, set down by John Aubrey, between the years 1669 and 1696*, A. Clark (ed.), Oxford, 1898, vol. 1, p. 339.

au motif qu'il était anticatholique et, plus tard, celle qu'il occupait à Rotterdam au motif qu'il ne l'était pas assez. Si ces deux auteurs avaient conçu leurs œuvres comme des instruments pour propager un sentiment religieux orthodoxe, comment comprendre qu'aucun d'eux n'ait fait retirer des éditions ultérieures de son œuvre – comme l'un et l'autre pouvaient le faire et comme Bayle y était même invité – les passages apparemment si mal compris, ou n'ait essayé de corriger les malentendus apparents que provoquent les intentions qui sous-tendent leurs œuvres [1] ?

Ainsi, les textes de Hobbes et de Bayle font naître des questions que nous ne pourrons jamais espérer résoudre en les parcourant « encore et encore », jusqu'à ce que nous croyions les avoir compris. Or si, après avoir réfléchi aux différentes implications que j'ai signalées, nous nous mettons à douter de la signification de ces textes, ce sera à cause d'une information extérieure aux textes proprement dits. Si, au contraire, nous nous croyons en mesure d'affirmer que les textes disent ce qu'ils veulent dire, il nous reste à comprendre ce que ce choix implique précisément. Quelle que soit l'interprétation que nous adoptons, nous ne pouvons espérer justifier notre choix en renvoyant simplement à ce que les textes semblent apparemment signifier.

Ce qui importe bien davantage, cependant, que toutes ces considérations est le fait que *chaque fois* que quelque chose est énoncé sérieusement, l'étude de ce que dit l'auteur n'est jamais un guide suffisamment sûr pour comprendre ce qu'il voulait dire. Pour comprendre ce qui est dit sérieusement, nous avons besoin de saisir non pas simplement la signification de ce qui est énoncé, mais en

1. Pour tous ces détails sur Hobbes voir S.I. Mintz, *The Hunting of Leviathan*, Cambridge, 1962 et sur Bayle voir H. Robinson, *Bayle the Sceptic*, New York, 1931.

même temps la force que l'on entendait mettre dans cette affirmation. Nous avons besoin, en d'autres termes, de saisir non pas simplement ce que l'on énonçait, mais aussi ce que l'on *accomplissait* à travers cet énoncé. Étudier ce que les penseurs du passé ont *énoncé* à propos des thèmes canoniques de l'histoire des idées veut donc dire accomplir uniquement la première des deux tâches herméneutiques indispensables si notre but est de s'élever à une compréhension historique de ce qu'ils ont écrit. Nous avons tout autant besoin de saisir la signification de ce qu'ils énonçaient que de comprendre ce qu'ils voulaient dire à travers leurs énoncés.

Ce que nous disons là s'inspire de la réflexion menée par Wittgenstein sur ce qu'implique le fait de rétablir une signification et du développement par J.L. Austin de l'analyse wittgensteinienne de la signification et de l'usage. Je me borne ici à illustrer la différence qu'entraîne pour l'étude des textes séparés et des « idées-unités » le fait de prendre au sérieux le principe selon lequel, si nous voulons comprendre leurs textes, il y a toujours une question à poser non seulement sur ce que *font* les auteurs, mais sur ce qu'ils énoncent.

Pour illustrer notre thèse, tournons-nous d'abord vers un texte isolé. Descartes, dans ses *Méditations*, estime qu'il importe par-dessus tout de fonder l'idée d'une connaissance indubitable. Mais pourquoi était-ce un problème à ses yeux ? Les historiens traditionnels de la philosophie n'ont guère reconnu le bien-fondé de cette question ; ils ont généralement tenu pour acquis que, puisque Descartes était un épistémologue et que le problème de la certitude est un des problèmes cruciaux de l'épistémologie, il n'y avait rien là qui soit particulièrement énigmatique. Ils ont dès lors pu concentrer leurs efforts sur ce qu'ils

jugeaient être leur travail fondamental d'interprétation :
examiner de manière critique ce que Descartes *énonce* sur
la façon que nous avons de connaître une chose avec
certitude.

Si cette approche ne me satisfait pas, c'est qu'elle ne
nous donne, pour reprendre les termes fort utiles de
R.G. Collingwood, aucune idée de la question spécifique
à laquelle la doctrine cartésienne de la certitude était censée
répondre [1]. Elle ne nous aide par conséquent aucunement
à comprendre ce que faisait Descartes lorsqu'il donnait à
sa doctrine la forme sous laquelle il a précisément choisi
de la présenter. Je crois ainsi qu'une des avancées les plus
importantes pour l'étude actuelle de Descartes a été qu'un
certain nombre de chercheurs – Richard Popkin, E.M. Curley
et quelques autres – ont justement commencé à se poser
ce genre de questions au sujet des *Méditations* [2]. En guise
de réponse, ils ont suggéré que ce que faisait Descartes
consistait en partie à répondre à une nouvelle forme,
particulièrement décapante, de scepticisme, née de la
redécouverte et de la diffusion à la fin du XVIe siècle des
textes du pyrrhonisme antique. Nous leur devons donc une
nouvelle façon d'aborder les *Méditations*, mais aussi une
clé pour interpréter de manière circonstanciée plusieurs
des effets qu'elle produit. Nous leur devons donc de pouvoir
réfléchir à nouveaux frais sur les raisons qui expliquent
l'organisation particulière de ce texte et sur ce qui fait
qu'un certain vocabulaire est mis en œuvre, que certains

---

1. R.G. Collingwood, *An Autobiography*, Oxford, 1939, p. 34-35.
2. Voir R.H. Popkin, « The Sceptical Origins of the Modern Problem
of Knowledge », in *Perception and Personal Identity*, N. Care (ed.),
Cleveland, 1969, p. 3-24 ; R.H. Popkin, *The History of Scepticism from
Erasmus to Spinoza*, Berkeley, 1979 et E.M. Curley, *Descartes against
the Skeptics*, Oxford, 1978.

arguments sont particulièrement mis en avant ou que, plus généralement, ce texte possède une identité propre et une structure.

On peut dire la même chose du projet qu'a eu Lovejoy de centrer sa recherche sur les « idées-unités »[1] et de « suivre la trajectoire d'un grand mais insaisissable thème » sur une période donnée, voire « sur plusieurs siècles »[2]. Considérons par exemple le projet d'écrire l'histoire de l'idée de *noblesse* dans l'Europe des débuts de la période moderne. L'historien pourrait fort justement commencer par faire remarquer que le sens de ce mot dépendait de l'usage que l'on en faisait pour désigner une qualité particulièrement valorisée. Ou il pourrait, à tout aussi bon droit, rappeler que le même mot servait à signifier l'appartenance à une classe sociale déterminée. Il se pourrait en pratique que, dans un cas particulier, on ne voie pas clairement quelle est la signification à comprendre. Quand Francis Bacon affirme que la noblesse ajoute de la majesté à un monarque, mais diminue son pouvoir, nous pourrions tout aussi bien penser à la première signification (en nous rappelant son admiration pour Machiavel) qu'à la seconde (en nous rappelant sa position officielle). Un autre problème vient de ce que les moralistes tirent délibérément profit de cette ambiguïté. Ils le font parfois pour nous convaincre qu'un homme peut avoir de nobles qualités même si lui fait défaut une noble extraction. Qu'il soit possible de dire à bon droit de quelqu'un qu'il est noble « par sa vertu davantage que par la différence des états » était un paradoxe

1. Sur les « idées-unités » en tant qu'objets d'étude, voir A.O. Lovejoy, *The Great Chain of Being*, *op. cit.*, notamment p. 15-17.

2. S. Lakoff, *Equality in Political Philosophy*, Cambridge, 1964, p. VII.

fréquent dans la pensée morale de la Renaissance[1]. Mais parfois, il s'agit de montrer que, si la noblesse est affaire d'accomplissement, elle se trouve rattachée à la noblesse de naissance. C'est même cette heureuse coïncidence que l'on faisait plus fréquemment remarquer[2]. Il était d'ailleurs toujours possible au moraliste de tourner cette ambiguïté de fond contre le concept de *nobilitas* lui-même, en opposant la noblesse de naissance à la bassesse de comportement qui pouvait l'accompagner. Quand Thomas More décrit dans son *Utopie* le noble comportement de l'aristocratie militaire, il est tout à fait possible qu'il ait voulu jeter le discrédit sur le concept courant de *nobilitas*[3].

Mon exemple est évidemment très simplifié, mais il suffit encore, je crois, à faire apparaître deux faiblesses inhérentes au projet que l'on a pu avoir d'écrire une histoire des « idées-unités ». Si tout d'abord nous voulons comprendre une idée particulière, serait-ce uniquement à l'intérieur d'une culture précise et à un moment précis, nous ne pouvons pas simplement nous focaliser, comme le fait Lovejoy, sur l'analyse des termes dans lesquels elle a trouvé à s'exprimer. Car il est possible qu'on s'en soit servi, comme mes exemples le suggèrent, avec différentes intentions incompatibles. Nous ne pouvons pas même espérer qu'une connaissance du contexte d'énonciation résoudra automatiquement la difficulté, car le contexte

1. T. Elyot, *The Book Named the Governor* (1531), S.E. Lehmberg (ed.), London, 1962, p. 104.

2. Voir par exemple L. Humphrey, *The Nobles, or of Nobility*, London, 1563, Sig. K, 4r et 5v.

3. *Cf.* J.H. Hexter, « The Loom of Language and the Fabric of Imperatives. The Case of *Il Principe* and *Utopia* », *American Historical Review*, 1964, 69, p. 945-968, qui contient une analyse assez fine de cette possibilité.

lui-même peut être ambigu. Nous aurons plutôt à étudier l'ensemble des contextes dans lesquels les mots ont été employés – l'ensemble des fonctions qu'ils accomplissaient et les différentes choses qu'il est possible de faire avec eux. Lovejoy se trompe, non seulement en cherchant la « signification essentielle » de l'« idée », conçue comme une chose qui doit nécessairement « rester la même », mais en supposant simplement qu'il doit exister quelque signification « essentielle » de ce genre (à laquelle les différents auteurs « contribuent ») [1].

Un second problème est que, lorsque nous écrivons de telles histoires, nos récits perdent presque instantanément le contact avec les agents qui produisent les énoncés. Quand les agents figurent dans ce type d'histoire, c'est en général parce que l'idée-unité correspondante – le contrat social, l'idée de progrès, la grande chaîne de l'être, etc. – fait irruption dans leurs œuvres, de telle sorte qu'on peut croire qu'elle a contribué à leur développement. Ce que ce type d'histoire est incapable de nous apprendre, c'est quel rôle – trivial ou important – cette idée a pu avoir dans la pensée de tel ou tel penseur. Ce que nous ne pouvons pas non plus savoir, c'est quelle place – centrale ou périphérique – elle peut avoir occupée dans le climat intellectuel de l'époque où elle est apparue. Nous pouvons peut-être apprendre que l'expression a servi à différentes périodes pour répondre à toute une gamme de questions. Mais nous ne pouvons pas espérer apprendre (pour reprendre l'idée de R.G. Collingwood) *à quelles* questions elle était censée répondre et donc quelles raisons il y avait de continuer à l'utiliser.

---

1. Pour de telles hypothèses, voir F.W. Bateson, « The Function of Criticism at the Present Time », *Essays in Criticism*, 1953, 3, p. 1-27.

La critique que l'on peut adresser à cette forme d'approche historique n'est pas simplement qu'elle court à chaque fois le risque, semble-t-il, de perdre de vue l'essentiel. C'est plutôt que, dès que nous comprenons qu'*il n'y a pas* d'idée précise à laquelle contribuent les différents auteurs, mais seulement différents énoncés produits par différents agents animés par des intentions différentes, nous comprenons qu'il ne s'agit pas d'écrire l'histoire des idées, mais seulement l'histoire des différents usages et des différentes intentions qui ont déterminé ces usages. On peut difficilement attendre d'une histoire de ce type qu'elle conserve ne serait-ce que la forme d'une histoire des « idées-unités ». Car la persistance d'un certain nombre d'expressions particulières ne nous dit rien de sûr quant à la permanence des questions auxquelles elles étaient censées répondre, ni à ce que les différents auteurs qui les ont utilisées pouvaient avoir l'intention d'en faire.

Résumons-nous. Quand nous aurons compris qu'il s'agit à chaque fois de savoir ce que les auteurs *font* lorsqu'ils énoncent quelque chose, il ne nous viendra plus jamais à l'idée, me semble-t-il, d'organiser nos histoires autour d'« idées-unités » dont nous aurions à suivre la trajectoire ou de mettre au centre de nos analyses ce que les auteurs énoncent au sujet des « problèmes éternels ». Cela ne veut pas dire que nous contestions l'existence de continuités à grande échelle à l'intérieur de la philosophie morale, sociale et politique occidentale ou que nous nions que ces continuités se reflètent dans l'usage régulier d'un certain nombre de concepts clés et de types d'argumentation[1]. Cela veut simplement dire que nous avons de bonnes

1. Sur ce point voir A. MacIntyre, *A Short History of Ethics*, London, 1966, p. 1-2.

raisons de ne pas continuer à organiser nos histoires autour de continuités de cette sorte et qu'il nous faut surtout en finir avec les études où l'on expose et compare les idées que se font Platon, saint Augustin, Hobbes et Marx de « la nature de l'État juste »[1].

Si je suis sceptique quant à la valeur de telles histoires, comme j'ai voulu le montrer dans la première partie de mon exposé, ce n'est pas simplement parce que chaque penseur – pour en revenir à mon dernier exemple – paraît répondre au problème de la justice à sa manière. C'est aussi parce que les termes qu'on utilise pour formuler la question – ici : « État », « justice » et « nature » – apparaissent dans leurs théories avec des sens si divergents que c'est, semble-t-il, une confusion évidente que de croire qu'il y ait là le moindre concept stable. L'erreur, en un mot, consiste à croire qu'il existe des questions que tous les penseurs se sont posés à eux-mêmes.

Une autre raison de mon scepticisme, plus profonde celle-ci, est celle que j'ai tenté d'illustrer dans la présente section de mon exposé. Je critique cette manière de faire qui consiste à abstraire un certain nombre d'arguments de leur contexte originel pour en faire des « contributions » à de prétendus débats éternels. Or cette façon de procéder nous interdit de nous demander ce que chaque auteur était peut-être en train de *faire* au moment où il nous a proposé sa « contribution » particulière et elle nous prive par conséquent d'une des dimensions de sens qu'il nous faut explorer si nous voulons comprendre l'auteur en question. C'est pourquoi, malgré les continuités à grande échelle qui ont indiscutablement imprégné les modèles de pensée

1. Voir A. Lockyer, « Traditions as Context in the History of Political Theory », *Political Studies*, 1979, 27, p. 201-217 et R.G. Collingwood, *An Autobiography*, *op. cit.*, p. 61-63.

dont nous avons hérité, je reste sceptique quant à l'intérêt d'écrire des histoires des concepts ou des « idées-unités ». La seule histoire des idées qui vaille d'être écrite est celle de leurs usages en tant qu'arguments.

VI

Si ma démonstration a un sens, on peut en tirer deux conclusions positives. La première concerne la méthode à adopter quand on étudie l'histoire des idées. L'interprétation des textes, ai-je suggéré, suppose que l'on appréhende ce qu'ils étaient censés vouloir dire et la façon dont cette signification devait être entendue. Comprendre un texte veut dire finalement comprendre à la fois l'intention d'être compris et l'intention que cette intention soit comprise, intention que le texte en tant qu'acte délibéré de communication doit incorporer. La question à laquelle on se trouve donc confronté, quand on étudie un texte, est la suivante : qu'est-ce que l'auteur, en écrivant à l'époque où il écrivait et compte tenu du public auquel il comptait s'adresser, pouvait, concrètement, avoir l'intention de communiquer en énonçant ce qu'il énonçait. Il me semble donc que la façon la plus éclairante de procéder doive être de commencer par délimiter l'ensemble du domaine des communications qui pourraient avoir été conventionnellement accomplies (*performed*) à telle ou telle occasion en émettant telle ou telle affirmation. Le pas suivant doit être de mettre en rapport chaque thèse avec ce contexte linguistique plus large afin de déchiffrer les intentions de l'auteur[1]. Une

---

1. Pour des analyses critiques de cette primauté du contexte, et particulièrement du contexte linguistique, voir S. Turner, « Contextualism and the Interpretation of the Classical Sociological Texts », *Knowledge and Society*, 1983, 4, p. 273-291 ; D. Boucher, *Texts in contexts*.

fois établi que l'approche qui convient le mieux est de nature essentiellement linguistique et que la méthodologie appropriée consiste par conséquent à mettre au jour des intentions, l'étude des faits relatifs au contexte social dans lequel s'inscrit le texte peut alors s'intégrer à cette entreprise linguistique. Le contexte social représente la structure ultime permettant d'établir quelles significations parmi celles identifiables au regard des conventions de l'époque l'auteur aurait en principe pu vouloir communiquer. Comme j'ai essayé de le montrer dans le cas de Hobbes et de Bayle, le contexte peut alors être lui-même utilisé comme un recours pour évaluer avec quel degré de plausibilité nous pouvons attribuer différentes intentions incompatibles à des agents. Bien sûr, je ne prétends pas que cette conclusion soit en elle-même particulièrement neuve [1]. Ce que je dis, c'est que l'aperçu critique que je viens de proposer tend à faire en quelque sorte jurisprudence d'un point de vue méthodologique, non à titre de préférence esthétique ou d'exemple d'impérialisme académique, mais en tant qu'il établit les conditions nécessaires à la compréhension d'un certain nombre de thèses.

Revisionnist Methods for Studying the History of Ideas, Dordrecht, 1985 ; J.A.W. Gunn, « After Sabine, After Lovejoy. The Languages of Political Thought », *Journal of History and Politics*, 1988-1989, 6, p. 1-45.

1. Pour une position similaire voir Greene 1957-1958. Voir également R.G. Collingwood, *An Autobiography*, *op. cit.* et J. Dunn, *Political Obligation in its Historical Context*, Cambridge University Press, 1980, p. 13-28, à qui j'emprunte beaucoup. Voir aussi J. Dunn, *The History of Political Theory and Other Essays*, Cambridge University Press, 1996, p. 11-38. Pour l'influence qu'a eue Collingwood sur la recherche en histoire de la philosophie politique dans les années 1960, voir le précieux résumé de R. Tuck, « The Contribution of History », *A Companion to Contemporary Political Philosophy*, R. Goodin (ed.), Oxford, 1993, p. 72-89.

Ma deuxième conclusion générale porte sur l'intérêt qu'il y a à étudier l'histoire des idées. La possibilité qui me paraît la plus stimulante consiste à faire dialoguer l'analyse philosophique et la preuve historique. L'étude des énoncés produits par le passé fait émerger des thèmes spécifiques, dont elle peut en même temps mettre en lumière l'intérêt philosophique. Parmi les thèmes qui bénéficieraient d'un nouvel éclairage si nous étions disposés à adopter une approche résolument diachronique, nous pouvons notamment penser à l'innovation conceptuelle et à la relation qui unit le changement linguistique au changement idéologique.

Ma conclusion principale, cependant, est que la critique que j'ai exposée montre avec une plus grande évidence à quel point il est important philosophiquement d'étudier l'histoire des idées. D'un côté, il me semble peine perdue d'essayer de justifier cela à partir des réponses que l'histoire des idées peut apporter aux « problèmes éternels » que font apparaître, à ce que l'on prétend, les textes classiques. Aborder l'histoire des idées de cette façon, ai-je essayé de montrer, c'est la rendre arbitrairement naïve. Tout énoncé incarne inévitablement l'intention particulière que l'on a, à un moment particulier, de résoudre un problème particulier, et il se rattache donc si spécifiquement à son contexte qu'il faut être bien naïf pour essayer de le transcender. Il en résulte non seulement que les textes classiques portent sur leurs propres questions et pas sur les nôtres, mais qu'il n'y a pas – pour reprendre l'expression de Collingwood [1] – de problèmes éternels en philosophie. Il n'y a que des réponses particulières à des questions particulières, et potentiellement autant de questions différentes qu'il y a de gens qui

---

1. R.G. Collingwood, *An Autobiography*, *op. cit.*, p. 70.

questionnent. Plutôt que de chercher à tirer de l'histoire de la philosophie des « leçons » directement applicables, nous ferions mieux d'apprendre à former notre pensée par nous-mêmes.

Il ne s'ensuit pourtant nullement que l'histoire des idées soit totalement dénuée de valeur philosophique. Le fait que les textes classiques aient affaire à leurs propres problèmes, et pas nécessairement aux nôtres, est ce qui leur donne, me semble-t-il, leur « pertinence » ou leur signification philosophique actuelle. Les textes classiques, en particulier ceux qui touchent à la théorie morale, sociale et politique, peuvent nous aider à faire ressortir – si nous les poussons à le faire – non pas la similitude, mais plutôt la diversité des hypothèses morales et des engagements politiques envisageables. C'est sur cette diversité, pouvons-nous dire, que repose leur valeur philosophique, et peut-être même leur valeur morale. Il existe une certaine tendance (parfois expressément présentée, comme chez Hegel, comme une manière de faire délibérée) à croire que le meilleur, et pas simplement le seul, point de vue à partir duquel appréhender les idées du passé doit être celui que nous occupons actuellement, sous prétexte qu'il incarnerait, par définition, le point culminant d'une évolution. Une telle thèse s'effondre aussitôt que l'on reconnaît que les différences historiques qui affectent les problèmes fondamentaux peuvent être le reflet d'intentions et de conventions différentes plutôt que le résultat d'une sorte de compétition autour de valeurs communes et moins encore d'une perception mouvante de l'Absolu.

Reconnaître, qui plus est, que notre propre société ne diffère pas d'une autre sous prétexte que sa vie politique et sociale possède ses propres croyances et structures locales, c'est déjà atteindre un point de vue très différent et, aimerais-je ajouter, beaucoup plus sain. Connaître l'histoire de ces idées peut nous faire découvrir à quel point les particularités de nos structures, que nous pouvons être enclins à accepter comme des vérités « intemporelles »[1], ne sont guère en vérité que des contingences de notre histoire locale et de notre structure sociale. Apprendre de l'histoire de la pensée qu'il n'existe pas en réalité de concepts intemporels, mais seulement des concepts différents apparus dans différentes sociétés, c'est découvrir une vérité générale sur le passé, mais aussi sur nous-mêmes.

C'est un lieu commun – nous sommes tous marxistes en ce sens-là – que de dire que notre société impose un certain nombre de contraintes inaperçues à notre imagination. Ce devrait donc aussi être un lieu commun que de dire que l'étude historique des croyances propres aux autres sociétés gagnerait à être reconnue comme un moyen indispensable, et même irremplaçable, pour imposer des limites à ces contraintes. La conviction selon laquelle l'histoire des idées n'est rien de plus qu'un ensemble de « notions métaphysiques périmées », conviction que l'on avance fréquemment à notre époque, avec un terrifiant provincialisme, comme un argument pour se passer de ce type d'histoire – devrait plutôt être la raison qui nous pousse à regarder de telles histoires comme dotées d'une indispensable « pertinence », non pas parce que l'on pourrait en tirer des « leçons » brutes, mais parce que l'histoire peut elle-même être la source d'une authentique connaissance de soi. Attendre que l'histoire de la pensée apporte une solution à nos problèmes immédiats n'est pas seulement commettre

1. Pour l'idée selon laquelle « les problèmes centraux de la politique sont intemporels », voir A. Hacker, *Political Theory. Philosophy, Ideology, Science, op. cit.*, p. 20.

une erreur méthodologique, c'est dans une certaine mesure commettre une erreur morale. Mais apprendre du passé – et comment pourrions-nous apprendre quelque chose autrement? – la distinction qui existe entre les choses nécessaires et celles qui sont le produit contingent de nos arrangements particuliers, c'est trouver une des clefs de la conscience de soi.

DIETER HENRICH

L'ANALYSE DES CONSTELLATIONS
EN PHILOSOPHIE CLASSIQUE ALLEMANDE
(2005) *

MOTIFS, RÉSULTATS, PROBLÈMES, PERSPECTIVES,
FORMATION DES CONCEPTS

1. *Origine et développement de la recherche*

Tout commence à l'époque de mes études. Après avoir
approfondi l'œuvre de Kant et essayé de l'appréhender
comme un tout, je décidais d'étudier Hegel. Ses textes
spéculatifs me parurent si peu intelligibles que je me
tournais vers les écrits de jeunesse inspirés par Kant.
Comme j'avais encore à l'esprit la chronologie des écrits
kantiens, je constatais à mon plus grand étonnement qu'à
la même époque, Hegel s'acheminait déjà vers le système
qu'il allait développer par la suite, alors que le maître de
Königsberg travaillait encore à certaines de ses œuvres
majeures et que son traité sur la religion venait tout juste

---

* D. Henrich, « Konstellationsforschung zur klassischen deutschen
Philosophie. Motiv, Ergebnis, Probleme, Perspektiven, Begriffsbildung »,
Konstellationsforschung, M. Mulsow u. M. Stamm (hrsg), Frankfurt,
Suhrkamp, 2005, p. 15-30. *Traduction inédite.*

d'être publié. À cette occasion, Hegel développait des motifs kantiens, qu'il tournait cependant déjà contre Kant, et surtout il employait un style et il écrivait dans une atmosphère déjà bien différente de ceux qui caractérisaient l'œuvre de son prédécesseur. J'en venais à me demander comment il était possible que, dans un si court laps de temps, un tel changement de style et de programme philosophiques ait pu se produire. Au même moment, Julius Ebinghaus me remit son texte d'habilitation, resté inédit, tout en m'incitant à ne pas me laisser influencer par lui. J'entrepris de le lire, mais ne trouvais pas, pour ce qui est de Hegel, de solution à mon problème dans ce travail au ton si véhément.

Après ma soutenance, je me mis à lire la littérature récente consacrée à l'évolution de Hegel, mais aboutissais à chaque fois au même résultat négatif. Je continuais cependant à m'intéresser à tout ce qui touchait aux circonstances dans lesquelles Hegel avait entamé son parcours. Pour moi, il était évident qu'il n'y avait rien de satisfaisant à attendre des modèles généraux d'interprétation que développaient les sciences humaines, comme ceux par exemple qui mettaient en avant le piétisme spéculatif souabe ou la Révolution française. Il fallait donc expliquer la mise en œuvre d'approches tout à fait nouvelles pour la théorie et l'argumentation philosophiques. J'en déduisis que Hegel avait dû avoir affaire à des formes d'argumentation philosophique dont les recherches antérieures n'avaient pas tenu compte et qui devaient donc être difficiles à découvrir. La question du chaînon manquant dans l'explication est dès lors devenue pour moi une question cruciale.

Je trouvais dans la littérature consacrée à l'idéalisme allemand un possible début de solution à mon problème, sous la forme d'une lettre de Leutwein consacrée aux années d'apprentissage de Hegel. Il y était question de l'étude qui était faite de la littérature kantienne au *Stift* de Tübingen et des conversations fréquemment menées autour d'elle, ainsi qu'autour de Karl Leonhard Reinhold, conversations auxquelles, nous dit Leutwein, Hegel, il est vrai, ne participait pas. Il y était question pour la première fois d'un « kantien enragé », le répétiteur Diez, mais aussi de Schelling. Quand je connus davantage l'œuvre de ce dernier, un nouvel aspect de la question du chaînon manquant apparut. Comment comprendre qu'un séminariste de dix-neuf ans ait pu être le premier dans toute l'Allemagne à faire entrer, bien avant la parution de la *Grundlage* de Fichte, le concept de sa Doctrine de la science dans un écrit personnel et à l'arranger sous une forme nouvelle avec ses propres pensées ?

Au hasard de mes recherches d'autres sources ayant inspiré le groupe de Tübingen, je reçus une impulsion décisive lorsque j'appris, à l'occasion de son exposé au premier congrès sur Hegel de 1962, que Johann Ludwig Doderlein était en possession d'une volumineuse correspondance provenant des œuvres posthumes de Niethammer, dans laquelle figurait une liasse de lettres de ce répétiteur et kantien enragé appelé Diez. Une solution se présentait enfin. Je m'efforçais opiniâtrement d'obtenir la confiance de ce discret propriétaire et me mis en même temps à chercher activement d'autres sources dans les archives et les collections privées. Il s'ensuivit bientôt la découverte de nouveaux textes de Diez et de son ami F.G. Süsskind. Il devenait en quelque sorte impératif d'analyser ces sources et de les faire imprimer.

Je m'étais tourné peu de temps auparavant vers l'œuvre de Hölderlin, qui, depuis longtemps, tenait une place dans la représentation générale que l'on se faisait de l'histoire de la philosophie idéaliste. La polémique persistante sur la paternité de ce que l'on appelle le *Premier programme systématique de l'idéalisme allemand* en est un exemple frappant. Quand, en 1961, le quatrième tome des œuvres de Hölderlin parut à Stuttgart, je remarquais le texte inédit que Beissner avait intitulé *Être et jugement*. Maintenant que j'étais familiarisé avec les penseurs postkantiens, c'est ce texte qui me parut mériter le titre de premier programme systématique. Non seulement il présentait un certain nombre de thèses philosophiques d'une grande ampleur de vue, mais il esquissait une argumentation concernant la philosophie fondamentale et la critique de Fichte. Il me parut que sa date de rédaction étonnamment ancienne (les premiers mois de l'année 1795) devait être vérifiée et contrôlée. Je rendis visite à l'éditeur Beissner pour discuter du texte avec lui et d'autres experts, mais c'est dans les *Raisonnements philosophiques* de Sinclair, que l'on avait tenu jusque-là pour ses écrits posthumes d'Iéna, que je finis par trouver la confirmation la plus convaincante. Ils étaient en effet manifestement influencés par la langue et les pensées de Hölderlin dans ce fragment et je parvins, malgré l'absence des originaux, que les Polonais niaient toujours détenir, à dater ces débuts de façon fiable en m'appuyant sur des raisons internes. C'était maintenant prouvé : quelques mois seulement après être arrivé à Iéna et s'être mis à fréquenter l'amphithéâtre de Fichte, Hölderlin était parvenu à une position philosophique personnelle. Près d'une dizaine d'années plus tard, je parvins à montrer que les originaux de Sinclair et l'original du *Plus ancien programme systématique* se trouvaient à Cracovie. Cela m'a aidé à rendre ces documents à nouveau accessibles dans leur texte original.

L'étonnement que faisait naître le rapide essor de créativité philosophique au sein du séminaire de Tübingen s'est trouvé amplifié par la découverte surprenante d'une créativité tout aussi soudaine dans l'entourage de Fichte. Ces deux choses étaient étroitement liées l'une à l'autre non seulement pour ce qui est de Hölderlin, mais aussi de Diez, qui, depuis 1792, continuait ses études à Iéna. La situation particulière de cette université imposait à son tour, comme à Tübingen, que l'on recherchât un certain nombre de chaînons manquants jusqu'alors invisibles. Il apparut ainsi que l'histoire des débuts de la philosophie postkantienne avait ceci de caractéristique qu'elle était le fait de *constellations* que l'on ne pouvait totalement identifier au moyen des œuvres publiées.

Je dus donc me résoudre à initier des programmes de recherche dans lesquels ce travail de mise au jour pouvait désormais être mené avec toute l'ampleur requise, avec notamment l'aide de chercheurs plus jeunes. Je n'ai pas mesuré tout de suite quelle intensité de travail cette recherche exigeait de moi. Bien qu'une partie seulement de ces travaux ait été menée à son terme, ce qui a été accompli a néanmoins clairement montré l'importance qu'il convient d'accorder aux constellations dans l'histoire des débuts de la philosophie postkantienne.

2. *Analyse des résultats*

C'est avant tout à la reconnaissance de l'influence d'Immanuel Carl Diez que l'on doit la découverte de la constellation de Tübingen. Il n'est certes pas le seul dont on puisse dire qu'il a eu une importance fondamentale au sein de cette constellation. Le hasard a voulu que ce soient précisément ses arguments qui aient été conservés à travers un grand nombre de documents. De ces textes, on peut cependant déduire quels motifs et quels problèmes se sont révélés déterminants pour la constellation de Tübingen. On doit par ailleurs à cet auteur une critique radicale de la dogmatique des professeurs de théologie de Tübingen, critique qui ne demandait qu'à s'élargir en critique du christianisme lui-même. Puisque les théologiens de Tübingen avaient entrepris dès 1792 d'asseoir leurs positions sur les textes de Kant, ceux qui s'opposaient à eux se trouvaient dépendre d'un développement autonome des arguments kantiens qui serait à l'abri de l'usage qu'en faisaient ces théologiens. Cela renforçait encore l'intérêt que pouvait susciter l'entreprise reinholdienne de refondation du kantisme. Diez avait trouvé dans cette étude de Reinhold de quoi entreprendre une nouvelle fondation de la philosophie et Schelling de quoi pénétrer quasi instantanément et cependant de manière autonome et productive la doctrine de Fichte. Quant à Hölderlin, il se mit à étudier Reinhold à son retour d'Iéna, à un moment où il cherchait à mettre de l'ordre dans ses pensées.

D'autres motifs entraient certainement en ligne de compte dans le cas de la constellation de Tübingen et de l'influence qu'elle allait avoir par la suite, comme l'intérêt manifesté pour Platon et pour les éléments néoplatoniciens de la doctrine des Pères de l'Église. Mais, pour ce qui est d'une constellation au sens où on pouvait désormais la comprendre, il était essentiel de pouvoir se déployer à travers une série de débats ou de luttes d'arguments et ne pas en rester à des motifs de diverses natures, pour la plupart extérieurs à la philosophie. La rapidité avec laquelle les choses se développent à l'intérieur d'une constellation ne s'explique pas seulement par l'impulsion donnée par la pensée.

Il y avait cependant encore une différence entre la génération des jeunes professeurs et répétiteurs du séminaire de Tübingen et celle de leurs étudiants surdoués : seule la génération de Hegel et Hölderlin croyait important de se confronter à l'œuvre de Jacobi et de la laisser non seulement agir sur l'orientation fondamentale de leur pensée, mais influencer de manière véritablement structurante leurs argumentations. Avec les problèmes vitaux que soulevaient, aux yeux des jeunes théologiens, les doctrines et les exigences particulières de la théologie de Tübingen et de l'Église du Wurtemberg, ces débats faisaient qu'il devenait impératif de comprendre sa propre situation et d'acquérir une position autonome. La poussée de créativité qui a produit en un temps extrêmement bref des travaux de la plus haute valeur ne peut se comprendre hors de ce contexte.

La difficulté à laquelle se heurtent ceux qui souhaitent contribuer à l'analyse de cette constellation tient cependant au fait que, lorsqu'on la replace dans son contexte, il s'avère indispensable – contrairement à ce que l'on fait quand on interprète ou reconstruit une seule œuvre – de s'appuyer sur la connaissance précise non seulement de tous les écrits critiques de Kant, mais aussi des œuvres complètes de Reinhold et Jacobi. La prise en compte de ces textes de Reinhold et Jacobi, que l'on avait pour ainsi dire jamais étudiés avec précision, mais que les étudiants de Tübingen avaient à n'en pas douter constamment sous les yeux, pouvaient donner lieu à des découvertes importantes. Que ces textes n'aient guère attiré l'attention des chercheurs se voyait à ce qu'on ne pouvait les étudier que dans les éditions originales.

Il en va à peu près de même pour la constellation d'Iéna, avec la difficulté supplémentaire que représente un plus grand nombre d'auteurs et d'œuvres significatives. Fichte avait été appelé dans une université dans laquelle les débats et les controverses philosophiques avaient toujours eu une grande intensité. Les débats qu'avaient suscités Reinhold et son projet de refondation de la philosophie dans les années 1791-1792, étaient particulièrement importants si l'on voulait comprendre l'origine des conceptions philosophiques d'Hölderlin dans ce milieu. Une position philosophique avait alors vu le jour, que partageaient pour l'essentiel un certain nombre de ses disciples (J.B. Erhard, Niethammer, Forberg). Cette évolution aboutissait, par l'intermédiaire de l'œuvre de Reinhold, à un kantisme redécouvert sur des bases autonomes, qui s'opposait cependant à l'orientation fondamentale dont Reinhold avait voulu poser les bases dans ses livres des années 1789-1791. À Tübingen, Diez avait déjà atteint une position de ce type. Mais la Doctrine de la science fichtéenne se rattachait méthodiquement à la position de Reinhold, même si, par sa profondeur et la rigueur de son développement, Fichte la dépassait en même temps de beaucoup. Alors qu'il était étudiant à Iéna, Diez avait mis en avant, dans un dialogue personnel avec Reinhold, la position qu'il avait élaborée à Tübingen, d'inspiration kantienne et critique à l'égard de ce dernier. La preuve était maintenant faite que ses arguments avaient eu de l'effet sur Reinhold lui-même, d'autant que, contrairement à la critique d'Erhard et de C.C.E. Schmid, ils s'appuyaient sur une analyse détaillée et immanente du système théorique de Reinhold. Hölderlin fit donc son entrée en 1794 dans cette constellation et nous devons la reconstituer si nous voulons comprendre pourquoi, à Iéna, Fichte s'est immédiatement trouvé en butte à une certaine opposition. Niethammer, qui était l'ami de Hölderlin à l'époque du séminaire de Tübingen et que celui-ci appelait son « mentor », a certainement contribué à lui en faire comprendre rapidement la nature.

Ainsi, à Iéna, Hölderlin devint une fois encore le centre d'un cercle de jeunes philosophes. Peu après, ce cercle se reforma à Hombourg vor der Höhe. Hegel y fut lui aussi admis au début de son préceptorat à Francfort. Cette constellation est donc cette fois la troisième à avoir de l'importance pour la formation de la philosophie postkantienne. Notre programme d'analyse des constellations a également initié des recherches à son sujet. Celles-ci aboutirent à la découverte évoquée plus haut des *Raisonnements philosophiques* de Sinclair, sans malheureusement découvrir les autres sources recherchées. À l'heure actuelle, les textes posthumes de Jacob Zwilling, le troisième ou quatrième membre de cette « ligue », doivent être considérés comme perdus.

De façon à chaque fois différente, Hegel fut impliqué dans ces trois constellations. À Tübingen, il était à la marge de la première ; il fut informé de ce qui se passait dans le deuxième, du moins pendant un temps, grâce à sa correspondance avec Hölderlin ; et il fit partie de la constellation de Hombourg, sans avoir encore commencé à mettre en place un système qui lui fût propre, et sans être sûr de lui, quand ce fut le cas. On peut dire qu'il joua le rôle d'un observateur actif, qui avait cependant du mal à suivre le mouvement, jusqu'à ce que, pour finir, avec la distance et le recul d'une décennie, il pût tirer son bilan de toute cette évolution, sous la forme d'une philosophie personnelle que l'on regarde à bon droit comme le produit le plus mûr de toute cette évolution.

Cela ne veut cependant pas dire qu'il ait pleinement et réellement pris la mesure des potentiels libérés dans les différentes constellations du postkantisme. Nous dirons plutôt qu'il ne voyait pas avec toute la clarté qu'il fallait quelles conditions avaient été nécessaires pour qu'il pût former son propre système. Aujourd'hui, la connaissance que nous avons des débats qui se sont déroulés autour de Kant, Reinhold, Jacobi et Fichte nous permet de comprendre, mieux que lui-même ne le pouvait, non seulement comment s'est réellement édifié son système, mais aussi ce qui l'a conduit à interpréter son œuvre comme il l'a fait. Elle permet surtout de mieux comprendre les projets qu'il avait en tête et d'apercevoir les potentialités que ces derniers recelaient, lesquelles ne sont pas suffisamment prises en compte lorsqu'on résume globalement son œuvre.

Fichte avait cependant lui aussi en tête les arguments avancés contre lui dans la constellation où il s'était pour la première fois heurté à une résistance. Bien qu'il suivît avec rigueur son intention fondamentale, il se rapprocha progressivement des idées esquissées dans les constellations d'Iéna et de Hombourg autour desquelles gravitait Hölderlin. Il s'en rendit lui-même probablement compte et c'est certainement très tôt qu'il dut subir l'influence de motifs issus de l'œuvre de Jacobi, sans pourtant jamais en faire état, malgré ses nombreuses références à cet auteur.

Mais c'est à Iéna même que s'est formée la pensée de ce que l'on a appelé le préromantisme, – et cela peu de temps après qu'Hölderlin eut abouti à sa conception des choses. Après avoir dirigé les premières études menées dans mon cercle de Heidelberg et un certain nombre de thèses de doctorat, j'ai confié à Manfred Frank, qui appartenait à ce cercle, la tâche d'éclairer ce développement, étant donné que, depuis l'époque de ses études, je savais quel intérêt il portait à Novalis et Friedrich Schlegel, ainsi que son aptitude à mener des travaux de recherche. Et c'est bien lui qui a éclairé la naissance du premier mouvement romantique à partir de la constellation qui s'était formée autour de Reinhold avant de se retourner contre lui. À l'heure actuelle, ces recherches n'ont pas permis de découvrir de nouvelles sources. Mais que la constellation de Iéna ait été une source extraordinaire de créativité philosophique, ces travaux n'ont fait que le faire apparaître davantage. Sans référence à cette constellation, on ne peut se représenter le préromantisme comme la position philosophique qu'il a réellement été. Mon livre *Between Kant and Hegel,* qui sera bientôt publié par la Harvard University Press, informe sur l'état actuel du savoir avant le début du travail de recherche financé par des programmes d'aide. Il s'appuie sur un manuscrit de mon cours de 1973 à l'université Harvard.

Dans le même temps, Eckart Förster a entrepris d'examiner l'importance du spinozisme de Goethe pour les débats qui ont agité Iéna et influencé la formation ultérieure du système de Hegel. C'est là encore une façon d'enrichir notre programme d'analyse des constellations. On n'a pas encore suffisamment déterminé à quel niveau et dans quelle mesure l'accord avec Goethe que les plus jeunes des idéalistes allemands ont constamment eu en ligne de mire, a eu effectivement une influence décisive sur l'évolution de la pensée postkantienne.

3. *Problèmes et perspectives méthodologiques*

L'analyse des constellations a obtenu des résultats qui ne semblent plus prêter à controverse. Mais elle fait aussi naître des questions sur lesquelles nous devons nous arrêter si nous voulons comprendre comment elle procède.

On peut dire que, sans la découverte des constellations de Tübingen et d'Iéna, il serait impossible de comprendre le développement de la philosophie postkantienne. Ce développement resterait incompréhensible dans la mesure où cette philosophie a produit, *en un temps extrêmement court*, un *nombre extraordinaire* d'idées importantes et même déterminantes. Ces idées ont toutes un air de ressemblance, étant donnée leur référence polymorphe à Kant et leur adoption aussi bien des idées de Platon que de celles de Jacobi : elles représentent la totalité du spectre de ce qui, dans la philosophie allemande, a eu une répercussion mondiale. Les limites de ce spectre tiennent à ce que toutes les conceptions qui en relèvent unissent à une compréhension de la réalité de la liberté une même compréhension du principe qui est au fondement de toutes choses et qui requiert, pour qu'on l'explique, une forme conceptuelle et une méthode que l'on peut dire « spéculative ».

On peut donc comprendre quelle signification vitale revêtaient les idées que supportaient et faisaient naître ces conceptions pour ceux qui les formaient et qui leur conféraient, à des degrés divers, une forme systématique. Et l'on voit aussi quelles circonstances ont donné aux jeunes philosophes la conviction que leurs idées les plaçaient à la pointe d'une évolution remarquable. Il faut garder en tête ces deux aspects pour comprendre avec quelle rapidité le postkantisme s'est développé. Et cette rapidité ne peut se comprendre que par l'étude des constellations à l'intérieur desquelles s'est faite cette évolution. Par conséquent, sans cette exploration des différentes constellations, on ne peut comprendre *comment s'est déroulé* le développement du postkantisme et son *processus effectif*, bien qu'il doive être encore possible de reconstruire et analyser l'agencement

et l'argumentation de chaque conception particulière
indépendamment de ses conditions de naissance, si l'on
veut qu'elle appartienne toujours au domaine de la
philosophie.

On peut néanmoins se demander quelle signification
avaient ces constellations pour le *contenu réel* des projets
philosophiques qui se sont formés en leur sein. Il fallait,
pour en mesurer l'importance, en proposer une analyse
expresse.

Une constellation de *personnes* aux prises avec les
mêmes débats et les mêmes problèmes de vie est toujours
sous-tendue par une constellation de *problèmes* et de *projets
philosophiques* opposés, que ces débats ont pour tâche
d'expliquer, d'approfondir et de résoudre. Quand la philosophie classique allemande prit son essor, deux antagonismes
en particulier se sont imposés à tous les membres des
constellations qui ont participé à son évolution : celui qui
opposait la théologie morale de Kant et la foi traditionnelle
et celui, plus lourd de conséquences encore pour la théorie,
qui opposait la philosophie transcendantale kantienne,
fondée sur le sujet, et la doctrine, esquissée par Jacobi, de
l'effectivité et du fondement de toute certitude dans un
absolu singulier. Les jeunes philosophes qui se trouvaient
impliqués dans ces constellations les percevaient comme
des réalités antagonistes opposant les deux foyers d'une
possible orientation de vie (*Lebensorientierung*) qui
paraissaient l'un comme l'autre impossibles à sacrifier. Ils
se donnèrent alors pour tâche de concilier la justification
kantienne de la conscience de la liberté avec l'idée spinoziste
d'un Dieu auquel l'homme conscient de lui-même se sent
absolument appartenir. Tous les systèmes postkantiens
cherchèrent à dépasser ces thèses antagonistes en établissant
entre elles un équilibre et en les intégrant en lui : ils

pensaient pouvoir, par un tel dépassement, lever cette opposition.

Mais cette évolution d'ensemble des constellations n'a pas encore trouvé par là son *ultime explication*. Faire apparaître l'influence historique des constellations dans le développement du postkantisme ne dit pas encore à quel point cette condition a pesé dans la formation de cette philosophie, au regard d'autres facteurs qui ont eux aussi indiscutablement contribué à les former. Signalons deux des dimensions que doit revêtir une telle explication.

On peut *d'une part* faire appel à des facteurs concomitants qui expliquent de manière déterminante la rapidité avec laquelle s'est faite l'évolution du postkantisme. Le déroulement de la Révolution française en fait manifestement partie. Mais aussi l'évolution de la société allemande qui, en affaiblissant les ordres sociaux imposés, facilitait la discussion publique et les Lumières religieuses, au point de provoquer une crise générale de la foi. Avec tout cela, le conflit des générations atteignit une intensité qui marqua tout autant la formation des constellations auxquelles appartenaient les jeunes philosophes.

D'autre part, on peut souhaiter que l'évolution du postkantisme se trouve située dans un cadre beaucoup plus large. Pour cela, il faut tout d'abord replacer cette évolution, ainsi que la constellation de problèmes qui conditionne son dynamisme, dans le cadre de l'histoire de la modernité et de la position de conscience qu'elle a instaurée. C'est ce que j'ai essayé de faire dans un article paru dans le *Merkur*, intitulé « Réactualisation de l'idéalisme » (1996). On peut aussi se souvenir, dans le même ordre d'idées, de la manière toute différente dont Niklas Luhmann expliquait la position historique de la philosophie du sujet dans l'avènement d'une société fonctionnellement différenciée.

La classification élargie que j'ai proposée du mouvement idéaliste devrait cependant nous donner les moyens de décrire l'évolution du postkantisme à partir de sa signification propre et pourtant différemment qu'on ne l'aurait fait en restant à l'intérieur de son propre champ d'analyse. C'est une condition impérative pour que l'on puisse ensuite développer à nouveaux frais les positions de la philosophie postkantienne sous la forme d'une pensée *actuelle*.

Mais ce point aussi peut être à nouveau généralisé. On peut s'appuyer sur une conception générale de l'histoire des idées pour interpréter, à la manière de Hegel et Marx, les positions du postkantisme comme les moments d'un processus historique général, ou bien se les représenter, à la manière de Heidegger, comme des stations d'une histoire de la pensée prédéterminée dans son parcours par son commencement grec et par la dissimulation toujours plus grande qui en a résulté. La discussion des traits fondamentaux de la pensée heideggérienne, qui intègre la philosophie postkantienne à l'histoire d'un oubli toujours plus rapide de la signification fondamentale du mot « être », est même un moment essentiel pour la réactualisation de l'idéalisme.

Indépendamment de cela, on peut émettre des réserves, d'ordre strictement méthodologique, quant au pouvoir explicatif de l'analyse des constellations, en se demandant si peut-être on ne le surestime pas. Ce que l'on peut dire, c'est que tous les postkantiens ont élaboré leurs conceptions philosophiques dans une tension entre une philosophie qui cherchait à faire droit au sujet conscient de soi et l'idée fondamentale de Spinoza, mais que les vrais esprits créatifs parmi eux l'ont fait à leur façon. On pourrait le voir au fait qu'entre Fichte et Schelling, puis entre Schelling et Hegel, des controverses s'en sont suivies qui ont abouti à une totale incompréhension réciproque. Dans ce qui va suivre, nous analyserons à nouveau la position particulière des grands créateurs de systèmes à l'intérieur des constellations auxquelles ils s'intégraient.

Toutes les possibilités que nous avons d'élargir l'horizon à l'intérieur duquel nous étudions les constellations et même les réserves que nous pouvons avoir quant à leur usage et au poids que nous pouvons accorder à leur analyse méritent que nous les mentionnions ne serait-ce que parce qu'elles nous poussent à mieux rendre compte de l'influence de ces constellations. Cela étant, nous devons encore établir comment les différentes dimensions de l'explication et de la compréhension historiques peuvent se lier l'une à l'autre.

4. *Constellation : tension, dynamique, distance*

Après avoir évoqué des questions aussi générales, nous pouvons nous interroger sur la formation interne des constellations et leur signification pour l'évolution des idées, en nous détachant cette fois de notre point de départ postkantien. Car nous sommes partis du principe que la signification constitutive des constellations pour le développement de la philosophie postkantienne ne constitue pas un phénomène totalement isolé. Comparer différentes constellations importantes peut nous conduire à proposer une typologie prenant en compte différentes origines et différentes manières de faire. Pour ne prendre qu'un seul exemple, toutes les constellations ne se sont pas formées dans un cadre scolaire et sur la base de relations d'amitié, comme c'est le cas pour la philosophie postkantienne, si bien que la postérité a mis longtemps à voir leurs effets. Qu'une constellation demeure *cryptique* et présuppose donc une proximité à la vie, est quelque chose de particulièrement important si l'on veut déterminer sur quoi elle repose et quelle forme prend son influence.

Une fois établie l'importance des constellations pour que se déploie une forte créativité dans le champ de la pensée, nous nous trouvons immédiatement conduits à nous demander à quelles autres époques et à quelles autres conditions les constellations ont joué un rôle comparable. Nous pouvons attendre de l'analyse des constellations, sans laquelle le développement de la philosophie postkantienne demeurerait incompréhensible, qu'elle nous ouvre de surcroît des possibilités de compréhension bien plus larges encore.

La difficulté ne tient pas seulement aux divers problèmes méthodologiques et historiques rencontrés, mais aussi à la question de savoir comment les hommes s'élèvent par la pensée à un point de vue ultime dans la compréhension de leur propre vie et quelles circonstances les conduisent à utiliser à cette fin les moyens d'une théorisation autonome, autrement dit à faire ce que l'on appelle de la philosophie. Puisque les postkantiens ont toujours eu le souci de se comprendre eux-mêmes, le long travail de recherche historique que nous avons mené a aussi à chaque fois développé de lui-même une dimension philosophique. On peut attendre de l'analyse de constellations comparables, au moins quant à leur influence, aux constellations postkantiennes, qu'elle nous mette elle aussi sur la voie des motivations qui sont la source de la pensée et de l'agir.

Le développement processuel de la philosophie postkantienne, que l'on pourrait définir comme une succession de constellations, fait apparaître un certain nombre de caractères de structure et de développement de ces constellations. Le sens de ce mot nous dit déjà pour décrire quel état de choses il a été introduit et pourquoi il revêt dans notre projet d'analyse des constellations une portée méthodologique.

Il suffit de se souvenir du sens qu'il reçoit habituellement en astronomie et en astrologie pour comprendre pourquoi la *différence* et l'*opposition* entre les motifs qui relèvent de la pensée et ceux qui relèvent de la vie ont une signification constitutive pour les constellations historiques que nous étudions. Dans le système astrologique, on attribue aux planètes différentes significations établies en fonction d'un horoscope. Puis de nouvelles distinctions sont établies suivant l'entrée des planètes dans les différentes figures que forment les étoiles fixes. Pour les besoins de sa méthodologie, Max Weber utilisait déjà le terme de « constellations », mais uniquement pour identifier, conformément au concept rickertien de l'individualité historique, l'ensemble des facteurs qui définissent une situation historique et sur lesquels l'intérêt de la connaissance historique se concentre. Par opposition à la constellation comprise, comme c'est le cas ici, comme une simple *mise en ordre* individuelle, les constellations dont nous nous occupons doivent être caractérisées par les différences à l'œuvre entre elles. Pour se démarquer du sens statique qui s'attache au mot « constellation », on pourrait employer un terme que des auteurs portés à la dialectique approuveraient certainement et parler de « di-con-stellation ».

Cette signification du terme « constellation » et cette détermination plus précise devraient nous pousser à ne plus l'appliquer à des groupes dans lesquels les échanges intellectuels et l'émulation réciproque se sont montrés féconds du fait d'intérêts orientés dans la même direction, et certes pas quand des différences apparaissent en leur sein – par exemple dans le cercle intime de Jacobi, dans le cercle de Vienne (Wittgenstein mis à part) ou dans l'école heideggérienne, où il n'a jamais été question de dépasser intellectuellement la pensée du maître ou même simplement de marquer fortement certaines différences fondamentales, mais plutôt d'adapter celle-ci comme il fallait, voire de surenchérir sur elle. On peut alors se demander si les constellations de Hombourg et de Francfort étaient des di-con-stellations au sens strict du terme. On répondra oui si l'on considère que l'antithèse du scepticisme et du savoir absolu, ou celle de l'art et de la philosophie, constituent les questions ultimes que ces constellations avaient à résoudre.

Les di-con-stellations doivent pouvoir toujours en même temps et avant tout être regardées comme des constellations. La tension entre les idées et les orientations personnelles des membres de ces groupes s'accompagne à chaque fois d'un intérêt commun et de la recherche d'un accord plus large. C'est ce jeu qui rend les penseurs créatifs. C'est ce que nous avons montré pour la constellation de Tübingen. À travers elle se manifeste un intérêt commun pour Kant et la mise en question de la doctrine de l'Église, et une tension entre le radicalisme kantien, qu'incarne notamment Diez, et la perspective d'une nouvelle fondation de la religion, conçue d'abord comme restauration de l'orthodoxie (chez Süsskind et Rapp), puis comme totale refondation du concept de religion (chez Hegel, Hölderlin et Schelling). On suppose donc toujours que ce qui unit une constellation, c'est une certaine proximité dans le climat de vie (*Lebensstimmung*) et dans la pensée qui lui correspond. Mais ce qui la rend productive, ce sont les tensions qu'elle a à résoudre dans le domaine de la pensée.

Or une grande productivité intellectuelle demande aussi une grande force synthétique. Elle est donc favorisée et peut-être même initiée par l'existence d'une di-con-stellation, puisque c'est à cette dernière qu'échoit en priorité la tâche de la synthèse, tâche qu'il paraît en même temps invraisemblable de pouvoir un jour véritablement mener à son terme. L'ampleur du problème pousse à accentuer ses efforts pour le résoudre, ce qui requiert une telle concentration et un travail si soutenu que celui-ci ne peut avoir le même rythme que l'exercice de la philosophie en commun au sein d'un cercle d'amis et de camarades.

On peut donc partir du principe que ceux qui ont réussi à résoudre ce problème et à devenir créatifs se sont placés à *distance* de la constellation *au sein* de laquelle ils se mouvaient. Le rôle qu'a joué Schelling à Tübingen en est l'exemple le plus évident. Mais Hegel dut lui aussi suivre à travers plusieurs étapes le développement des constellations postkantiennes, tout en conservant à chaque fois (entre Tübingen et Iéna) une certaine distance à leur égard, avant de trouver en elles le moyen qui lui appartenait pour résoudre cette tension fondamentale.

Il s'ensuit donc qu'une constellation doit être comprise *dynamiquement* comme une di-con-stellation. Elle n'a nullement les caractères d'une forme de vie au sens où l'entend Wittgenstein, ou d'une condition générale de la rationalité d'une culture, ou d'une station de « l'histoire de l'être » au sens de Heidegger. Si l'on peut parler pour ce qui la concerne d'un « espace de pensée », il doit s'agir d'un espace ouvert *pour* la conscience de ceux qui forment cette constellation. Les problèmes et les possibles prises de positions fondamentales qui définissent la topologie de cet espace doivent leur apparaître clairement et déployer directement à partir de là leur dynamique, ce qui conduit à mesurer différemment cet espace, mais aussi à en modifier la configuration.

Si l'explication théorique de la constitution et de la dynamique des constellations est allée si loin et si elle s'est établie sur une base solide, il est alors peut même possible de justifier, comme toujours avec une grande prudence, qu'on en conclue quelque chose quant aux relations et aux évolutions qui affectent des constellations historiques et sur lesquelles aucune nouvelle source ne nous éclairera jamais, ce qui interdit que l'*analyse* des constellations les prenne pour objet. Elles sont certainement beaucoup plus nombreuses que celles sur lesquelles nos sources nous renseignent. On trouve aussi parmi elles la *seule* constellation dont l'importance, nous le savons, surpasse même celles des constellations postkantiennes : celle des philosophes qui ont suivi Socrate dans l'Athènes classique.

L'analyse des constellations à partir de l'exemple privilégié des constellations cryptiques du postkantisme peut dès lors aussi être l'occasion de rechercher la source de la créativité dans la pensée – dans l'individu, mais également dans le rapprochement et la mise en tension des problèmes et des personnes qui ont si manifestement favorisé l'essor de cette créativité au cours d'une des périodes les plus importantes de l'histoire de la pensée.

PROGRÈS, RÉCURRENCES, DISCONTINUITÉS.
VERS UNE HISTOIRE ANTIQUAIRE
DE LA PHILOSOPHIE ?

Le scepticisme donne l'impression d'être un invariant, car il affirme à chaque époque que la pensée peut soutenir le oui et le non avec autant de raisons. Il paraît être une attitude philosophique intemporelle qui oppose un défi majeur à tous les grands penseurs. Pourtant, objecte Daniel Garber, même entre Marin Mersenne et nous, le défi lancé n'est pas le même. Le scepticisme varie autant que le problème qu'il pose. Il n'y a pas de scepticisme éternel, ni de continuité entre les époques ou de « grande tradition ». Il ne reste plus alors qu'à tirer la conclusion qu'impose cette vision du changement historique fondée sur la discontinuité ou la rupture entre les époques, et à défendre le bien-fondé d'une histoire antiquaire de la philosophie.

Étudier l'histoire de la philosophie revient à considérer les problèmes sous l'angle de leur nouveauté, ou à montrer comment des problèmes apparemment éternels se présentent chaque fois suivant des perspectives nouvelles. L'histoire de la philosophie n'est pas une quête de la vérité, une quête des réponses que l'on peut donner aux questions philosophiques, mais une quête des questions elles-mêmes, ce qui, en fin de compte, est tout aussi valable. Son importance ne se mesure pas aux réponses qu'elle apporte, mais aux questions qu'elle pose, affirme encore Garber.

Nous sommes là assez près de ce que défend aujourd'hui Alain de Libera par exemple, quand il pose que l'histoire de la philosophie n'est pas l'histoire des réponses, mais l'histoire des « complexes de questions et de réponses ».

Pour lui, les problèmes philosophiques, comme celui des universaux, directement issu de la tradition interprétative néoplatonicienne de l'aristotélisme, ne naissent pas d'un questionnement sur le monde, mais de la lecture des textes philosophiques, et ils ne se comprennent par conséquent qu'à l'intérieur d'un horizon de problématisation très précis : « le point de départ du problème médiéval des universaux n'est pas dans notre monde, il est dans les systèmes philosophiques et les champs d'énoncés disponibles à l'époque où il a précipité en problème »[1].

On est cependant à l'opposé de ce que voulait Collingwood, dont la terminologie a pourtant influencé de Libera. Pour Collingwood, les problèmes historiques ne venaient pas des livres, mais de la vie. Ils n'avaient de sens qu'en tant que problèmes pratiques. Le plan sur lequel tous les problèmes se posent était celui de la vie, le lieu où ils trouvent leur solution était l'histoire, de sorte qu'il fallait mettre un terme à la coupure grecque et médiévale entre la vie contemplative et la vie pratique sur laquelle repose encore toute l'institution académique[2].

De Libera récuse, quant à lui, « l'idée d'une continuité phénoménale du monde et le préjugé en faveur de la réalité qui pousse indûment à croire que les Anciens voyaient le monde comme nous le voyons »[3]. Sur cette pratique de la discontinuité, de Libera appuie un relativisme historique, qui articule de manière complexe les deux sens du mot relativisme : celui qui consiste à faire varier les points de vue et celui qui consiste à dire que tout est relatif. « Notre relativisme historique tient à cela que toute thèse est pour

1. A. de Libera, *La querelle des universaux*, Paris, Seuil, 1996, p. 33.
2. *Ibid.*, p. 132-133.
3. Alain de Libera, « Retour de la philosophie médiévale ? », *Le Débat*, novembre 1992, n°72, p. 145-158, p. 150.

nous relative au monde qui l'a vue naître et la réclame, en même temps, pour être monde (…). Le relativisme bien compris est un holisme et, pour cette raison, il est aussi discontinuiste »[1].

Pour revenir à Garber, on pourrait s'étonner que ce soit un philosophe issu d'une tradition analytique anglo-saxonne qui regarde l'étude de l'histoire comme simplement instrumentale et soumise à une approche normative, ou du moins qui considère la reconstruction rationnelle en histoire de la philosophie comme supérieure à la reconstruction historique, qui se fasse le défenseur d'un mode d'enquête historique foncièrement désintéressé, où il s'agit de lire les auteurs du passé dans leurs propres termes et pour eux-mêmes. Nous demandions en début de volume : qui, aujourd'hui, fait de l'histoire de la philosophie un but en soi ? À notre sens, Garber n'est pas loin de le faire lorsqu'il défend le projet d'une histoire antiquaire de la philosophie, au motif que l'historien n'a pas à chercher dans le passé des outils pour résoudre les problèmes actuels. C'est tout juste s'il relativiserait cette idée d'une histoire de la philosophie désintéressée en se référant, croyons-nous, au point de vue de Bernard Williams selon lequel la contribution de l'histoire de la philosophie à la philosophie « n'est pas, comme les philosophes de tradition analytique aiment à le croire, de faire entendre des voix d'autrefois pour qu'elles prennent part aux débats contemporains. Absolument pas : elle est de faire entendre les voix d'autrefois qui *ne* peuvent *pas* prendre part aux débats contemporains et nous font ainsi nous demander au prix de quelles hypothèses les débats contemporains sont devenus possibles »[2].

1. *Ibid.*
2. B. Williams, *The Sense of the Past. Essays in the History of Philosophy*, Princeton, Princeton University Press, 2006, p. IX.

Dans les pages qui vont suivre, nous laisserons de côté, faute de place, le problème considérable de la relativité de la coupure. Nous nous centrerons plutôt sur ce que la plupart des conceptions discontinuistes du changement historique présupposent, à savoir que l'on peut transposer à l'histoire des idées un schème de développement qui a d'abord trouvé à s'appliquer en histoire des sciences. Peut-on calquer le temps de la pensée sur le temps des sciences ?

À notre sens, c'est le texte d'Yvon Belaval que nous joignons à ce volume qui ressaisit le mieux les questions que fait naître le problème du continu et du discontinu en histoire de la philosophie, précisément lorsqu'il réfléchit sur la manière dont se produit le changement historique en sciences et en philosophie. Une science ne se développe qu'en reniant son passé. À chacune de ses étapes, elle sanctionne ou bien périme ce qu'elle a découvert auparavant, de sorte qu'une coupure épistémologique établit une différence qualitative entre un *avant* et un *après*. En passant de la pensée vulgaire à la pensée scientifique, on abandonne un certain langage, sans retour. On ne comprend pas *mieux*, mais *autrement*. En va-t-il de même en philosophie ? Y a-t-il des obstacles philosophiques ?

À cette question, Gueroult répondait que les problèmes scientifiques du passé sont pour la plupart résolus ou abolis, mais que ceux de la philosophie du passé attendent toujours qu'on les résolve. Il ne semble pas qu'il y ait eu pour lui de discontinuité infranchissable entre les époques, car le passé nous a transmis les questions que nous avons à examiner, mais aussi des éléments de solution utilisables chaque jour [1].

---

1. M. Gueroult, *Philosophie de l'histoire de la philosophie*, Paris, Aubier, 1979, p. 56-57.

La réponse d'Yvon Belaval est plus complexe : personne n'oserait dire qu'en philosophie, le présent sanctionne ou périme le passé (encore que Koyré le disait à propos des philosophies présocratiques). Si toute science comporte une norme de son progrès, la philosophie n'en possède pas et il n'y a donc pas de point de non-retour dans son histoire. Une conception du temps assez singulière en résulte, comme le faisait remarquer Michel Serres après l'exposé de Belaval au colloque de Bruxelles auxquels ils participaient. Toute coupure est relative au chemin que l'on fait de l'*après* à l'*avant* et à la seule coupure qui constitue le référentiel de toutes les autres, celle du présent : « lorsque vous allez d'avant à après, il n'y a toujours qu'un chemin ; lorsque vous faites de l'histoire récurrente, vous allez d'après à avant et il n'y a plus un chemin, il y en a plusieurs. Vous ne pouvez pas aller de maintenant à avant à partir du même maintenant, par conséquent il y a plusieurs chemins. D'où l'idée que la coupure et la reprise sont parfaitement relativisées par le nombre de ces chemins. Alors il y a autant d'histoire des sciences qu'il y a de moments où l'on en fait ». On ne peut plus alors parler du passé au singulier.

De nos jours, la recherche en sciences humaines se passionne pour les marges, les fragments, les hétérogénéités, les incommensurabilités, les vérités plurielles. Elle ne découvre plus d'invariant, de constante intemporelle, mais exhume ce que Paul Veyne appelle des programmes hétérogènes de vérité. Elle le fait le plus souvent en référence à l'analyse du changement historique dans les sciences qu'a proposée Thomas Kuhn et Garber lui-même conclut son texte en renvoyant à *La structure des révolutions scientifiques*, lorsqu'il émet le vœu que l'histoire nous délivre de « l'image de la philosophie qui actuellement nous possède ».

Selon Kuhn, les crises épistémologiques que provoque l'essoufflement des paradigmes ne sont surmontées que par des sauts irrationnels comparables à des conversions religieuses. Ces conversions sont totales, car, lorsqu'un paradigme change, tout est simultanément mis en question.

Toute la question est alors de savoir si la décision de remplacer un paradigme par un autre peut être justifiée rationnellement. D'accord avec Lakatos, Alasdair MacIntyre considère qu'un meilleur programme de recherche est capable d'expliquer pourquoi un moins bon a échoué et est entré en crise. En montrant pourquoi une théorie a été défaite dans ses prétentions à la vérité, la théorie plus forte l'intègre dans une narration. Le couple narration-rationalité est une façon de reformuler le rapport hégélien de l'historique et du logique. C'est parce que « nous pouvons construire des histoires meilleures et moins bonnes, des histoires qui peuvent être rationnellement comparées entre elles, que nous pouvons aussi comparer rationnellement les théories »[1]. Une théorie montre sa supériorité en construisant un schème historiographique qui fait apparaître les insuffisances et l'unilatéralité des théories rivales. Du point de vue d'une conception contextualiste de la justification rationnelle, une capacité historiographique supérieure est un critère décisif qui établit la supériorité d'une narration intelligible sur une autre.

Kuhn minimise le fait que c'est le progrès vers la vérité recherchée dans les différentes sciences qui les fait converger. C'est Vico, et non pas Descartes, qui a compris le bon rapport de la science et de l'histoire : situer dans l'histoire les formes de justification que met en avant chaque type

1. A. MacIntyre, « Epistemological Crises, Dramatic Narrative and the Philosophy of Science », *The Monist*, 1977, p. 470.

d'enquête rationnelle n'aboutit pas au scepticisme, mais permet bien de lui échapper. C'est dans l'histoire des sciences, voire dans une philosophie de l'histoire des sciences, que se trouvent les critères qui permettent d'évaluer la supériorité d'une théorie scientifique sur une autre.

Ce qui vaut pour les sciences vaut pour les autres traditions, du moins quand elles s'engagent dans un processus d'investigation rationnelle : lorsqu'une d'entre elles se heurte à des difficultés philosophiques qu'elle n'a pas les moyens de résoudre, elle accepte le plus souvent de reconnaître la supériorité rationnelle de la tradition concurrente qui dispose de ces ressources. La rationalité des traditions tient à ce qu'à travers leur histoire et leur lutte pour la reconnaissance, certaines se révèlent meilleures que d'autres.

Or, il ne peut y avoir de conflits philosophiques, ni de dialogue rationnel entre les différentes traditions d'enquête sans références partagées. Kuhn « raconte l'histoire des crises épistémologiques comme des moments de discontinuité presque totale sans noter la continuité historique qui rend possibles ses propres narrations intelligibles »[1]. Il ne va pas de soi que l'incommensurabilité de paradigmes rivaux, thèse que Kuhn ne semble d'ailleurs pas soutenir jusqu'au bout, entraîne nécessairement leur incomparabilité ou même leur incommunicabilité (la pratique de la traduction en est une preuve).

Les traditions ont une rationalité qui leur est propre et ne deviennent burkéennes que lorsqu'elles sont moribondes. On peut donc à la fois soutenir un historicisme radical qui

---

1. A. MacIntyre, « Epistemological Crises, Dramatic Narrative and the Philosophy of Science », *op. cit.*, p. 467, cité par C. Rouard, *La vérité chez Alasdair MacIntyre*, Paris, L'Harmattan, 2011, p. 58.

affecte aussi bien la manière de faire de l'histoire que le discours métathéorique que l'on tient sur elle, et maintenir en histoire de la philosophie des critères de rationalité et d'objectivité qui permettent de soumettre à évaluation des groupes entiers ou des séries entières de théories. Quand bien même il n'existe pas de point de vue neutre, de lieu de la rationalité en tant que telle, on peut demander au relativiste, qui réduit l'histoire généalogique de la philosophie à un art de la conversation, si l'histoire qu'il écrit est objectivement vraie. Par exemple, on peut opposer à Rorty l'objection suivante : « l'écriture d'une histoire vraie requiert, dans sa pratique, des références implicites ou explicites à des standards d'objectivité et de rationalité du type de ceux, précisément, que l'histoire généalogique initiale était conçue pour discréditer »[1]. Que les critères de la justification rationnelle émergent d'histoires particulières et qu'ils en demeurent partie intégrante n'empêche pas qu'ils existent.

Si donc, comme le veut une conception réaliste de la vérité, la raison n'opère pas dans le vide, mais au sein de traditions et de communautés, de sorte qu'il n'y a pas de questions éternelles, mais des questions formées à l'intérieur de problématiques ou de programmes de recherche que l'on peut reconstruire rationnellement, il convient d'affirmer la primauté ou la souveraineté de l'histoire de la philosophie sur la philosophie même et, d'une certaine manière donc, l'autorité du passé.

De la même manière qu'on évalue les succès scientifiques par rapport aux réussites de l'histoire des sciences, « les réussites de la philosophie doivent être évaluées par rapport

1. Cité par C. Rouard, *La vérité chez Alasdair MacIntyre*, *op. cit.*, p. 71.

aux réussites de l'histoire de la philosophie », affirme notre texte. Hegel et Collingwood ont donc raison contre Fichte : nous ne pouvons bénéficier du résultat de l'histoire de la pensée sans nous réapproprier cette histoire. L'histoire des idées est la reine des sciences [1]. C'est bien, pour nous, ce que le postkantisme apporte de plus fort : que les questions soient déterminées historiquement n'empêche pas que l'on puisse dire en vérité ce qu'est tel ou tel objet.

1. « Contexts of Interpretation. Reflections on Hans-Georg Gadamer's "Truth and Method" », *Boston University Journal*, 1980, n°26, p. 173-178, p. 178.

YVON BELAVAL

CONTINU ET DISCONTINU
EN HISTOIRE DE LA PHILOSOPHIE (1974)*

Le but de cette communication est d'examiner, par rapport à la philosophie, la notion de *rupture* ou *coupure* épistémologique, telle qu'elle s'est développée, à partir de Gaston Bachelard, chez Georges Canguilhem, chez Arthur Althusser et ses disciples, comme Michel Fichant, Michel Pécheux, François Régnault – qui invoquent Alexandre Koyré –, chez Jean-Toussaint Desanti, chez Michel Foucault. Cette notion veut être *descriptive* – alors elle intéresse avant tout l'histoire récurrente – et *polémique*, contre le continuisme historique – du passé au présent, cette fois – qui a été professé, de Fontenelle à Sarton, par Condorcet, Auguste Comte, Duhem, Brunschvicg, pour ne rappeler que les noms le plus souvent mis en cause. Nous admettons deux hypothèses : 1. la philosophie existe, 2. il existe aussi une histoire de la philosophie. Nous chercherons, par conséquent : 1. quelles relations la philosophie soutient avec les sciences et avec l'épistémologie, 2. quelles relations l'histoire de la philosophie soutient avec l'histoire des sciences. Au résultat, notre examen

---

* Y. Belaval, « Continu et discontinu en histoire de la philosophie », *Philosophie et méthode*, Bruxelles, Éditions de l'Université de Bruxelles, 1974, p. 75-84.

devrait confirmer ou infirmer nos deux hypothèses :
1. la philosophie existe-t-elle encore ? Après avoir perdu
la logique, la psychologie, la sociologie, peut-être la
théologie, n'est-elle pas en train de perdre l'épistémologie ?
Que lui reste-t-il ? Son dépouillement est-il la mise à nu
de son essence ou l'amaigrissement de la vieillesse et de
la mort ? 2. l'Histoire de la philosophie est-elle du même
ordre que l'histoire des sciences ? La notion de coupure
ne permet-elle pas de les discriminer ?

Mais, d'abord, qu'est-ce que la *rupture* ou la *coupure*
épistémologique ? On a hésité entre les deux mots. Gaston
Bachelard ne s'est servi que du mot *rupture*. On sait dans
quel contexte culturel, vers les années 30, il a trouvé, puis
élaboré l'idée de *rupture épistémologique* : toutes les
disciplines travaillaient à la faire naître, la biologie avec
ses mutations, la psychologie avec sa *Gestalttheorie*, avec
les thèses de Piaget sur la différence qualitative de la pensée
infantile et de la pensée adulte, l'ethnologie avec Lévy-
Bruhl qui avait déjà ébauché ces thèses en comparant
(imaginait-il) le primitif et le civilisé, enfin, bien entendu,
toute la Physique contemporaine. Le mot *coupure* avait
été lancé, en 1876, par Dedekind pour exposer sa théorie
de la *continuité* arithmétique, et l'on observera que la
coupure fonde ici la *continuité*. Le souvenir, direct ou
indirect, de Dedekind a dû égarer Louis Althusser, quand
il prétend avoir « emprunté… à Gaston Bachelard le concept
de *coupure épistémologique*… » (*Pour Marx*, 1965, p. 24).
Il semble, à lire les disciples d'Althusser (*Sur l'histoire
des sciences*, Maspero, 1969, par ex. p. 11), qu'un mouvement terminologique s'ébauche, qui réserverait la *coupure*
à la science, et conserverait la *rupture* pour l'idéologie et
la « philosophie ». Quant à Suzanne Bachelard, si, se
distinguant de son père, elle en vient à parler de « coupure

épistémologique », ce n'est pas au sens d'Althusser, mais, sensible à l'acception mathématique du terme *coupure*, elle préfère en réduire l'emploi « à un type particulier de ruptures… ressenties rétrospectivement comme passage à la limite des modifications antérieures… », comme « des *achèvements* imprévus certes mais prévisibles, de ce qui n'a pas été conduit jusqu'au bout », « des achèvements par discontinuité » (*Épistémologie et Histoire des Sciences*, XII e Congrès Inter. d'Hist. des Sc. 25-31 août 1968, Paris, p. 50). On le voit, nous sommes en présence d'un concept qui « travaille » et qui ne peut donc être amené à la transparence (d'ailleurs presque toujours trompeuse) d'une définition élémentaire. Il s'en dégage cependant certaine signification, certain sens. Quant à la signification, *rupture* ou *coupure* a toujours l'histoire des sciences – et non de la philosophie – pour référent. Toutes les sciences : mathématiques (S. Bachelard, J.-T. Desanti), physique et chimie (G. Bachelard), biologie (G. Canguilhem), matérialisme historique (L. Althusser), linguistique et grammaire (M. Foucault), etc. On s'interrogerait sur les rapports de l'*histoire* à l'*archéologie* de Foucault : la discontinuité renvoie ici à des « systèmes de simultanéités » ainsi qu'à « la série des mutations nécessaires et suffisantes » qui circonscrivent – ou circonscrivaient – « le seuil d'une positivité nouvelle » (*Les mots et les choses*, p. 14). Quoi qu'il en soit, si, par son référent, la signification de la rupture ou coupure vise toujours l'objet d'une science, son sens ne s'institue que selon le contexte d'une épistémologie, la traduction d'*épistémé* n'ayant cessé et ne cessant d'évoluer d'*Erkenntnislehre* à *science* et de science à *connaissance non-thétique*[1]

1. Pour plus de précisions, voir notre exposé au Congrès Leibniz, Hanovre, juillet 1972 : *Y a-t-il une épistémologie leibnizienne ?*

La notion de rupture ou coupure ne pouvait être qu'épistémologique. Depuis le XVIIe siècle, la science avait imposé, contrairement à la création littéraire ou artistique (qu'on se rappelle la Querelle des Anciens et des Modernes), la double image du progrès, par accumulation (c'est l'Encyclopédie) ou par systématisation du savoir : « L'obligation de décrire un progrès est caractéristique pour l'histoire des sciences », proclamait Gaston Bachelard (*Conférence du 20.X. 1951* au Palais de la Découverte, p. 7). La coupure épistémologique est donc coupure sur un progrès.

Implique-t-elle discontinuité ? Pas avec Dedekind. Mais Dedekind traitait du nombre, il n'avait pas affaire à une matière historique. La discontinuité résulte d'une lecture régressive de l'histoire des sciences. Tant qu'on la lisait, cette histoire, du passé au présent, son progrès semblait continu, car on la rattachait à l'unité de la sagesse humaine, « toujours une et identique à elle-même, quelque différents que soient les objets auxquels elle s'applique », à l'ordre linéaire et irréversible du temps qui porte la causalité d'amont en aval – tandis qu'une maison peut être *décrite* dans n'importe quel ordre (2e Analogie) –, à l'enchaînement logique des vérités, les erreurs n'entrent pas en ligne de compte. Certes, on aurait pu alors s'arrêter à la discontinuité de l'invention dont l'*eureka* surgit d'un coup, *chez l'inventeur*, comme le lapin ou le gendarme dans une image-devinette (*cf.* E. Claparède, *La genèse de l'hypothèse*, Arch. des Psychol., Genève, 1933) ; mais n'aurait-ce pas été trahir l'histoire pour la psychologie ? et d'ailleurs, si fortement croyait-on au dualisme de la raison et de l'imagination – qui, déjà, avait divisé les protagonistes de la Querelle des Anciens et des Modernes – que Kant (au § 47 de K. U) ne veut encore reconnaître entre l'apprenti le plus laborieux et Newton qu'une simple « différence de degré » – il applique ici à Newton, le *savant*, l'expression, *ein grosser Kopf*, qu'il s'applique à lui-même *philosophie :* *Ich bin nur ein grosser Kopf* – et réserve la « différence spécifique » à la distinction du *grosser Kopf* et du génie d'Homère ou de Wieland.

Maintenant, lisons l'histoire des sciences du présent au passé, le présent jugeant le passé. À l'histoire *explicative*, causale ou logico-causale, succède une histoire *compréhensive* : qualitative, normative (fût-ce d'une théologie à court terme), récurrente (G. Bachelard). On ne rêve plus d'une *mathesis universalis* qui dicterait d'avance son (ou ses) discours de la méthode ; on suit le cheminement hasardeux de l'invention. On ne partage plus le mieux du monde le bon sens de la rationalité commune, qui bute, sans les dépasser, contre les obstacles épistémologiques de la sensation et du sentiment ; on observe la sur-rationalité du nouvel esprit scientifique. On renonce à l'ordre soi-disant linéaire du temps, on le pluralise, on l'inverse, on *décrit* (la phénoménologie n'est pas loin), sans se laisser tromper par l'ontologie de la cause et des précurseurs. On ne prend plus pour celle de l'histoire de la continuité *du récit* que l'on peut faire d'un passé en grande partie révolue et d'autant plus continu que l'on s'attarde davantage à la lenteur des origines ; ouvrons plutôt les yeux sur ce qui demeure actuel, sanctionné et non périmé, et sur l'accélération de l'Histoire – histoire des sciences et non point celle des savants, l'histoire des inventions et non point celle des inventeurs. Alors, rupture ou coupure, la discontinuité devient évidente.

« Mutation », « création », « révolution », « point de non-retour », « nouveauté » qui ne relève pas du *plus*, mais de l'*autrement* (S. Bachelard), elle institue, entre l'après et l'avant, une *différence qualitative* : un saut au-dessus des obstacles dressés par la pensée commune contre la pensée scientifique, un jugement qui, d'un côté, périme (par exemple, le phlogistique), ou, d'un autre côté, sanctionne (la chaleur spécifique, de Black). On ne peut plus penser *après* Galilée, Lavoisier, Galois, Pasteur, Mendel, Mendeleïev, Cantor, Einstein ou Freud, comme *avant*; le passé ne garde plus le même sens; ainsi, note Suzanne Bachelard, les essais de calcul logique tentés par Leibniz s'enrichissent aux découvertes de B. Russell et Whitehead. Selon que l'on se tourne vers le passé qui l'a préparée ou l'avenir dont elle inaugure la nouveauté, on considérera (disons : avec Suzanne Bachelard) le bord inférieur, la « limite » de la coupure, ou (disons : avec Michel Foucault) son bord supérieur, le « seuil ».

Où se produit-elle? et qui la produit? Il est rare qu'on la cherche dans l'inventeur : Althusser s'y risque pourtant lorsqu'il croit pouvoir situer dans les *Thèses sur Feuerbach* et l'*Idéologie allemande*, de 1845, la coupure entre le jeune Marx et le fondateur du marxisme. Le plus souvent, sans s'occuper des « héros de la science » (Régnault), on la cherche dans l'invention, c'est-à-dire dans le rapport de l'*après* à l'*avant*, tel qu'il se présente dans le progrès scientifique. Mais s'y présente-t-il et n'est-ce pas plutôt dans l'esprit de l'épistémologue qu'il faut chercher? « L'objet de l'historien des sciences, écrit Georges Canguilhem, ne peut être délimité que par une *décision* qui lui assigne son *intérêt* et son importance » (*Études d'Hist. et de Philos. des Sciences*, p. 18). *Décision*, étymologiquement, c'est *coupure*. La coupure épistémologique dépend-elle de l'initiative de l'épistémologue? Peut-être ne la voyons-nous, sur suggestion de l'épistémologue, dans le progrès scientifique même que parce que, malgré nous, le temps de ce progrès nous paraît objectif. De toute manière, la datation et, parfois, l'existence de la coupure peuvent demeurer contestables. Dans l'inventeur ? Althusser le signale (*Pour Marx*, p. 30) : della Volpe et Coletti ont de bonnes raisons pour fixer la mutation marxienne en 1843. Dans l'invention ? Mais Galois, mais Hughlings Jackson, mais Mendel, et combien d'autres ont été longtemps ignorés : la coupure se place-t-elle au moment de la découverte ou au moment de son effet ? de son effet sur les savants ou sur les épistémologues [1] ? À quelle date commencer la lecture par récurrence ?

Passons à la philosophie.

Personne ne l'a jamais confondue avec la science, même quand le philosophe pouvait être *aussi* un savant : en tout cas, les savants ne sont pas des philosophes. La science, remarquait Kant, explique par constructions de concepts, la philosophie comprend par concepts. Pour traduire en simplifiant : le fondement de la science est la mathématique dont le langage (si c'est un langage) semble bien être celui du monde et de la nature, puisqu'ils lui répondent et qu'ils se laissent transformer par lui : le fondement de la philosophie est le langage de l'homme qui s'adresse à l'homme. D'un côté, monologue ou, plutôt, calcul d'un ordinateur ; et de l'autre, dialogue. D'un côté, une construction de définitions et de leurs suites, qui dépend de ce que l'on veut *faire* ; de l'autre côté, un art de dialoguer, en quelque acception, ancienne ou moderne, que l'on entende la dialectique, puisqu'on n'a pas encore découvert la dialectique de la nature, et, cette fois, on peut, au moins, prétendre que l'acte de penser reste un et le même quelle

1. Dans sa communication au XII e Congrès, Suzanne Bachelard indique que E.J. Dijksterhuis dénonce le *mythe* de Galilée, dans *Die Mechanisierung des Weltbildes*, Berlin, 1956.

que soit la diversité des philosophies auxquelles il s'applique. Écoutons Althusser (Cours de 1967-1968, Thèse 3) : « la philosophie n'a pas pour objet les objets réels, ou le réel, au sens où la science a pour objet le réel ». Écoutons G. Canguilhem (*op. cit.*, p. 365) : « la question "Qu'est-ce que la psychologie ?" semble plus gênante pour tout psychologue que ne l'est, pour tout philosophe, la question "Qu'est-ce que la philosophie ?" Car pour la philosophie, la question de son sens et de son essence la constitue, bien plus que ne la définit une réponse à cette question ».

Ainsi, chacun l'accorde : il y a une *différence* entre la philosophie et la science. Est-ce à dire que la philosophie soit ou puisse être *indifférente* à la science ? Certains l'affirment. Ils sont rares. Si elle ne lui est pas indifférente, est-ce par nécessité ou par choix ? Lui est-elle enchaînée ou lui est-elle transcendante ? A-t-elle une autonomie absolue ou n'est-elle que le reflet – la superstructure – d'une réalité scientifique ou en voie de devenir scientifique ? Superstructure, est-elle l'idéologie de la science ou de l'épistémologie ? Sa résistance à la science ou à l'épistémologie ne serait-elle que la mauvaise conscience (psychanalysable ?) d'une théologie qui n'ose plus s'avouer comme telle ? À moins que l'épistémologue ne soit la bonne, la trop bonne conscience de celui qui n'étant ni savant ni philosophe, va dîner chez l'un et chez l'autre. Bornons-nous à quelques remarques comparatives.

À la différence de la science, la philosophie ne fournit pas ses propres normes *de progrès*, et c'est pourquoi la succession de ses œuvres ne constitue pas sans contestation une histoire. Les Grecs ont peut-être tout dit. Pas plus qu'on ne sait avec certitude si la vérité du langage réside dans l'avancement d'une algèbre de la pensée ou dans le

retour vers une langue adamique, pas plus on ne sait avec
certitude, devant la succession des œuvres de la philosophie,
si l'on peut les ranger en ordre de valeurs croissantes ou
décroissantes : à supposer ici quelque progrès, une lecture
récurrente ne saurait avoir la même acception que pour
l'histoire des sciences, puisque le progrès n'y saurait avoir,
non plus, la même acception.

Pour Bergson, le surgissement imprévisible des héros
(la philosophie a les siens), comme toutes les productions
de l'évolution créatrice, se fait par mutations, en discontinuité. Cela oblige à distinguer *coupure* et *discontinuité*,
car : 1) Bergson ne procède pas à une lecture récurrente ;
2) son modèle est l'évolution qui, n'agissant point par les
moyens de l'intelligence, n'est donc pas une histoire, plus
ou moins rationalisable, de la philosophie ; 3) il s'attache
aux « héros », alors que « le concept de coupure), stipule
François Régnault, n'a rien à voir avec les impossibles
héros de la science » [1]...

Admettons une histoire de la philosophie. Comment
la lire en récurrence ? Cette lecture changera selon la
distance à laquelle nous nous placerons. Il n'y a pas
d'histoire de la suite des *individus*. Y en a-t-il une de la
suite des *systèmes* ? Pas davantage si l'on considère chacun
de ces systèmes en sa notion complète, en la totalité
individuelle, concrète, de ce qu'ont pensé Descartes,
Spinoza, Malebranche, etc. Une lecture récurrente n'est
possible qu'au prix d'une mauvaise abstraction qui consiste
à extraire de Descartes le cartésianisme, de Spinoza le
spinozisme, de Malebranche le malebranchisme. Au prix
de cette trahison, on remontera du cartésianisme de

---

1. *Loc. cit.*, p. 11. *Cf.* G. Bachelard, *Activité rationaliste de la Physique
contemporaine*, p. 27-28, contre la valorisation des génies chez les
historiens continuistes.

Malebranche (découpé dans le malebranchisme) à Descartes.
Tout mot en *isme* établit une continuité parcourable dans
les deux sens. En récurrence, elle conduit aux « précurseurs »,
notion que rejettent expressément les épistémologues de
la *rupture* ou *coupure*. Mieux. Il arrive qu'un historien
pratique la coupure sans le savoir (parce qu'il en ignore
la théorie) et ne se rend pas compte que sa lecture est
récurrente ; victime de l'illusion rétrospective, il projette
l'*après* dans l'*avant*, en continuité ; Cassirer croit à la
révolution copernicienne, n'en demeure pas moins
continuiste, et reconnaît partout du Kant avant la *Critique
de la raison pure*. – Varions la distance catégorielle.

Passons du système au *problème* (raison, mémoire,
langage, liberté, matière, force, etc.). Comme les mots en
isme, le problème instaure la continuité qu'il intitule. Alors,
ou bien le problème se pose entre philosophes, et si les
questions et réponses sont prélevées dans les systèmes,
nous n'avons plus qu'un cas particulier de l'hypothèse
précédente : rien de nouveau. Ou bien le problème se pose
entre philosophe et savant qui, jusqu'à l'époque de Kant,
pouvaient se comprendre dans la même langue et, par
exemple, attribuer au mot « force » le même sens. Mais
aujourd'hui ? Dès que l'on quitte les « sciences » humaines
– où, en effet, un Heidegger inspire un Binswanger (mais
qui guérit-on ?) – l'intervalle s'élargit tellement entre la
formation du savant et la culture du philosophe, qu'il est
de plus en plus impossible de circuler de l'une à l'autre :
le philosophe vient trop tard, et ce n'est plus comme la
chouette de Minerve, car il ne peut plus penser après et
d'après le monde scientifique actuel, qui s'éloigne de plus
en plus de sa pauvre petite planète humaine, littéraire.
Affirmée ou niée, la rupture épistémologique ne se justifiait
que par une possibilité d'information du philosophe par

le savant. Pour retrouver cette possibilité, l'épistémologue (un philosophe?) n'a d'autre recours que de se rabattre sur les « sciences » humaines, qui gardent un fonds rhétorique, ou sur les sciences des XVII ͤ et XVIII ͤ siècles. – Reste, pour varier, une deuxième fois, la distance catégorielle, à passer de l'histoire des problèmes à l'*histoire des idées*. On la conçoit de deux manières : par l'interdisciplinarité ou par les fouilles archéologiques d'un contenu latent. Or l'interdisciplinarité multiplie les obstacles de l'histoire des problèmes par le nombre des disciplines que l'on consulte : elle risque, pour reprendre une constatation féroce de Bertrand Russell, de substituer les facilités du survol aux difficultés du travail honnête. Quant aux latences, elles sont pour un logicien (un Wittgenstein) ployables en tous sens, et d'autant plus ductiles que l'on fouille au-dessous de sciences moins structurées – de sciences humaines, trop humaines, et, cette fois, on songe à l'humour de Hegel : il n'y a rien de moins caché que ces latences : elles sont le miroir extrêmement poli de la culture, toute fraîche, de leurs virtuoses. S'agit-il d'interdisciplinarité? Plus elle est encyclopédique, plus s'y estompent les ruptures, car *tout se tient*, et la discontinuité n'apparaît qu'avec la séparation abstractive d'une science, d'un système, d'un problème. S'agit-il d'archéologies, de Marx à Freud par Foucault? Après la rigueur logicienne de Russell ou de Wittgenstein (fâcheusement inspirés par les mathématiques?) et après l'humour de Hegel, faudrait-il invoquer la bonne foi, indiscutable, de Charcot? – À quelque distance catégorielle que nous nous élevions, la notion de coupure épistémologique, née de l'histoire des sciences, s'intègre mal à l'histoire, continuiste ou bergsonienne, de la philosophie.

Cependant, on ne peut plus penser après Descartes, Kant, Hegel, Marx, comme avant. Oui. Mais la rupture épistémologique divise le passé – comme, autrefois, le faisaient l'*historia sapientiae* et l'*historia stultitiae* en histoire *sanctionnée* et en histoire *périmée*. Or, ce critère ne fonctionne plus sur la philosophie. Personne ne peut décider que telle ou telle philosophie soit périmée, puisque, nous l'avons dit, l'histoire de la philosophie ne comporte pas, si elle en comporte, ses propres normes *de progrès*. Un penseur aussi averti qu'Alexandre Koyré affirmait, en 1936, sans être contredit, devant la Société française de Philosophie, qu'il y a « des doctrines entièrement périmées, mortes », et donnait en exemple « les métaphysiques présocratiques ». On sait la suite. Encore venons-nous d'admettre, pour les comparer l'une à l'autre, que l'histoire de la philosophie, comme l'histoire des sciences, suivait le cours du temps historique : Heidegger préfère dévoiler en elle une commémoration transtemporelle de l'Être.

Par hypothèse, nous avons reçu pour valable la notion de rupture épistémologique dans l'histoire des sciences de la nature. Notre seule réserve – ou question – a porté seulement sur l'abus du mot prestigieux « science » dont se parent des disciplines à peu près sans rapports avec la rigueur théorique et les vérifications expérimentales des savants qui transforment effectivement notre monde. La notion se compose, pour l'essentiel, de trois termes : progrès, récurrence, discontinuité. Lorsqu'on veut transporter ces trois termes sur l'histoire de la philosophie, on s'aperçoit qu'elle ne s'y prête guère. Par conséquent, la notion de rupture épistémologique peut fournir un critère de différenciation entre la science et la philosophie, entre l'histoire des sciences et celle de la philosophie. Elle peut même mettre en cause l'histoire de la philosophie, si cette histoire a gardé pour modèle, à partir du XVIIIe siècle, les progrès de l'esprit humain – continus ou par mutations – dont les sciences procuraient les preuves les plus éclatantes. On en arriverait ainsi à contester jusqu'à l'existence ou la survivance de la philosophie : comment subsisterait-elle inutile ? comment l'utile, dans notre univers transformé scientifiquement, industriellement, se séparerait-il du progrès ? Resterait à régler l'avenir de l'épistémologue entre la philosophie qu'il abandonne et la science qui l'abandonne. Mais faut-il tenir pour valable la notion de rupture épistémologique ?

ALASDAIR MACINTYRE

LA RELATION DE LA PHILOSOPHIE
À SON PASSÉ (1984) *

Il est trop facile de s'enfermer dans le dilemme suivant. *Ou bien* nous lisons les philosophies du passé en cherchant à les rendre pertinentes pour les problèmes et entreprises qui occupent notre époque, et nous les transformons autant que faire se peut en ce qu'elles auraient été si elles avaient fait partie de notre philosophie actuelle, au risque de minimiser ou d'ignorer, et parfois même de déformer, ce qui résiste à une telle transformation, du fait du lien indissoluble qui le rattache à ce qui, dans le passé, le rend radicalement différent de notre philosophie actuelle. *Ou bien* nous nous attachons scrupuleusement à les lire dans les termes qui sont les leurs, en préservant soigneusement leur idiosyncrasie et leurs caractères propres, au point qu'ils n'apparaissent plus dans le présent autrement que comme une collection de pièces de musée. L'intensité de ce dilemme, quand bien même sa seule formulation suffit

* A. MacIntyre, « The relationship of philosophy to its past », *Philosophy in History, Essays on the Historiography of Philosophy*, R. Rorty, JB. Scheewind a. Q. Skinner (ed), Cambridge, Cambridge University Press, 1984, p. 31-48. *Traduction inédite.*

à provoquer une profonde insatisfaction à l'égard de chacun des termes de l'alternative, peut se mesurer à la fréquence avec laquelle, dans la pratique, nous succombons à l'un ou à l'autre d'entre eux. Que nous y succombions résulte, à n'en pas douter, tant du nombre que de l'importance des moyens qui s'offrent à nous pour nous séparer ou nous distancier des phases révolues de l'histoire de la philosophie.

Arrêtons-nous tout d'abord sur l'effet qu'ont eu les changements apparus dans la division académique du travail. Il est significatif que nous opposions aujourd'hui les problèmes et enquêtes qui relèvent de la philosophie de ceux qui relèvent de la science, de l'histoire ou de la théologie. Il n'en a pas toujours été ainsi. Hume aspirait à devenir le Newton des sciences morales et Descartes pensait que sa métaphysique se rattachait à sa physique comme le tronc aux branches d'un arbre. Ce que nous faisons habituellement entrer dans le domaine de l'histoire de la philosophie au sens propre du terme demande de faire fréquemment abstraction de ce que *nous* considérons aujourd'hui être les parties authentiquement philosophiques d'ensembles plus larges. Mais, en procédant ainsi, nous ne pouvons éviter les distorsions ; les exigences conceptuelles d'un côté et les exigences empiriques et théoriques de l'autre sont, dans une large mesure, inséparables, ainsi que nous l'apprennent non seulement l'histoire elle-même mais les conséquences de la critique quinienne de la distinction de l'analytique et du synthétique. La philosophie morale des XVIIe et XVIIIe siècles en offre un exemple frappant. On compte parmi ses héritiers intellectuels du XXe siècle non seulement cette discipline exsangue et atrophiée qu'est devenue, chez beaucoup de ses praticiens actuels, l'éthique philosophique moderne, mais aussi la psychologie et les autres sciences sociales. Cela, bien sûr, n'a pas seulement entraîné une réaffectation des thèmes et des questions. Il s'est aussi opéré un processus de transformation qui s'est étendu au-delà des disciplines académiques et a affecté jusqu'au langage de la vie quotidienne. La façon dont on aborde aujourd'hui les analyses coûts-bénéfices, les évaluations psychologiques des traits de personnalité et les études de l'ordre et du désordre en politique présuppose de manière caractéristique que, pour l'essentiel, ce ne sont pas là des entreprises morales. Le domaine de la moralité s'est réduit en même temps que celui de la philosophie morale. Une seconde dimension de la différence historique est pour ainsi dire évidente : celle d'un changement dans la structuration interne de la philosophie en fonction des questions considérées ou bien comme centrales ou bien comme périphériques, et des méthodes regardées ou bien comme fructueuses ou bien comme stériles. Je parle ici de questions plutôt que de problèmes, car des conceptions rivales de ce qui est problématique peuvent précisément être ce qui fait surgir une question. Et il se peut que des conceptions rivales de ce qui est problématique soient inséparables des conceptions rivales des fins vers lesquelles l'activité philosophique doit tendre. Ainsi, ce qui est ou paraît être le même argument ou un argument très voisin à deux époques philosophiques distinctes peut avoir une importance très différente. L'usage que saint Augustin fait du *cogito* n'est pas du tout le même que celui qu'en fait Descartes. La place qu'Augustin réserve à la définition ostensive dans l'apprentissage du langage renvoie à une illumination divine de l'esprit; l'approche très similaire de Wittgenstein – que celui-ci se trompe en croyant que son approche s'oppose à celle d'Augustin ne fait que renforcer ma thèse principale – renvoie au concept de forme de vie.

Une troisième sorte de différence renforce les deux premières : celle du genre littéraire. Platon, Berkeley, Diderot et John Wisdom écrivaient chacun leur philosophie sous forme de dialogue. Mais les dialogues de Platon constituent un genre de philosophie très différent de tout ce qui était possible d'écrire au XVIIIe ou XXe siècles, et Platon lui-même, au fur et à mesure qu'il écrivait ses dialogues, en a transformé le genre. Augustin et Anselme écrivent tous les deux leur philosophie sous forme de prière, Thomas d'Aquin et Duns Scot sous forme de débat intellectuel, Dante et Pope sous forme de poésie, Spinoza sous la forme de ce qu'il croyait être de la géométrie, Hegel sous forme d'histoire, George Eliot, Dostoïevski et Sartre sous forme de romans et la plupart d'entre nous sous la forme la plus étrange, celle de l'article destiné à une revue professionnelle.

Les changements qui affectent l'ensemble de la division académique du travail, la structuration interne de la philosophie et le genre littéraire se rattachent bien sûr tous intimement au changement conceptuel et se rapportent l'un à l'autre, non comme trois processus indépendants reliés ensemble à un quatrième terme, mais comme les différents aspects que prend une seule et même histoire, certes complexe, mais unifiée. La mesure du changement conceptuel est la mesure de la difficulté que l'on rencontre lorsqu'on entreprend de traduire ou paraphraser les concepts inhérents à une culture linguistique et philosophique spécifique à l'aide des concepts que les membres d'une culture très différente possèdent ou sont en mesure de construire. Je pense au genre d'innovations linguistiques dont Georges Thomson avait besoin pour écrire en irlandais moderne son histoire de la philosophie de la Grèce antique ou ses traductions de Platon dans la même langue. On voit à quel genre de difficultés Thomson a dû se heurter quand on songe à la manière dont on résout les mêmes problèmes lorsqu'on traduit de la poésie. Prenons n'importe quel passage d'Homère, par exemple le discours de Sarpédon à Glaucos dans l'*Iliade* XII, 309-28, et comparons les lectures du XVIe siècle de Chapman avec celles du XVIIe siècle de Pope et celles du XXe siècle de Fitzgerald. L'un déforme l'original grec sur des points que l'autre épargne. Mais, à beaucoup d'égards, ils ne sont pas en compétition : Fitzgerald est pour notre époque un traducteur de premier ordre comme Chapman et Pope le sont pour les leurs. L'idée qu'il existerait une meilleure traduction indépendamment du temps n'a aucun sens. Et je ne vois aucune raison de dire cela d'Homère et pas de Platon (les traductions abominables de Jowett ne le cèdent en rien à celles de Lang, Leaf et Myers).

On aurait bien tort d'en conclure qu'une partie quelconque du passé nous est aujourd'hui nécessairement inaccessible. Ces remarques suggèrent au contraire l'étendue et l'ingéniosité des stratagèmes que nous devons mettre en œuvre pour ne pas nous trouver, souvent à un degré insoupçonné, prisonniers du présent dans nos traductions du passé. Elles amplifient ainsi le dilemme par lequel j'ai commencé. Car même notre dernier argument suggère que, dans une large mesure, l'impression de continuité que donnent beaucoup d'histoires classiques de la philosophie est illusoire et repose sur l'usage adroit, bien qu'à n'en pas douter inconscient, d'une série de mécanismes destinés à masquer la différence, combler la discontinuité et dissimuler l'inintelligibilité. Mais même cette fausse impression de continuité est mise à mal quand nous lisons un trop grand nombre d'histoires standards de la philosophie écrites à des époques et en des lieux différents. Essayez

de lire l'histoire de la philosophie telle qu'on l'écrit en
allemand depuis l'époque de Kant, en anglais depuis Dugald
Stewart et en français depuis Victor Cousin, et vous verrez
aussitôt apparaître une foule de différences. Chaque époque,
parfois chaque génération possède son propre canon de
grands écrivains et même de grands livres de philosophie.
Il suffit de songer aux différents traitements dont Giordano
Bruno, Hume, Port-Royal ou Hegel ont fait l'objet selon
les lieux et les époques, ou de se dire que l'importance
relative reconnue aux différents dialogues platoniciens n'a
cessé de changer à intervalles réguliers depuis la
Renaissance. Ces différences reflètent pour une part et,
pour une part, renforcent certaines des différences que j'ai
pointées. Elles suggèrent que l'histoire de la philosophie
comme sous-discipline peut contribuer de temps à autre à
renforcer les préjugés du présent en nous tenant à distance
de ce qui dans le passé devrait le plus nous troubler. Il n'y
a rien, une fois encore, dans ce que nous disons qui suggère
qu'une partie du passé soit pour toujours *nécessairement*
hors d'atteinte. Mais la multiplication des facteurs
contingents suggère aussi de ne pas écarter l'une ou l'autre
de ces possibilités. La première consiste à dire que certaines
époques de l'histoire de la philosophie sont si étrangères
l'une à l'autre que la nouvelle ne peut espérer comprendre
adéquatement l'ancienne, mais qu'elle doit inévitablement
se tromper à son sujet. C'est par exemple ce qui s'est
produit avec l'incompréhension que le XVIIIe siècle français
a manifestée à l'égard de la pensée médiévale. Bien sûr,
nous pouvons nous figurer que *nous* sommes immunisés
contre cette menace, car notre capacité à détecter de tels
malentendus laisse justement penser que nous pouvons
franchir les barrières et contourner les obstacles qui ont
arrêté nos prédécesseurs du XVIIIe siècle. Une telle fierté

culturelle peut sembler déplacée. Mais, même dans le cas contraire, une seconde possibilité s'offre à nous, à savoir que notre propre capacité à interpréter socialement, culturellement et intellectuellement les autres périodes de l'histoire de la philosophie peut nous amener à prendre en compte des modes de pensée et d'enquête philosophiques dont les formes et les présuppositions diffèrent à ce point des nôtres que nous ne pouvons, sans avoir posé la question, découvrir dans les concepts et les normes les bases d'un accord suffisant pour trancher entre les prétentions antagonistes et incompatibles incorporées à telle ou telle manière de faire. Car quels que soient la norme ou le critère auquel nous croyons rationnel de nous référer, leur usage supposerait déjà que nos formes particulières de pensée et d'enquête philosophiques puissent se justifier rationnellement, alors que, puisqu'ils dépendaient si étroitement du contexte dans lequel ces formes s'étaient développées, ils pourraient n'avoir jamais parus rationnellement justifiables, ni même intelligibles, à ceux dont la forme différente de pensée et d'enquête philosophiques est la seule que nous souhaitons discuter rationnellement. Mais, s'il devait en être ainsi, la rationalité de nos propres formes de pensée et d'enquête philosophiques serait remise en question. Car il nous faudrait tenir compte de l'existence d'un ensemble rival de croyances philosophiques, d'attitudes et de manières d'orienter la recherche dont les prétentions à la cohérence rationnelle, explicites ou non, seraient incompatibles avec les prétentions du même ordre qu'implique notre activité philosophique, mais dont nous ne pourrions démontrer par des arguments rationnels – car un argument, pour être valide et pertinent, devrait supposer ce que nous lui demanderions de démontrer – qu'elles sont réfutées ou vaincues par les nôtres (bien sûr, les anthropologues ont souvent remarqué que nous pouvons à l'évidence rencontrer exactement le même type de problème lorsque nous cherchons à savoir comment nous rapporter au type d'activité philosophique que telle ou telle tradition culturelle étrangère porte en elle, mais je ne m'intéresse ici qu'aux problèmes particuliers que nous rencontrons quand nous nous penchons sur les époques passées de notre propre tradition culturelle).

Bien sûr, il se pourrait que, dans le genre de situation que j'ai en tête, le même type de raison qui nous interdit de justifier rationnellement la supériorité de *notre* mode d'activité philosophique par rapport à celui qu'a développé une période rivale de notre passé nous empêche aussi de justifier rationnellement ce qui nous fait trancher en faveur de *ses* prétentions plutôt qu'en faveur des nôtres. Mais ce n'est là qu'une maigre consolation. Car ce qui a conduit la philosophie des Lumières et ses successeurs à jeter le discrédit sur la théologie en tant qu'enquête rationnelle, c'est, en partie au moins, le fait qu'en elle, différents types de recherche antagonistes intégrés à des formes concurrentes de pratique religieuses, se sont également montrés incapables, et pour les mêmes raisons, de renverser radicalement les thèses adverses au moyen d'arguments rationnels. Une question surgit alors inévitablement : pourquoi la philosophie n'encourrait-elle pas le même discrédit ?

Si cette question a une force, c'est pour deux raisons différentes. La première est qu'il s'agit d'une version sophistiquée d'une question déjà maintes fois posée par les non-philosophes. La philosophie, dit-on parfois, diffère des sciences de la nature par son incapacité à résoudre un certain nombre de désaccords fondamentaux ; pourquoi prêter la moindre attention à des philosophes qui s'expriment avec des voix variées et discordantes ? Et, deuxièmement, cette tentative assez grossière, mais plutôt répandue, de discréditer la philosophie se trouve confortée par toutes les considérations que je viens d'ajouter. Voyons de plus près comment le fait de réussir à corriger l'image erronée que nous nous faisons d'une époque révolue en philosophie peut nous aider à comprendre à quel point elle diffère radicalement de la nôtre, de telle sorte qu'il ne nous paraît plus possible de dire rationnellement quel point de vue fondamental est le vrai. Je prends un exemple, encore une fois, en philosophie morale.

Dans un chapitre de *Liberté et raison* intitulé « L'abandon », le professeur R.M. Hare remarque « qu'il existe des analogies ... entre des expressions comme "juger bon" et "juger que l'on devrait", d'un côté, et des mots comme "vouloir", de l'autre... Nous ne devons cependant pas nous laisser aveugler par les analogies que présentent le fait de vouloir et celui d'émettre des jugements de valeur, au point d'ignorer ce qui les oppose. C'est probablement ce qui a conduit Socrate à soulever le fameux problème de la faiblesse morale. Les jugements de valeur diffèrent des désirs par leur capacité à être universalisés : presque toutes les difficultés dans lesquelles s'enferre Socrate viennent de ce qu'il ne le remarque pas » (Hare 1963, p. 71).

La note que Hare ajoute en bas de page renvoie non à la source platonicienne de ces problèmes, le *Protagoras*, mais à la discussion que conduit Aristote dans le Livre VII de l'*Éthique à Nicomaque* (1145b25). J'en déduis que les « fameux problèmes » socratiques dont il est question renvoient aux passages où il est dit que nul ne fait ce qui s'oppose au meilleur sinon par ignorance, ce qui conduit Aristote à suggérer d'emblée que ce qu'il prend pour la thèse de Socrate diffère manifestement du phénomène de l'*akrasia*. J'en déduis aussi que la thèse que Hare défend est que, si seulement Socrate avait admis la distinction qu'il établit lui-même entre vouloir et émettre des jugements de valeur, il aurait compris que, si je veux quelque chose au point de me mettre à sa recherche, quand bien même agir de la sorte serait contraire aussi bien au jugement de valeur auquel j'ai choisi entre-temps d'obéir qu'à la manière dont les gens auraient dû se comporter dans ce type particulier de situation, alors, pourvu qu'il soit en mon pouvoir de renoncer à satisfaire ce désir, je ne saurais approuver réellement ce jugement de valeur. Ainsi, du point de vue de Hare, personne, quand il agit, ne contredit ses propres jugements de valeur, car « c'est une tautologie que de dire que nous ne pouvons sincèrement approuver un commandement qui s'adresse à nous et ne pas *en même temps* l'accomplir, si c'est le moment de le faire et si c'est en notre pouvoir (physique et psychologique) » (Hare 1952, p. 20, cité dans Hare 1963, p. 79). Ah, si seulement Socrate avait eu la perspicacité de M. Hare, il n'aurait jamais eu tous ces soucis !

Il fallait faire subir deux transformations successives à la représentation que Platon nous a offerte des actions et des paroles de Socrate pour que ce dernier puisse servir de bouc-émissaire à M. Hare. Le contexte original du *Protagoras* est un contexte dialectique dans lequel Socrate se donne pour objectif immédiat de réfuter les *hoi polloi* qui croient que les hommes peuvent se détourner de chercher ce qu'ils savent être bons en se laissant submerger par l'attrait du plaisir, ce qui montre bien que le propos de Socrate concernait plus largement la place de la connaissance par rapport aux vertus. Qualifier ce contexte de dialectique veut dire que nous ne comprenons pas Socrate si nous croyons que, dans ces passages, il émet des *affirmations* et cherche à atteindre des *conclusions*, erreur qu'entretiennent souvent les traductions. À la fin du Protagoras, Socrate déclare : « il me semble que notre discours même, en parvenant à son exode, devient comme notre accusateur et se moque de nous » (361a4). Quand C.C.W. Taylor traduit *hê arti exodos* par « les conclusions auxquelles nous sommes parvenus », sa traduction laisse échapper l'allusion dramatique – un *exode* est entre autres choses la scène finale d'une pièce et la façon dont Socrate se sert ici de cette expression se réfère au langage de la comédie, utilisé à d'autres endroits du dialogue – et conduit immédiatement à croire que Socrate a cherché à atteindre une conclusion et qu'il reconnaît maintenant son échec. Mais l'activité philosophique de Socrate, telle au moins qu'elle est représentée dans ces pages du *Protagoras*, est d'une tout autre nature que ce que feront la plupart des philosophes ultérieurs quand ils poseront des prémisses et tireront des conclusions, et le premier à se méprendre sur son compte sera Aristote.

En réalité, Aristote ne relevait ni ne songeait même à relever le moindre problème ou la moindre difficulté, célèbres ou pas, qu'aurait rencontré Socrate. Car, quand il dit que la conception qu'il prête à Socrate ne s'accorde pas avec *ta phainomena*, il *ne* veut *pas* dire que Socrate va à l'encontre des « faits observés » (traduction de W.D. Ross) ou « des faits bruts » (traduction H. Rackham), mais qu'il contredit les opinions reçues (Owen 1961), choses que le Socrate du *Protagoras* comprenait déjà très bien. Et ce qu'Aristote en conclut – car *lui*, bien sûr, énonçait des thèses et tirait des conclusions –, c'est précisément (voir 1147b15) que Socrate avait raison de dire qu'un homme qui paraît faire le contraire de ce qu'il sait être le meilleur pour lui, ne sait pas *réellement* qu'il s'agit du meilleur. Quand il approuvait Socrate, Aristote annonçait bien sûr ce que feront ses successeurs modernes, en laissant de côté les autres passages du *Protagoras* et en ignorant la nature dialectique du socratisme : de ce fait, il déformait Socrate. Mais cette déformation est elle-même à son tour déformée quand l'analyse aristotélicienne de l'*akrasia* est présentée par Hare comme une analyse des thèmes qu'il discute lui-même sous le titre d'« abandon » et de « faiblesse de la volonté », de telle manière que sa propre analyse de ces problèmes pourrait être utilisée – comme lui-même le fait – pour nous dire ce qui est vrai et faux dans l'analyse socratique (et par voie de conséquence aristotélicienne) de l'*akrasia*.

Ce que cette analyse passe sous silence, ce sont les différences cruciales de contexte moral et culturel qui font que la place reconnue à l'idée d'abandon dans les diverses formes de moralité moderne est nécessairement très différente de ce qu'est l'*akrasia* dans la pensée et la pratique athéniennes. Le contexte dans lequel s'inscrit la théorie d'Aristote – je recommande, comme on le comprend, d'être très méfiant lorsqu'on prête des théories à Socrate – est celui d'une description téléologique des vertus dans laquelle il s'agit d'expliquer à la fois comment l'on peut produire des actions justes sans être soi-même une personne juste, et comment l'on peut commettre des actions injustes sans être simplement soi-même une personne injuste. Le moins que l'on puisse dire est que ce dernier problème est au centre de la description qu'Aristote donne de l'*akrasia* (1151a11). L'*akrasia* ne concerne en rien les jugements de valeur et les conditions de l'assentiment qu'on peut leur donner. Elle suppose que l'on distingue entre la personne qui manifeste des vertus et la personne qui s'en détourne, quand bien même elle aurait une opinion vraie et possèderait peut-être aussi la connaissance en tant que fin que sert la vertu. L'*akrasia* suppose que les croyances morales d'une personne n'aient besoin d'aucune correction du point de vue de leur *contenu*. Ce qui manque à un homme faisant preuve d'*akrasia*, c'est une pleine *epistémè* à l'œuvre dans ce cas précis et la pleine disposition du caractère qui peut supporter et concrétiser cette opération. Au contraire, dans toutes les conceptions normatives modernes de la moralité, comme celle de M. Hare, non seulement il ne peut y avoir aucune place pour la forme correspondante d'*epistémè*, ni d'ailleurs aucune façon de se la représenter, mais on ne peut même concevoir la possibilité logique de cette sorte de fossé entre la connaissance et l'action que l'*akrasia* incarne. D'un point de vue normatif, approuver un principe, *c'est* le respecter à l'exception des cas où il n'est pas en notre pouvoir de le faire. Mais l'*akrasia* ne dépend pas seulement des occasions particulières ; c'est un trait de caractère.

Que l'*akrasia* et la faiblesse de la volonté ou l'abandon soient des choses très différentes ne peut nous surprendre si nous gardons à l'esprit la différence radicale des contextes moraux et culturels. Une moralité des principes de nature normative convient parfaitement à un monde social essentiellement postkantien, où la moralité établie est celle des lois morales que l'agent se prescrit et où ce que R.M. Hare appelle abandon consiste à faire autre chose que ce qui s'accorde à ses professions morales de fidélité à des lois spécifiques. Mais l'*akratês* n'est pas le moins du monde, ni nécessairement ni de manière caractéristique, un homme qui s'abandonne. C'est un homme dont l'éducation morale est encore incomplète et imparfaite et dont le mouvement vers le *telos*, qui est à la fois son vrai bien et un bien déjà reconnu – encore que ce soit peut-être de manière encore implicite plutôt qu'explicite – est dévié de son but par son manque de contrôle sur les *pathê* qui l'affectent. L'*akratês* occupe ainsi une place très différente dans un ordre moral très différent de ceux auxquels la théorie morale normative aussi bien que la pratique morale moderne rattachent l'homme qui s'abandonne. Mais le comprendre, c'est corriger une erreur d'interprétation en risquant de se trouver confronté à la situation que j'ai identifiée plus tôt et de voir remise en cause la justification rationnelle des points de vue philosophiques fondamentaux.

Au centre de la philosophie morale grecque se tient la figure de l'agent moral éduqué dont les vertus guident les choix et les désirs vers les biens authentiques, et finalement vers *le* bien. Au centre de la philosophie morale spécifiquement moderne se tient la figure de l'individu autonome dont les choix sont souverains, ultimes et dont les désirs doivent, d'après une des versions de cette théorie morale, être pondérés par ceux de chaque autre personne ou, d'après une autre version, être contraints par des lois catégoriques imposant des contraintes neutres à tous les désirs et à tous les intérêts. La justice, d'un point de vue spécifiquement grec, est une question de mérite, de répartition des biens en fonction de la contribution que chacun apporte à cette forme de communauté politique qu'est l'arène morale. La justice, d'un point de vue spécifiquement moderne, est un problème d'égalité fondamentale. Pour chaque groupe de théories, les concepts clés sont si étroitement connectés à l'intérieur d'un ensemble complexe de croyances, d'attitudes et de pratiques qu'isoler par abstraction chaque différence conceptuelle afin de trancher les questions l'une après l'autre, revient pour l'essentiel immanquablement à falsifier et déformer les choses, tandis que, lorsque nous appréhendons chaque ensemble théorique comme un tout, nous découvrons qu'il porte en lui sa propre explication lui permettant de justifier rationnellement ses jugements dans le domaine de la pratique morale.

Cet exemple particulier de dilemme que fait naître la relation de la philosophie du présent à celle du passé fait apparaître chacune des dimensions que peuvent revêtir les différences que j'ai énumérées plus haut. La pensée et la pratique grecques conçoivent la-morale-et-la-politique comme un objet d'étude unitaire, les modernes distinguent la théorie morale de la philosophie politique, et plus forte-ment encore de la science politique. La division académique du travail nous fait croire que nos étudiants sont à même de comprendre l'*Éthique* d'Aristote sans avoir lu la *Politique*, et inversement. La pensée morale grecque met au centre de ses préoccupations des questions relatives à la nature de la psychologie humaine aussi étrangères à la philosophie morale moderne que peuvent l'être à Platon et Aristote certains des thèmes que cette dernière considère comme centraux, par exemple la distinction du fait et de la valeur ou la relation de la morale à l'utilité. Il n'est guère besoin d'énumérer les différences établies par les divers usages littéraires et la canonisation de certains ouvrages, et les difficultés qui s'attachent à la paraphrase conceptuelle sont justement le cœur du problème. Ce qui apparaît ici est donc un exemple frappant de ce qu'a produit notre incapacité à résoudre notre problème initial : une même incapacité à se confronter à la philosophie morale que contient l'héritage culturel qui a rendu possible notre philosophie morale. Que répondre à cela ?

Une stratégie tentante serait d'ignorer l'ensemble de la situation, ce qu'après tout, la plupart d'entre nous fait déjà. Autrement dit, nous continuerons à nous rapporter à notre passé philosophique de deux manières très différentes. D'un côté, en tant que philosophes, suivant la définition de notre discipline à laquelle se réfèrent habituellement les membres de l'Association Américaine de Philosophie, nous ne laisserons intervenir les philosophes du passé dans nos débats que s'ils s'expriment dans nos termes, et tant mieux si cela entraine une déformation historique ! Nous ne ferons pas l'injure au passé de le croire moins armé philosophiquement que nous le sommes. D'un autre côté, en tant qu'historiens de la philosophie, nous mettrons un soin particulier à comprendre le passé tel qu'il s'est effectivement produit et, si cela lui ôte toute pertinence philosophique, nous rejetterons ce critère de pertinence et, là où d'autres parlent de démarche antiquaire, nous parlerons d'une démarche savante.

Pour le moment, nous pouvons donc nous réjouir de voir que ce qui risquait de devenir un problème grave s'est transformé en solution adroite. Mais cette satisfaction ne peut être que de courte durée. Car cette solution implique une conséquence évidente et, je l'espère, inacceptable. Le passé devient le domaine de ce qui n'existe que *de facto*. Le présent seul est le domaine du *de jure*. On définira dans ces termes l'étude du passé, de sorte que l'on renonce à toute réflexion sur ce qui est vrai, bon ou justifié rationnellement, plutôt que de renoncer à ce que les idées de vérité, de bonté et de rationalité qui nous sont propres nous représentent ainsi. La recherche de ce qui est effectivement vrai, bon et rationnel sera circonscrite au présent. Or il ne faut jamais oublier qu'une génération philosophique n'occupe le présent que de manière temporaire ; dans un avenir pas trop lointain, elle deviendra à son tour une partie du passé de la philosophie. Les questions et réponses qu'elle regarde comme étant *de jure* deviendront une structure de référence *de facto*. On s'apercevra qu'au lieu d'avoir pris part à une recherche qui s'est poursuivie sur des générations, elles sont passées du statut d'enquête philosophique active à celui de simple objet d'étude pour historiens. Quine a dit plaisamment qu'il y a deux sortes de gens que la philosophie intéresse, ceux que la philosophie intéresse et ceux qui s'intéressent à l'histoire de la philosophie. Du point de vue que je viens d'esquisser, il faudrait plutôt dire que les gens que la philosophie intéresse aujourd'hui sont voués à ne plus intéresser, d'ici un siècle, que ceux qui s'intéressent à l'histoire de la philosophie. Ainsi, l'anéantissement philosophique du passé que provoque cette façon de se représenter sa relation au présent est une manière de nous anéantir nous-mêmes par avance. Cette façon de se répartir les tâches entre historiens positifs et philosophes nous garantit que, tôt ou tard, tout sera remis à la positivité historique.

On ne peut, semble-t-il, ignorer ce dilemme ; ne rien faire n'aurait là aussi que des conséquences négatives. Ce n'est que si nous expliquons de façon convaincante comment il est possible de se rapporter aussi bien philosophiquement qu'historiquement au passé philosophique que nous aurons ce que nous cherchons. Mais une telle explication devra dire comment un point de vue philosophique global intègre ses propres conceptions de la supériorité rationnelle sans renvoyer apparemment à une norme neutre et indépendante. Nous ne sommes bien sûr pas les premiers à chercher une telle explication. Les historiens et les philosophes des sciences naturelles ont déjà rencontré cette question : comment résoudre rationnellement les problèmes qui divisent ceux qui adhèrent à des points de vue larges et englobants dont les désaccords systématiques s'élargissent en désaccords sur la manière dont ces désaccords doivent être eux-mêmes caractérisés, sinon résolus ?, et ils ont

repris pour les nommer le nom que leur avait donné Thomas
Kuhn. Ils les ont appelés des problèmes d'incommensurabilité.
Voyons en quels termes ce débat se pose – ou plutôt devrait
se poser – pour déterminer comment il peut nous aider à
résoudre notre propre problème.

Les caractères des sciences naturelles que Kuhn a dû
identifier pour formuler ses premières thèses sur l'incommensurabilité étaient bien sûr plus limités quant à leur
portée que les caractères de la philosophie qui sont à
l'origine de notre présent problème. Tout d'abord, même
chez un historien aussi libéral que Kuhn, la conception de
la science de la nature qui dirige toute son analyse suppose
que l'idée que les modernes se font des sciences de la
nature est tout à fait à même de déterminer quelles théories
et quelles activités des sociétés prémodernes peuvent être
considérées comme des précurseurs de l'histoire des
sciences de la nature. Et c'est là, bien sûr, quelque chose
de tout à fait légitime, car l'idée que nous nous faisons des
sciences de la nature est elle-même pour l'essentiel une
idée spécifiquement moderne, apparue entre le XVIe et le
XIXe siècles, ce qui n'est pas le cas du concept de philosophie.
Or, le problème dont Kuhn est parti avait exactement la
même forme que le nôtre : comment regarder comme
rivales des thèses appartenant à des contextes si différents
que nous ne disposons d'aucun critère ou modèle d'argument
neutre pour trancher – comme il faut parfois le faire, si
l'on suit Kuhn, lorsque deux grands groupes de théories
scientifiques comme la cosmologie physique d'Aristote et
celle de Galilée, se font face ? Dans ce cas, nous ne pouvons
nous référer à une donnée neutre et indépendante provenant
de l'observation, car notre manière de caractériser et même
de percevoir cette donnée pertinente, voire de déterminer
quelle donnée sera pertinente à observer, dépendra de celui
des deux points de vue théoriques rivaux que nous aurons

préalablement adopté : « lorsque Aristote et Galilée regardaient des pierres qui se balançaient, le premier voyait une chute entravée et le second un pendule », écrivait Kuhn dans sa première formulation de cet argument. Et il conclut plus loin que toute idée d'une adéquation « entre les entités dont la théorie peuple la nature et "ce qui s'y trouve réellement" » doit être rejetée : « il n'existe, me semble-t-il, aucune possibilité de reconstruire des expressions comme "ce qui s'y trouve réellement" en dehors d'une théorie particulière » (Kuhn 1970, p. 121 et 206). Autrement dit, chaque ensemble théorique à grande échelle de ce type a sa propre manière de concevoir la réalité observable dont il rend compte. Il n'y a donc aucun moyen de rattacher un ensemble de théories à un caractère réel que l'on pourrait observer de manière neutre et indépendante.

Kuhn a par ailleurs aussi développé des analyses tendant à montrer que l'utilisation de critères apparemment indépendants comme l'intensité avec laquelle une observation conforte un ensemble théorique par rapport à un autre en ayant recours à l'observation ou à une comparaison du degré et de la nature de l'anomalie à identifier à l'intérieur de chacun des deux corps de théories rivaux, ne peut nous offrir le type de critère neutre, indépendant et justifié rationnellement que nous souhaitons trouver. Car du point de vue théorique que nous choisirons dépendront aussi essentiellement *ce que* nous regarderons comme les exemples significatifs qui viennent confirmer une théorie et *quelle* anomalie affectant une théorie ou la relation d'une théorie à l'observation devra être regardée comme centrale plutôt que comme accessoire. Si donc nous suivons les arguments de Kuhn, nous devrons conclure, semble-t-il, que, dans ces types de choix théorique, nous manquons en réalité d'un critère neutre et indépendant qui nous permettrait d'apprécier la valeur des thèses opposées.

De tels corps de théories paraissent incommensurables l'un à l'autre.

La découverte par Kuhn du phénomène de l'incommensurabilité a suscité pour l'essentiel deux types de réaction. On a dit que Kuhn s'était trompé et que la notion d'incommensurabilité ne s'appliquait pas en histoire des sciences. D'autres ont accepté sa thèse et en ont tiré des conclusions beaucoup plus strictes que tout ce qu'il aurait accepté. Les deux parties s'accordent cependant sur le point suivant : dans la mesure où le concept d'incommensurabilité s'applique au choix entre des corps de théories rivaux, nous pouvons nous passer de tout fondement rationnel pour préférer l'un des concurrents à l'autre. C'est ce type d'inférence que je voudrais contester. L'argument que j'entends développer demande que l'on insiste de prime abord sur deux points auxquels la philosophie des sciences a sans doute prêté jusqu'ici trop peu d'attention.

Le premier est que, dans les sciences de la nature comme partout ailleurs, les théories ont une existence essentiellement historique. Il n'existe rien comme *la* théorie cinétique des gaz ; il y a seulement la théorie cinétique telle qu'elle était en 1850, telle qu'elle était en 1870, telle qu'elle est maintenant, etc. Et il n'existait pas non plus quelque chose comme une théorie physique médiévale (aristotélicienne) en tant que telle, mais seulement la théorie physique telle qu'on la défendait à Paris au début du XIV e siècle ou à Padoue à la fin du XV e. Ces corps de théories se développent, ou échouent à le faire, à mesure que les incohérences et inadéquations qu'ils contiennent – eu égard à leurs propres normes – les conduisent à poser les problèmes de telle manière que leur solution les conduit à formuler ou reformuler leurs thèses. Autrement dit, il ne faut jamais regarder les incohérences et inadéquations d'une théorie comme des aspects seulement négatifs. C'est en réalité en

se heurtant à ces incohérences qu'un ensemble théorique
se donne lui-même ses problèmes, c'est à leur contact qu'il
montre s'il est encore capable de se développer et s'il est
encore scientifiquement fécond, ou bien s'il en est incapable
et se montre stérile. En se donnant ses propres problèmes,
une théorie se fixe elle-même ses buts et se dote d'un critère
pour mesurer les progrès qu'elle accomplit ou n'accomplit
pas dans leur direction. Une remarque supplémentaire
montrera à quel point cela joue dans le cas des problèmes
d'incommensurabilité.

Le plus souvent, les théories particulières nous
parviennent intégrées à des corps de théories plus larges,
lesquels s'intègrent à leur tour à des schèmes de croyance
plus vastes. Ce sont ces schèmes de croyance qui déterminent
la structure de continuité temporelle à l'intérieur de laquelle
on passe d'un ensemble théorique incommensurable à son
concurrent. Une telle structure est nécessaire, car, sans les
ressources conceptuelles qu'elle fournit, nous ne pourrions
reconnaître les deux groupes de théorie comme des
ensembles concurrents proposant des explications
alternatives et incompatibles *du même sujet* et nous
procurant du même coup les moyens opposés et
incompatibles d'accomplir *un même ensemble de buts
théoriques*. Que l'existence de thèmes et de buts théoriques
communs ne soit pas un fondement qui nous permettent
de choisir rationnellement entre eux est la condition pour
que deux corps de théories rivaux soient authentiquement
incommensurables, mais, sans ces thèmes et ces buts
théoriques communs au niveau des croyances structurantes
– au niveau de la *Weltanschauung* –, ces théories seraient
purement et simplement privées des propriétés logiques
qui nous autorisent à les définir comme rivales. Ainsi, dans
la théorie physique, les concepts de *poids* ou de *masse tels
que Newton les a définis* et le concept de *masse tel qu'il*

est défini par la mécanique quantique, doivent tous deux être compris, pour autant qu'ils relèvent de corps de théories incommensurables, comme des concepts décrivant *cette propriété des corps qui détermine leur mouvement relatif,* si nous voulons être à même de comprendre ce qui pousse ces corps de théories rivaux à s'affronter. Et c'est ce vocabulaire commun d'ordre supérieur, cette provision de significations et de références données au niveau de la *Weltanschauung,* qui permet à ceux qui adhèrent à des corps de théories concurrents de se reconnaître comme évoluant vers ce qui peut être spécifié à ce niveau comme les mêmes buts. Ainsi les physiciens médiévaux confrontés aux problèmes que pose la théorie de l'*impetus,* les successeurs de Galilée à la Renaissance et les savants qui ont contribué au progrès de la mécanique quantique du XXe siècle possédaient tous, voire possèdent encore, un vocabulaire plus ou moins commun qui les fait se considérer comme des chercheurs essayant d'expliquer aussi généralement et complètement que possible le mouvement des corps. Mais quelle importance cela-t-il?

Cela a de l'importance, car c'est de la formulation adéquate de ces deux points que dépendent non seulement l'établissement des problèmes posés par l'incommensurabilité des corps de théories concurrents, mais aussi leur solution. Et cette solution renvoie à son tour au critère dont nous avons besoin pour mesurer la supériorité rationnelle d'un ensemble théorique à grande échelle par rapport à un autre. Nous pouvons estimer qu'une théorie à grande échelle – par exemple, la mécanique newtonienne – est fondamentalement supérieure à une autre – par exemple, à la mécanique médiévale de l'*impetus,* à la condition expresse qu'elle explique adéquatement et selon les meilleurs critères à notre disposition ce qui fait que l'autre ensemble de théories

a à la fois remporté les succès et les victoires qu'il a rem-
portées *et* subi les défaites et les frustrations qu'il a subies,
dès lors que le succès et l'échec, la victoire et la défaite
sont définis par ce que j'ai appelé la problématique interne
de ce dernier groupe de théories. Ce n'est pas la réussite
et l'échec, le progrès ou la stérilité comme nous les définis-
sons quand nous jugeons du point de vue de la théorie qui
s'est montrée supérieure rationnellement, qui nous dit quel
est le matériel que cette théorie a à expliquer. C'est la
réussite et l'échec, le progrès et la stérilité du point de vue
à la fois des problèmes et des buts que ceux qui adhéraient
à la théorie qui s'est montrée inférieure rationnellement
ont ou auraient pu identifier. Ainsi, on peut expliquer du
point de vue de la mécanique newtonienne pourquoi les
théoriciens de l'*impetus*, qui ne disposaient pas des concepts
d'inertie, ne pouvaient aller au-delà d'un certain point dans
la résolution des problèmes qui entravaient leurs efforts
pour formuler les équations générales du mouvement.

Je soutiens donc qu'un ensemble incommensurable de
théories scientifiques peut communiquer avec un autre
ensemble à travers le temps, non seulement parce qu'il
fournit de meilleures solutions aux problèmes cruciaux
qu'il rencontre (puisque c'est bien entendu à propos de la
définition de ce qui constitue un problème crucial que deux
théories incommensurables sont susceptibles de s'opposer),
mais aussi parce qu'il explique historiquement pourquoi
ceux qui adhéraient à ces théories ont mené, alors qu'ils
se trouvaient aux prises avec leurs propres problèmes, un
certain nombre d'expériences décisives. L'application de
ce test de supériorité rationnelle est la plus simple là où il
est possible de lui en ajouter un autre qui n'est lui-même
ni nécessaire ni suffisant pour décider entre les thèses de
deux corps de théories incommensurables et rivaux. Là où

la tradition d'enquête définie par un certain ensemble de théories perd en cohérence ou en fécondité ou ne peut s'adapter à de nouvelles découvertes sans tomber dans l'incohérence (c'est là principalement ce qu'ont apporté les premiers essais de Galilée pour faire entrer les nouvelles découvertes dans le cadre de la physique ancienne), ceux qui adhèrent à ces conceptions peuvent eux-mêmes être fondés à les rejeter, sans avoir de raison qui leur apparaîtrait suffisamment bonne pour choisir un des termes de l'alternative comme digne de leur adhésion (cette remarque doit se lire comme un rectificatif apporté à ce que j'ai écrit en 1977, même si, pour l'essentiel, la présente analyse développe un certain nombre de thèses exposées dans cet article). Il importe aussi de noter que nous n'avons pas réellement besoin d'ajouter au critère que j'ai donné comme une exigence supplémentaire que cet ensemble de théories jugées rationnellement supérieures puisse être en soi-même relativement cohérent (non pas, bien sûr, *trop* cohérent, puisque, comme je l'ai déjà suggéré, l'incohérence est la source du progrès intellectuel) et à même de résoudre un grand nombre de problèmes, car un groupe de théories qui se serait montré incapable de satisfaire cette exigence n'aurait pu, en fait, produire le type d'explication historique que requiert le test de supériorité rationnelle.

Ce qui apparaît ici, peut-être de façon surprenante, c'est le fait que, d'une certaine manière, l'histoire des sciences naturelles est souveraine par rapport aux sciences de la nature. Pour ce qui est du moins de ces corps de théories incommensurables à grande échelle que Kuhn a été le premier à identifier, la théorie qui montre sa supériorité dans le domaine des sciences de la nature est celle qui fonde un type d'explication qui donne à la narration histo-rique une intelligibilité qu'elle n'aurait pas eue autrement.

La supériorité rationnelle de la mécanique newtonienne tient pour l'essentiel, semble-t-il, à la capacité qu'elle a à expliquer les frustrations intellectuelles ressenties à la fin du Moyen Âge. La manière dont nous nous représentons la situation de la science dépend du jugement que nous portons sur la qualité de l'histoire qu'elle nous aide à produire. Il s'ensuit qu'aucune théorie scientifique n'est jamais justifiée comme telle ; ce n'est que par rapport aux théories antérieures dont elle a été la rivale qu'elle est ou n'est pas justifiée. Les meilleures raisons que nous ayons d'accepter la mécanique quantique englobent à la fois l'explication de la nature qu'elle propose et l'explication historique que cette explication de la nature peut nous aider à donner de l'effondrement de la mécanique newtonienne. À l'arrière-plan de chaque conception scientifique se trouve ainsi une inéliminable référence historique à son prédécesseur incommensurable. Les sciences de la nature, malgré l'état d'esprit antihistorique avec lequel on les enseigne et les transmet si souvent, ne peuvent échapper à leur passé. Mais le reconnaître, c'est avoir atteint un point où il est possible de revenir de l'histoire des sciences naturelles à l'histoire de la philosophie en se demandant si, en philosophie, on peut comprendre la relation du passé au présent, sinon de la même manière, du moins de manière presque identique.

Une condition pour que l'on y parvienne serait qu'on réponde avec un minimum de succès aux questions que soulèvent trois différences fondamentales entre les problèmes que posent les sciences de la nature et celles que pose la philosophie. Tout d'abord, comme je l'ai remarqué d'entrée de jeu, Kuhn pouvait faire appel à une définition moderne des sciences de la nature pour délimiter ce qui, dans le passé, pouvait être défini comme leur histoire.

Mais, en philosophie, pour des raisons qui ne sont pas encore évidentes, tout notre projet s'effondrerait si nous permettions au présent de la philosophie de déterminer ce qu'il faut regarder comme le passé philosophique. Cela ne signifie pas pour autant que nous soyons totalement démunis. Car, tandis que les sciences de la nature empruntent leur définition unitaire minimale au point qu'elles ont présentement atteint, la philosophie tire une pareille définition unitaire minimale de son point de départ. Nul n'est philosophe qui ne peut être jugé du point de vue des normes établies par Platon. Je ne dis pas cela simplement parce que Platon a déjà effectivement fixé à la philosophie, avec une force qui ne peut manquer de nous surprendre, non seulement son point de départ, mais la définition de son but et de son objet. Mais Platon, comme je l'ai décrit, va au-delà des limites de la philosophie présocratique et instaure ainsi une norme pour toutes les tentatives que l'on mènera par la suite pour transcender cette fois ses propres limites. C'est ainsi qu'il a rendu possible Aristote, ou plutôt qu'il a rendu possible la philosophie. Tous les philosophes qui viennent après Platon se trouvent confrontés à la même situation : tant qu'on ne dépasse pas les limites de ses positions fondamentales ou ce que l'on considère être tel, il n'y a aucune raison à ce que l'on ne se reconnaisse pas comme platonicien – à moins, pour tout dire, de renoncer du même coup à la philosophie. Coleridge avait tort de croire que tout le monde est ou bien platonicien ou bien aristotélicien, mais il aurait pu dire plus justement que tout le monde est ou bien platonicien ou bien autre chose –, puisque cette disjonction complète n'est pas triviale, toute philosophie devant posséder cette référence de fond incontournable aux dialogues platoniciens. On ne peut sans cela reconnaître à la philosophie l'unité minimale à la fois prospective et rétrospective que l'état actuel des sciences de la nature leur donne rétrospectivement.

Deuxièmement, un point important de ma thèse concernait les sciences de la nature : les discontinuités qu'engendre l'incommensurabilité des paradigmes apparaissent à l'intérieur d'une structure de continuité fondée au niveau de ce que j'appelle la *Weltanschauung*, à savoir l'ensemble des croyances et des points de référence communs que nul ne remet en question, même quand beaucoup d'autres choses le sont. On peut même imaginer que, puisque certains désaccords philosophiques de grande ampleur paraissent souvent porter en eux ce que j'ai appelé une *Weltanschauung*, les continuités ou les croyances et références communes requises dont la caractérisation est essentielle même pour les énoncés, sans rien dire de la solution de chaque problème d'incommensurabilité isolé, peuvent manquer dans des épisodes de l'histoire de la philosophie largement similaires. Bien évidemment, je ne conteste pas qu'un désaccord philosophique à grande échelle ait une portée nettement plus large que ne l'ont les conflits les plus radicaux qui peuvent survenir dans les sciences de la nature et que cela affecte souvent ce que j'ai appelé la *Weltanschauung*. Mais, même les conflits philosophiques les plus radicaux s'inscrivent dans le contexte de continuités non dissemblables. La vérité philosophique, et c'est bien une vérité, qui veut que tout ne puisse pas être remis en question simultanément, ne manque pas de pertinence : là où nous nous heurtons à des discontinuités, par exemple quand nous retraçons l'histoire des *pathe* aristotéliciennes, des passions du XVIIe siècle, des sentiments du XVIIIe et des émotions du XXe, nous le faisons tout en sachant que la *colère* et la *crainte* ou leurs équivalents doivent figurer dans chacune de ces groupes et que même si nous hésitons à traduire, par exemple, *ira* directement par *colère* et *timor* par *crainte*, nous devons formuler nos réserves de telle façon qu'apparaisse ce que la traduction accomplit aussi bien que ce qu'elle échoue à faire. Autrement dit les types de discontinuité et de différence que j'ai énumérés au début de mon exposé exigent en contrepartie que l'on détaille aussi précisément les types de continuité, de ressemblance et de récurrence. L'avoir montré plus tôt n'aurait en aucun cas éliminé ou atténué les problèmes qu'engendrent les discontinuités et les différences. Mais, à ce point de notre démonstration, être attentif à ce problème est une condition préalable pour que l'on passe d'une conclusion relative à l'histoire des sciences de la nature à une conclusion relative à l'histoire de la philosophie.

Troisièmement, la façon dont je décris la relation des sciences de la nature à leur histoire partait du principe que, presque partout à travers cette histoire, le successeur a vaincu son prédécesseur. Mais, bien qu'il en ait été ainsi en vérité, il n'était pas nécessaire que ce le soit. Et, pour ce qui est de la philosophie, je vois beaucoup moins de raisons de croire qu'il en a été ainsi, et absolument aucune qui autorise à se fonder d'emblée sur cette hypothèse. Cette mise en garde étant faite, je ne vois aucun obstacle majeur qui m'empêcherait de reformuler l'explication que j'ai donnée de ce qui autorise à regarder un large ensemble de théories portant sur les sciences naturelles comme rationnellement supérieur à un autre, de telle sorte qu'elle devienne l'explication de ce qui autorise à regarder un corps de théories philosophiques comme rationnellement supérieur à un autre. Nous reformulerons les choses ainsi.

Les arguments, débats et conflits qui apparaissent en philosophie sont, nous le constatons, d'au moins deux types. Il y a tout d'abord ceux qui émergent *à l'intérieur* d'un ensemble de propositions très largement partagées portant sur les croyances de fond, les modèles d'argumentation, les manières de caractériser les contre-exemples, les paradigmes de réfutation, etc. Mais il y a aussi les types de débats ou de conflits qui opposent les points de vue rivaux à grande échelle que j'ai mentionnés plus haut, où le désaccord est à ce point systématique qu'il élimine apparemment toute possibilité qu'émerge une norme commune permettant de le résoudre rationnellement. Chacun des points de vue rivaux dans une telle confrontation à grande échelle aura sa propre problématique interne, ses moments d'incohérence, ses problèmes laissés sans solution, au regard de *ses propres* conceptions de ce qui est problématique, de ce qui est cohérent et de ce qui constitue une solution satisfaisante. Bien sûr, ceux qui défendent un point de vue particulier peuvent ne pas reconnaître ce qu'impliquerait l'application de leurs propres normes et il n'est nullement nécessaire que nous nous limitions à ce qu'ils reconnaissent ou reconnaissaient réellement pour affirmer que ce qui fait la supériorité rationnelle d'un point de vue philosophique à grande échelle sur un autre est sa capacité à en transcender les limites et à proposer ainsi, à partir de son propre point de vue, une meilleure explication, voire une meilleure compréhension des échecs, frustrations et incohérences (relativement aux normes inhérentes à l'autre point de vue) auxquels il s'est heurté, que ce que ce dernier peut donner de lui-même, de sorte que cette nouvelle approche nous permet de mieux rendre compte historiquement et d'offrir une relation plus adéquate et intelligible de cet autre point de vue, de ses succès et ses échecs, qu'il ne le peut de lui-même.

Il s'avère ainsi qu'en fin de compte, de même que les
réussites des sciences de la nature doivent être évaluées
par rapport aux réussites de l'histoire des sciences, les
réussites de la philosophie doivent être évaluées du point
de vue des réussites de l'histoire de la philosophie. L'histoire
de la philosophie est donc la partie de la philosophie qui
est souveraine sur le reste de la discipline. C'est une
conclusion qui paraîtra paradoxale à certains et inappropriée
à beaucoup. Mais elle a au moins un mérite : elle n'est pas
originale. Par des voies différentes, Vico, Hegel et
Collingwood se sont beaucoup approchés de thèses très
analogues, sans qu'il s'agisse le moins du monde d'un
hasard. Chacun d'eux, en mettant en avant ce type de point
de vue, autorisait toutefois, comme je dois aussi le permettre,
que le test crucial auquel soumettre ces thèses survienne
à un autre niveau d'argumentation que celui auquel je l'ai
porté jusqu'ici et auquel eux-mêmes l'ont porté assez
souvent. La question cruciale est de savoir si l'on peut
réellement écrire ce genre d'histoire. La seule manière de
répondre est d'essayer et d'échouer, ou bien de réussir.

Références

HARE R.M. 1952, *The Language of Morals*, Oxford, Oxford University
    Press.

HARE R.M. 1963, *Freedom and Reason*, Oxford, Clarendon Press.

KUHN T.S. 1970, *The Structure of Scientific Revolutions*, Chicago,
    University of Chicago Press.

MACINTYRE A. 1977, « Epistemological crises, dramatic narrative
    and the philosophy of science », *The Monist* 60 (4),
    p. 453-472.

OWEN G.E.L. 1961, « Tithenai ta Phainomena », S. Mansion (éd.),
    Aristote et les problèmes de méthode, Louvain.

Daniel Garber

VERS UNE HISTOIRE ANTIQUAIRE
DE LA PHILOSOPHIE (2003) *

Il y a de nombreuses manières de faire de l'histoire de la philosophie, peut-être davantage qu'il n'y a de personnes qui la pratiquent. Mes préférences personnelles vont à une histoire de la philosophie authentiquement historique. Je vais tenter de clarifier ce que signifie exactement cette expression à mesure que cet essai progresse. Mais j'aime l'histoire, j'aime analyser ces anciennes, ces archaïques visions du monde qu'aujourd'hui nous pouvons dire fausses avec un certain degré de certitude, et j'aime les étudier à l'intérieur des contextes sociaux, politiques et intellectuels très particuliers qui les ont vus apparaître et se développer. Bref, je suis une sorte d'antiquaire, et j'en suis fier. En fait, les types de recherche qui ont ma préférence sont de natures très différentes ; par exemple, mettre tout son soin à analyser en détail une doctrine archaïque est tout autre chose qu'étudier le contexte social qui l'a vu naître. Mais, sans plus tenir compte de ces différences, je donnerai au type d'histoire de la philosophie qui a ma préférence le nom

---

* D. Garber, « Towards an antiquarian history of philosophy », *Rivista di storia della filosofia*, 2003, n° 2, p. 27-37. *Traduction inédite.*

d'approche antiquaire de l'histoire de la philosophie. Dans les cercles que je fréquente, « antiquaire » est souvent un terme dépréciatif, mais peu importe.

Que pourrait-on bien objecter au fait d'être un historien antiquaire de la philosophie ? On ne peut nier qu'il y a là un sujet d'étude, la philosophie telle qu'on la pratiquait par le passé, et que, de même exactement que l'on peut aborder de manière strictement historique n'importe quel aspect du passé, on peut aborder de manière strictement historique la philosophie passée. On fait des histoires avec toute sorte de choses : la politique, la stratégie militaire, le théâtre, les manières de table, les tire-bouchons. Pourquoi pas une véritable histoire de la *philosophie* ? Il est possible que cela n'intéresse pas *tout le monde*, mais qu'est-ce qui le peut ? Tant que j'ai autour de moi une communauté de collègues qui partage les mêmes orientations, cela me suffit.

Mais certains collègues (comme le professeur Zarka) trouvent à redire à ce que je fais. On oppose d'ordinaire ce que j'ai appelé une histoire antiquaire de la philosophie et une histoire *philosophique* de la philosophie. De ce point de vue, le rôle de l'histoire de la philosophie est d'être pour ainsi dire la servante de la philosophie ; l'histoire de la philosophie ne se justifie que par la contribution qu'elle apporte à l'avancement de la philosophie. En effet, depuis qu'elle est apparue, l'histoire de la philosophie s'est trouvée plus étroitement liée à la philosophie qu'à l'histoire. Platon, Aristote, saint Thomas se référaient régulièrement à leurs prédécesseurs, discutaient leurs points de vue, les soumettaient à la critique et conservaient ce qui était valable. La philosophie moderne est née avec le rejet de l'histoire de la philosophie et, depuis ce moment, le statut de l'étude

de la philosophie passée a toujours été problématique.
Dans le *Discours de la méthode*, Descartes commença par
mettre en avant la raison et rejeta ce qu'il avait appris à
l'école, au profit de ce qui lui était possible de découvrir
pour lui-même par la raison et l'expérience. Mais ce rejet
de l'histoire n'a pas duré longtemps. À la fin du XVIII e
siècle, l'histoire de la philosophie a menacé de submerger
la philosophie elle-même. Les choses ont à ce point empiré
en Allemagne que Kant s'est senti obligé d'introduire les
Prolégomènes à toute métaphysique future par ces mots :
« il est des savants qui font de l'histoire de la philosophie
(tant ancienne que moderne) la philosophie elle-même :
ce n'est pas pour eux que les présents *Prolégomènes* ont
été écrits. Il faut qu'ils attendent que ceux qui travaillent
à puiser aux sources de la raison elle-même aient terminé
leur tâche, et alors leur tour viendra d'instruire le monde
de ce qui s'est fait ». Mais Kant s'est lui-même servi de
l'histoire de la philosophie, de Descartes à Hume, pour se
placer au sommet de la pensée européenne (il inventait
ainsi, soit dit en passant, les catégories historiques qui
hantent encore l'historien moderne de la philosophie,
catégories auxquelles nous tentons toujours d'échapper).
Hegel a mis l'histoire de la philosophie plus résolument
encore au centre de sa pensée. C'est ainsi que tout a
commencé et, du point de vue de certains contemporains,
que cela continue. On suppose ainsi implicitement que
l'histoire de la philosophie n'obtient de validité qu'en se
rapportant à la discipline philosophique. C'est une telle
hypothèse que j'entends réfuter : il n'y a aucune raison de
ne pas faire d'histoire de la philosophie sous prétexte
qu'elle n'aurait *aucun* lien avec la philosophie. Cela paraît
aller de soi. Selon la fameuse remarque de Burton Dreben,
ce qui est absurde est absurde, mais l'histoire de l'absurdité

s'appelle érudition. Et si je choisis de perdre mon temps de cette façon, personne n'a à me dire de ne pas le faire.

Mais je voudrais aussi affronter mes adversaires sur leur propre terrain. Je voudrais défendre l'idée selon laquelle le type d'histoire antiquaire de la philosophie que je préfère a bel et bien de l'importance pour l'étude de la philosophie, qu'il a une portée philosophique. Je dirais même qu'en un sens, cette manière de faire est plus intéressante philosophiquement que la prétendue histoire philosophique de la philosophie qu'on lui oppose.

Je commencerai par quelques remarques sur ce que j'appelle une histoire antiquaire de la philosophie. J'essaierai ensuite de montrer quelle contribution l'histoire antiquaire de la philosophie peut apporter à la philosophie elle-même.

LE DESCARTES DE L'ANTIQUAIRE

Pour que vous voyiez quelle approche j'ai en tête, permettez-moi de résumer un travail que j'ai mené à bien dernièrement. Laissez-moi vous dire où l'étude de la philosophie de Descartes m'a mené : des *Méditations* à sa pensée en général, puis à son cercle intellectuel et finalement au contexte social et culturel plus large de sa pensée.

Commençons par les *Méditations*. Je n'ai pas besoin de vous rappeler l'intérêt philosophique de ce livre, ni les arguments sceptiques sur lesquels il s'ouvre, ni le *cogito*, ni comment on fait commencer la construction du monde en partant du moi. Je ne vous rappelle pas non plus les preuves de l'existence de Dieu et la validation de la raison qui est censée en dériver (ni la circularité qui menace de faire basculer toute l'entreprise), ni comment on démontre que le corps et l'esprit sont distincts ou que le monde extérieur existe. Ce sont là de questions classiques dans la pensée de Descartes, et toutes méritent le temps qu'on leur consacre. Mais les *Méditations* ne sont qu'une petite partie de la pensée de Descartes. *Pourquoi s'arrêter là?*

Descartes ne concevait pas la métaphysique et l'épistémologie des *Méditations* comme un projet philosophique autonome, mais plutôt comme un prélude à ce que nous appellerions aujourd'hui un système scientifique. Tandis qu'il écrivait dans la préface de l'édition française de ses *Principia Philosophiae* : « Ainsi toute la philosophie est comme un arbre, dont les racines sont la métaphysique, le tronc est la physique et les branches qui sortent de ce tronc sont toutes les autres sciences, qui se réduisent à trois principales, à savoir la médecine, la mécanique et la morale [AT IX B 14] », il établissait dans ses *Méditations* que l'essence du corps est l'extension, que les corps sont simplement les objets de la géométrie devenus réels et que leurs propriétés sont par conséquent des propriétés géométriques : la taille, la figure et le mouvement. Aussi, dans le monde physique, tout devait-il s'expliquer en termes de taille, de figure et de mouvement. Les lois du mouvement ne venaient qu'ensuite et dérivaient de l'immutabilité divine. Descartes entreprit donc de montrer (en agitant sans doute beaucoup les mains) comment, du chaos initial créé par Dieu, l'état actuel du monde, ce qui inclut aussi les animaux et les êtres humains, évoluera sur la base des seules lois du mouvement.

Descartes considérait que le corps humain, comme tout autre corps vivant, se comprend entièrement à partir de sa composition physique, à savoir la taille, la figure et le mouvement des éléments qui le constituent. Il niait en particulier qu'il soit besoin de faire appel à une âme pour expliquer des phénomènes comme la croissance, la nutrition, la reproduction et le mouvement involontaire. Pour Descartes, les êtres humains diffèrent des autres animaux en tant, bien sûr, qu'ils possèdent des âmes incorporelles. Il faut comprendre que la réflexion cartésienne sur l'âme était indissociable d'un programme scientifique plus large : elle faisait partie de ses hypothèses sur la nature du monde, de son explication du phénomène de la nature. En fait, pour Descartes, le système dans son ensemble était d'un seul tenant, et était tout entier philosophique : la distinction de la science et de la philosophie, que nous tenons généralement pour acquise, n'apparaît que plus tard dans l'histoire de la pensée. Il me paraît évident que si nous voulons correctement apprécier la pensée strictement philosophique de Descartes, nous devons voir comment elle s'intègre dans sa pensée plus large, même si cela nous conduit dans des régions que nous avons tendance à situer au-delà de nos frontières disciplinaires, qui séparent la philosophie de la science.

Mais pourquoi s'arrêter là, aux frontières, prises au sens large, de la philosophie cartésienne ? Descartes, bien entendu, n'écrivait pas à partir de rien. Il concevait sa pensée comme une alternative à ce qu'il avait appris à l'école. À son époque (et depuis de longues années déjà, comme pendant des années ensuite), chaque écolier européen apprenait sa philosophie dans des manuels imprégnés de la doctrine d'Aristote, elle-même passée au filtre de penseurs chrétiens comme saint Thomas et Jean Duns Scot. Descartes avait étudié au collège jésuite de La Flèche, où l'on suivait un strict *curriculum* aristotélicien, établi dans les quartiers généraux de l'Ordre à Rome. C'est contre cette doctrine que Descartes dirigeait sa pensée. En se démarquant de la manière aristotélicienne d'expliquer les phénomènes physiques en termes de matière et de forme ou en fonction de tendances inhérentes et irréductibles à se comporter de telle ou telle façon, Descartes entreprit de les expliquer comme nous expliquons le comportement des machines, en termes de taille, de figure et de mouvement des parties.

Mais pourquoi s'arrêter là ? Pourquoi en rester à la relation de Descartes aux écoles ? Descartes n'était pas le seul philosophe qui cherchait des alternatives à l'aristotélisme scolaire. D'autres, comme Thomas Hobbes (qui se considérait lui-même davantage comme un philosophe de la nature que comme un philosophe politique), Pierre Gassendi et, de façon différente, Martin Mersenne et Galilée, s'accordaient avec Descartes sur sa manière d'expliquer le monde en terme de matière en mouvement. En un certain sens, Descartes s'inscrit en effet dans une tradition de pensée mathématique appliquée aux problèmes physiques (« mathématiques mixtes » ou « sciences moyennes », ce que nous appellerions aujourd'hui les mathématiques appliquées) que l'on peut faire remonter, par-delà Galilée, jusqu'à ces grands mathématiciens et humanistes de l'Italie du XVIe siècle qui ont revivifié la pensée d'Archimède et d'autres anciens. Mais tous ceux qui s'opposaient à Aristote n'étaient pas aussi à même de s'inscrire en elle que Descartes et son cercle. À côté de ce qui allait plus tard devenir la « philosophie mécanique » se trouvaient les naturalistes italiens, Telesio, Campanella, Patrizi et Bruno, les alchimistes de l'école de Paracelse, quelques astrologues et un certain nombre de penseurs apparentés. Bien que ceux qu'on appelait les mécanistes, les ancêtres de la physique mathématique moderne sont les plus connus de nous, on ne voyait pas du tout, à l'époque de Descartes, qui allait l'emporter.

Ces excursions en dehors des textes cartésiens ont aussi leur importance pour la compréhension de la pensée de Descartes. Pour comprendre les points de vue et les arguments proposés par Descartes, nous devons comprendre contre quoi ils étaient dirigés. Tout d'abord, nous devons comprendre les points de vue aristotéliciens auxquels lui (et d'autres) s'opposaient, pourquoi ils croyaient qu'ils étaient faux, et comment ses propres points de vue étaient censés constituer une amélioration par rapport à la philosophie aristotélicienne. Mais il importe également de comprendre comment Descartes s'éloignait aussi des penseurs que nous sommes tentés de regarder aujourd'hui comme ses amis. À cette fin, j'ai longuement cherché à comprendre de quelle manière exactement Descartes s'écartait lui-même du programme galiléen en faveur d'une théorie mathématique du mouvement et du mécanisme, et dans quelle mesure la philosophie naturelle de Descartes différait du programme atomiste de Gassendi et de la conception de l'univers nettement plus inspirée par la géométrie, proposée, entre autres, par Hobbes dans sa vision matérialiste du monde.

Mais pourquoi s'arrêter là ? Pourquoi en rester au contexte *intellectuel* élargi de la philosophie cartésienne ? Cette philosophie se fondait sur le rejet non seulement d'Aristote et de l'aristotélisme, mais de toute une tradition intellectuelle fondée sur l'autorité. En rejetant son éducation, Descartes rejetait ses professeurs, l'institution universitaire et toute la tradition intellectuelle fondée sur l'autorité. C'est l'une des principales significations de l'idée géométrique chez Descartes, comme chez Galilée, Hobbes et Mersenne : elle nous permet de nous écarter de l'histoire, de l'autorité et de la tradition, et donne à chacun un droit égal à exprimer ses opinions.

Il n'y a rien d'étonnant à ce qu'un mouvement intellectuel de ce type ait paru menaçant. Il était tout d'abord menaçant pour les universités, qui comptaient beaucoup sur le *statu quo* intellectuel : elles étaient les premières attaquées (bien que Descartes, quand il fit paraître le *Discours* et les essais scientifiques qui l'accompagnaient, envoya aussitôt une copie à ses anciens professeurs de La Flèche, avec une note flatteuse : « vous ne vous souvenez probablement pas de moi, je suis René Descartes, et j'étais dans votre classe il y a vingt ans… »). En outre, si le *curriculum* aristotélicien devait être abandonné et remplacé par on ne sait quoi, le chaos s'installerait dans les universités. Non seulement le *curriculum* fondamental des arts s'appuyait sur Aristote, mais les *curricula* des facultés supérieures de médecine et de théologie auraient dû eux aussi être substantiellement révisés, et même abandonnés. Pire encore, chaque professeur aurait dû jeter les notes de cours qu'il avait scrupuleusement développées, et en écrire de nouvelles, à partir de rien.

Mais, plus généralement encore, les nouvelles idées anti-aristotéliciennes semblaient très inquiétantes pour la société. Laissez-moi vous raconter un événement que je trouve particulièrement révélateur à cet égard. À la fin du mois d'août 1624, un groupe de trois disputeurs (que j'appellerai le Gang des Trois) afficha des placards au coin des rues de Paris, qui conviaient les habitants à venir assister à un débat public. Sur ces placards figuraient quatorze thèses anti-aristotéliciennes, principalement dirigées contre la physique hylémorphique d'Aristote et inspirées par une conception atomiste de la physique. Les placards annonçaient qu'à l'occasion de ce forum public, le Gang des Trois allait défendre ces thèses et réfuter Aristote. Près d'un millier de personnes se rassemblèrent à l'endroit convenu, le palais de l'ancienne reine Marguerite, la défunte épouse du roi assassiné Henri IV. Toutefois, le Parlement de Paris eut vent de l'affaire et, avant que la manifestation ait pu avoir lieu, il empêcha le Gang des trois de la tenir. Une fois la foule dispersée, le Gang des Trois fut arrêté, jugé, et, sur avis de la Faculté de théologie de l'Université de Paris (les Docteurs de la Sorbonne), condamné au bannissement, sous peine de châtiment corporel. En conséquence de ces délibérations, le Parlement déclara formellement qu'il était interdit de s'exprimer contre les auteurs agréés, en particulier contre Aristote. Ce jugement était très significatif historiquement. Bien qu'il ne fût pas été dirigé contre Descartes (qui n'allait rien publier avant treize ans), il fut plus tard utilisé contre ses partisans.

Voilà donc le gouvernement civil, l'Université et l'Église condamnant d'une même voix ceux qui renieraient Aristote. Pourquoi ? Derrière cet événement (et beaucoup d'autres aspects de la vie intellectuelle de cette époque), se trouve l'expérience des guerres de religion des XVI et XVII e siècles. Dans ce contexte, les nouvelles philosophies anti-aristotéliciennes semblaient tout aussi dangereuses pour la tranquillité publique que les hérésies de Luther et Calvin. À une époque où l'innovation intellectuelle avait eu des conséquences aussi désastreuses, le conservatisme intellectuel devait paraître infiniment séduisant.

Mais pourquoi s'arrêter là Nous pourrions aller beaucoup plus loin et construire des contextes historiques toujours plus larges pour comprendre la pensée de Descartes. Nous nous sommes donnés pour commencer un but parfaitement raisonnable d'un point de vue philosophique : comprendre les *Méditations* de Descartes. Et d'une certaine façon nous sommes remontés très loin en parlant de gens collant des placards au coin des rues, de procédures judiciaires et de guerres de religion. Notre point de départ avait assurément un intérêt philosophique, mais qu'en est-il du point où nous nous sommes arrêtés? Nous sommes-nous éloignés de la philosophie et avons-nous abordé un territoire étranger? En tant qu'antiquaire, je trouve infiniment fascinantes ces excursions toujours plus lointaines à travers l'histoire. Mais je vois que le professeur Zarka devient de plus en plus impatient : où est l'intérêt philosophique dans tout cela? Et s'il n'y a pas d'intérêt philosophique, pourquoi s'en soucier?

QU'EST-CE QUI EST PHILOSOPHIQUE EN HISTOIRE DE LA PHILOSOPHIE?

Qu'y *a-t-il* donc de philosophique dans cette manière antiquaire de faire de l'histoire de la philosophie? Je n'entends certes pas nier que l'histoire de la philosophie soit quelque chose d'important pour autant qu'elle est la source des arguments et des positions que nous pouvons ou bien adopter, ou bien examiner et rejeter, comme l'historien philosophique de la philosophie nous y engage. Les arguments et les positions des philosophes du passé peuvent en effet entrer en résonance, et même très indirectement en débat, avec nos préoccupations actuelles, en particulier pour ce qui est des philosophies éthique et politique. Mais si nous voulons extraire du passé des arguments et des positions à même d'éveiller l'intérêt des contemporains, comme l'historien philosophique de la philosophie entend le faire, nous devons lire l'histoire de la philosophie à travers nos propres catégories philo-sophiques. Nous devons aussi ignorer les circonstances sociales et politiques particulières qui accompagnent la pensée passée : bien qu'elles intéressent l'antiquaire, elles sont sans intérêt pour l'histoire philosophique de la philosophie, qui, elle, recherche la sagesse éternelle et intemporelle des penseurs du passé.

Mais un tel traitement de l'histoire de la philosophie dissimule certains de ses traits les plus intéressants : la manière dont les cultures du passé, les anciennes conceptions du monde et même les faits contingents qui s'attachent aux circonstances historiques pénètrent dans la pensée philosophique. Ainsi, il est banal d'observer que l'usage que Descartes et un grand nombre de ses contemporains ont fait de Dieu dans leurs philosophies est le reflet de certaines normes culturelles. Bien que certains penseurs, Thomas Hobbes peut-être, aient certainement été athées, il était probablement aussi difficile pour un homme de cette époque de refuser Dieu, la religion et la divinité de la Bible qu'il est difficile, pour nous, de nier la réalité du monde scientifique de la physique moderne. Il ne s'agit pas, je crois, d'une simple question de probabilités a priori ou de croyances communément partagées : la croyance dans la religion et dans la Bible était inculquée dès l'enfance et renforcée ensuite pendant la vie, elle marquait de son empreinte la façon dont les gens voyaient le monde, de la même manière que la science moderne le fait pour nous. Cette leçon très importante, seule une histoire antiquaire de la philosophie peut nous la transmettre.

Une autre leçon importante d'un point de vue épistémologique que peut nous offrir une histoire antiquaire de la philosophie est de nous montrer comment les intérêts influent sur la croyance. Considérons par exemple les adversaires du Gang des Trois, dont j'ai parlé plus haut. Une bonne partie d'entre eux, c'est certain, croyaient sincèrement que la philosophie aristotélicienne était vraie et que le type d'atomisme que le Gang des Trois entendait lui substituer était faux. Mais ce n'était pas seulement une affaire de raison et d'arguments : les arguments qu'ils avançaient en faveur d'Aristote étaient, pour le dire crûment, des arguments *ad hoc* ou *ad hominem*, et qui méritaient vraiment qu'on les écarte. Cela étant, la qualité de l'argumentation n'était pas vraiment la question : dans le cas qui nous occupe, les arguments n'étaient pas des prises de position dans une recherche désintéressée de la vérité, mais au moins pour une part des ersatz d'arguments dans des combats idéologiques entre les tenants du conservatisme en matière politique et culturelle et leurs adversaires. Abandonner l'aristotélisme et adopter une des doctrines adverses auraient en outre profondément bouleversé le monde universitaire. Si voir s'effondrer un de ses arguments a des conséquences aussi graves dans le monde réel, on sera tenté de surévaluer ses arguments les plus faibles et de sous-évaluer les arguments les plus forts de ses adversaires. Cette leçon épistémologique est importante : un argument, même philosophique, ne relève pas toujours d'une recherche désintéressée de la vérité. Dans le monde réel, les arguments et les débats s'insèrent dans un contexte social plus large, même en philosophie. Les arguments proposés, la manière dont ils sont lus et interprétés et la façon dont leur force est évaluée s'en trouvent affectés.

Il y a infiniment plus de choses à dire à propos des leçons épistémologiques que l'on peut tirer de cette histoire antiquaire de la philosophie, de la façon dont certaines de nos croyances sont conditionnées en dernière instance par l'éducation et la culture et la manière dont les conflits culturels peuvent influencer les arguments et les débats. Mais il y a davantage à apprendre, non seulement sur la pensée, mais sur la philosophie elle-même.

On se demande aujourd'hui avec beaucoup d'anxiété où va la philosophie et ce que nous avons à faire en tant que philosophes. Une époque comme la nôtre se heurte inévitablement à la question de savoir ce qu'est la philosophie et quel peut être son avenir. Aujourd'hui nous ne manquons pas de nous faire peur en nous demandant si ce que nous faisons importe vraiment à une plus large échelle et comment nous nous insérons dans le contexte plus large à l'intérieur duquel nous travaillons.

À une époque comme la nôtre, il est particulièrement important pour la philosophie qu'elle retrouve son passé, son passé *véritable*. L'histoire philosophique de la philosophie rend plus difficile encore notre situation présente en replaçant sur la scène historique nos conceptions philosophiques actuelles. L'histoire antiquaire de la philosophie peut au contraire nous aider à nous rendre compte que la conception même de la philosophie a changé et évolué à travers le temps, et elle nous libère de ce fait d'un essentialisme étouffant pour ce qui est du concept même de la philosophie en tant que telle.

On part souvent du principe que la discipline philosophique telle que nous la pratiquons aujourd'hui est substantiellement la même qu'aux époques passées. C'est cette idée qui sous-tend l'emploi que les philosophes ont généralement fait de l'histoire de la philosophie en tant que source d'arguments et de problèmes pour les travaux qu'ils menaient. Mais c'est précisément une conception opposée de la philosophie qui sous-tend notre histoire antiquaire de la philosophie, offrant ainsi une conception alternative de la discipline.

Bien sûr, je ne nie pas qu'un certain nombre de questions particulières nous soient communes, aux anciens et à nous. Prenons le cas du scepticisme et de la question des

fondements de la connaissance. Pour les auteurs de la fin
du XVIe siècle ou du début du XVIIe siècle, le scepticisme
était un défi majeur. J'oserais pourtant dire que ce n'était
pas le *même* défi pour eux que pour nous. Pour un auteur
de cette époque, comme Marin Mersenne (pour choisir
quelqu'un qui regardait le scepticisme comme une question
centrale), le problème était qu'après des siècles d'efforts
pour départager des façons adverses et radicalement
différentes de comprendre le monde – l'aristotélisme, le
platonisme, la philosophie chimique, l'atomisme –, il
semblait encore qu'il n'y avait aucune raison de choisir
l'une plutôt que l'autre. Le problème du scepticisme était
une question pressante, un défi à l'intelligibilité même du
monde. Pour nous, je crois que c'est très différent. Quoi
que décide le philosophe sceptique, le monde de la science
poursuit son chemin. Détaché du problème plus général
de comprendre le monde (et des problèmes culturels plus
larges que cela impliquait), le problème du scepticisme
est devenu un problème philosophique au sens moderne
du terme. Ou bien pensons encore au problème, intimement
lié à celui-ci, de la validation de la connaissance chez
Descartes, problème que j'ai déjà abordé plus haut. Nous
regardons aujourd'hui le problème épistémologique, celui
de la nature de la connaissance et de sa justification, comme
une question philosophique paradigmatique. Mais il faut
noter que la conception cartésienne de ce problème est très
différente de celle que l'on s'en fait actuellement. Le
problème de la connaissance n'était pas pour Descartes
un problème philosophique abstrait, un questionnement
général sur ce qu'il nous est permis de savoir. À ses yeux,
il se rapportait de près à la physique aristotélicienne qu'il
voulait rejeter et à la physique mécanique qu'il voulait
édifier. Ce n'est pas pour ce que nous regardons comme

des motifs purement philosophiques que Descartes défendait la conception de la connaissance qu'il entendait faire valider. Ce qui importait pour lui, au moins pour une bonne part, était d'ébranler les présupposés épistémologiques qui mènent à l'aristotélisme et de leur substituer une épistémologie de la perception claire et distincte à même de supporter un monde de corps géométriques en mouvement, autrement dit un monde cartésien. Ce qui comptait pour lui n'était pas simplement de répondre abstraitement à des préoccupations d'ordre philosophique sur le scepticisme et la possibilité de la connaissance, mais de fonder une conception particulière du monde physique, de donner ses bases à ce que nous appellerions un véritable programme scientifique. Pensons encore au problème de la liberté de la volonté, qui est à nos yeux un problème métaphysique paradigmatique. Pour le XVIIe siècle, ce problème se rattachait directement à celui de savoir comment intégrer les êtres humains à une conception mécaniste du monde physique en développement, gouverné par des lois de la nature de type déterministe.

À ce changement de signification des problèmes individuels s'ajoute un changement dans le but de la philosophie. Bien que, dans de nombreux cas, l'on puisse trouver chez les auteurs anciens des problèmes qui se rattachent manifestement à ceux de la philosophie contemporaine, ils n'apparaissent pas le plus souvent dans le même contexte intellectuel et culturel. Il n'est pas sans importance que les problèmes de la connaissance et du scepticisme, de l'esprit et de la liberté aient été définis comme les parties d'une entreprise plus large incluant ce que nous appellerions la science et la théologie du XVIIe siècle : cette entreprise plus large était le domaine de la philosophie. On fait courir une histoire au sujet de la philosophie : quand nous regardons en arrière dans son histoire, nous trouvons toujours un noyau central de philosophie et de problèmes philosophiques, et ces notions s'entendent au sens moderne. Suivant cette représentation, un certain nombre d'autres domaines lui étaient associés, la physique, la psychologie, la biologie, etc. Mais dès que ces autres disciplines eurent atteint un certain degré de maturité, elles changèrent de peau et devinrent des sciences indépendantes, laissant ce noyau de problèmes philosophiques rester comme il était. Il y a bien sûr une part de vérité dans cette image, mais aussi quelque chose de tout à fait faux. La reconfiguration de la notion de philosophie fait naître une entité nouvelle, ou donne en quelque sorte le jour à une nouvelle espèce naturelle : j'irai jusqu'à dire que ce que nous appelons aujourd'hui la philosophie n'aurait pas été considéré comme un objet autonome au XVIIe siècle.

Comprendre de quelle manière le concept même de philosophie a changé à travers les siècles peut nous libérer de la tyrannie du présent, de l'essentialisme qui s'attache à la notion de philosophie elle-même, de l'idée qu'il existe une chose comme la philosophie, qu'elle est *ceci ou cela*, et que ce qui s'en démarque n'est *pas* de la philosophie. Cela peut donc nous libérer *en tant que philosophes* de former de nouvelles pensées, ce qui est plus difficile si nous nous attachons à une conception de ce qu'est notre sujet. Ce qui compte pour moi n'est pas que l'histoire de la philosophie (du moins telle qu'on la pratique aujourd'hui) ait quelque lien *direct* à la solution de tel ou tel problème. Je ne crois pas non plus que l'histoire de la philosophie ait à nous dire quelle est la direction que nous avons à suivre en tant que philosophes. Il se trouve plutôt qu'à force de nous éduquer en général en histoire de la philosophie, nous nous comportons différemment envers nos objets d'étude et devenons de ce fait de meilleurs philosophes (je crois que cela vaut également en histoire des sciences, pour ce qui est de la pratique scientifique, mais c'est une autre histoire...).

Mais l'histoire de la philosophie a un autre rôle intéressant et important à jouer en philosophie. J'ai fait état d'une certaine anxiété quant à la question de savoir si ce que nous faisons importe réellement à une échelle plus large. L'histoire de la philosophie peut aussi nous rappeler de quelle façon la philosophie est à même de s'insérer dans le contexte culturel plus large dans lequel nous vivons.

J'ai dit comment, chez Descartes, la question de la connaissance se relie étroitement au problème de défendre sa propre conception mécaniste du monde et de lutter contre la philosophie aristotélicienne enseignée dans les Écoles. Mais elle se rattachait de ce fait aussi à la réforme plus globale de l'université et de la connaissance en général, et à tout ce que cela implique. Elle participait au renversement général du système intellectuel dominant et de l'autoritarisme sur lequel celui-ci reposait. Le rejet des sens et l'appel à une épistémologie fondée sur une perception claire et distincte conduisait à rejeter l'autorité des livres et des professeurs, celle d'Aristote et celle de l'université. C'était là le premier pas d'une entreprise plutôt concrète et ambitieuse pour réformer la connaissance, l'éducation, et, dans une mesure importante, la société aussi bien. Dans la deuxième partie du *Discours*, Descartes comparait sa réforme de la connaissance à la reconstruction d'une ville depuis la base. Après avoir remarqué que « des anciennes cités qui, n'ayant été au commencement que des bourgades, sont devenues, par succession de temps, des grandes villes, sont ordinairement mal comparées au prix de ces places régulières qu'un ingénieur trace à sa fantaisie », il ajoutait : « je pensais que je ne pouvais mieux faire que d'entreprendre, une bonne fois, de m'en débarrasser [de mes anciennes croyances], afin de les remplacer, par après, par de meilleures ».

Une telle analogie a de profondes implications politiques. Descartes niait expressément que son but était la réforme au sens politique. Il écrivait : « c'est pourquoi je ne saurais aucunement approuver ces humeurs brouillonnes et inquiètes, qui, n'étant appelées, ni par leur naissance, ni par leur fortune, au maniement des affaires publiques, ne laissent pas d'y faire toujours, en idée, quelque nouvelle réformation. Et si je pensais qu'il y eut la moindre chose en cet écrit, par laquelle on me pût soupçonner de cette folie, je serais très marri de souffrir qu'il fût publié » [AT VI, 14].

Mais il ne pouvait ignorer les implications sociales et politiques plus larges de son projet.

Descartes n'était pas le seul à formuler son projet de réforme de la philosophie dans des termes sociaux et politiques plus larges. Le contemporain de Descartes qu'était Thomas Hobbes était encore plus explicite. À la fin de la quatrième partie du *Léviathan*, chapitre habituellement négligé par des lecteurs plus intéressés par sa pensée politique, Hobbes assure que la métaphysique d'Aristote, en particulier la doctrine, aberrante à ses yeux, des essences séparées, des âmes qui survivent après la mort du corps et autres substances incorporelles, soutient un système politique dépravé qui détruit l'autorité des dirigeants légitimes. L'institution qui bénéficie du soutien de la philosophie aristotélicienne est bien entendu l'Église catholique, connue dans la pensée de Hobbes sous le nom d'Empire des Ténèbres. Il écrit : « Mais à quelle fin de telles subtilités interviennent-elles dans un ouvrage comme celui-ci, où mon propos se borne à ce qui est nécessaire à la doctrine du gouvernement et de l'obéissance ? Elles interviennent que les hommes ne se laissent plus abuser par ceux qui voudraient, au moyen de cette doctrine des *essences séparées*, construites sur la vaine philosophie d'Aristote, les écarter, par la peur de mots vides, de l'obéissance aux lois de leurs pays, comme on écarte les corbeaux du blé par la peur d'un doublet vide, d'un chapeau et d'un bâton tordu… Qui n'obéira pas à un prêtre, qui peut fabriquer Dieu, plutôt qu'à son souverain, plutôt, en vérité, qu'à Dieu même ? Qui enfin, éprouvant la crainte des spectres, ne respectera pas profondément ceux qui peuvent fabriquer l'eau consacrée qui peut les repousser au loin ? » [*Léviathan*, 46.18].

Hobbes présente ainsi sa propre philosophie matérialiste (du point de vue de l'Angleterre protestante, bien sûr) comme un antidote au papisme qui menace de détruire la stabilité de l'État et a même réussi, à son point de vue, à saper la stabilité de l'Europe en tant que tout. Pour Hobbes, comme pour Descartes, les problèmes philosophiques, et la philosophie elle-même, se rattachent à des problématiques plus larges.

Ce qui compte, une fois encore, ce n'est pas d'imiter nos ancêtres et, dans le cas qui nous occupe, d'imaginer que nous pourrions nous rapporter au monde politique et social comme ils l'ont fait. Mais nous devons nous rappeler de quelle manière la philosophie s'est rapportée par le passé au monde qui l'entoure. Cela peut nous amener à considérer de plus près notre situation actuelle et la manière dont nous nous rapportons au monde qui nous entoure, mais aussi à prendre conscience de ce qu'il sera possible d'accomplir dans le futur.

De cette façon, je le maintiens, l'histoire de la philosophie, l'histoire *antiquaire* de la philosophie peut nous offrir les prémisses d'une alternative très élaborée à la philosophie d'aujourd'hui, elle peut nous conduire à repenser ce que celle-ci peut devenir. Thomas Kuhn ouvre *La structure des révolutions scientifiques* par l'énoncé suivant : « l'histoire, si on la considérait comme autre chose qu'une mine d'anecdotes ou de dates, pourrait transformer de façon décisive l'image de la science qui actuellement nous possède » (p. 1).

J'espère qu'il n'est pas trop prétentieux de clore aujourd'hui cette polémique en paraphrasant cet énoncé : l'histoire de la philosophie, si on la considère comme autre chose qu'un réservoir d'erreurs et d'arguments de toutes sortes, pourrait transformer de manière décisive l'image de la philosophie qui actuellement nous possède.

INDEX DES NOMS

TABLE DES MATIÈRES

Dépôt légal : janvier 2018 - IMPRIMÉ EN FRANCE
Imprimé en janvier 2018 sur les presses de l'imprimerie «La Source d'Or»
63039 Clermont-Ferrand - Imprimeur n° 19974K